Andrea Leskovec

Einführung in die interkulturelle Literaturwissenschaft

Andrea Leskovec

Einführung in die interkulturelle Literaturwissenschaft

Die Deutsche Nationalbibliothek verzeichnet diese Publikation
in der Deutschen Nationalbibliografie;
detaillierte bibliografische Daten sind im Internet über
http://dnb.d-nb.de abrufbar.

© 2011 by WGB (Wissenschaftliche Buchgesellschaft), Darmstadt
Die Herausgabe dieses Werkes wurde durch
die Vereinsmitglieder der WBG ermöglicht.
Satz: Lichtsatz Michael Glaese GmbH, Hemsbach
Einbandgestaltung: schreiberVIS, Seeheim
Printed in Germany

Besuchen Sie uns im Internet: www.wbg-darmstadt.de

ISBN 978-3-534-23814-9

Elektronisch sind folgende Ausgaben erhältlich:
eBook (PDF): 978-3-534-70973-1
eBook (epub): 978-3-534-70974-8

Inhalt

Vorwort

Die Begriffe Interkulturalität, Fremdheit und Andersheit haben in den letzten Jahren durch einen inflationären Gebrauch an Schärfe verloren, ihre Bedeutung ist in Öffentlichkeit wie Wissenschaft nach wie vor weitgehend unklar. Als interkulturell wird mittlerweile alles bezeichnet, was in irgendeiner Art und Weise mit Kulturen und deren Verquickungen, mit Kulturtransfer und Globalisierung, mit Transnationalität und Transkulturalität, mit kultureller Diversität und Multikulturalismus zu tun hat – um nur einige Schlagworte der Diskussion um Interkulturalität zu nennen. Ein ähnliches Schicksal erfährt der Begriff Fremdheit, der als zentraler Begriff des Interkulturalitätsdiskurses unscharfen Definitionen und Abnutzungen unterliegt. Als fremd wird oftmals völlig unreflektiert und pauschalisierend all dasjenige definiert, was sich außerhalb des eigenen Kulturkreises befindet. Fremdheit wird also in erster Linie kulturell gedacht, als etwas, was aus den Rahmen der eigenen Kultur herausfällt, wobei allerdings oftmals völlig unklar ist, was mit dem Begriff Kultur eigentlich bezeichnet wird. Geht man also von einem Paradigma aus, das Fremdheit und damit verbunden Interkulturalität als Begriffe versteht, die das „Andere" als Anderes der fremden Kultur bezeichnen, fallen andere Fremdheitsaspekte schnell durch dieses enge kulturwissenschaftliche Raster. Interkulturell ist dann auf die Auseinandersetzung mit der Alterität der anderen Kultur beschränkt und wird damit zu einer Beschreibungskategorie, mit deren Hilfe Unterschiede und Gemeinsamkeiten im weitesten Sinne erfasst werden können, was, im Hinblick auf die gesellschaftliche Brisanz der Thematik, fraglich erscheint. Kann man andere Kulturen wirklich *verstehen*, wenn Fremdheit aufgelöst, abgebaut, beseitigt wird? Geht es dabei nicht vielmehr um ein Verstehen der Oberfläche von Kulturen, um einen reinen Funktionalismus, der darauf hinausläuft, dass Kulturen linealisiert werden, dass Brüche und Risse in der Oberfläche weder wahrgenommen noch thematisiert werden? Eine in dieser Weise verstandene Interkulturalität verstärkt den Trend zur Normalisierung, zur Glättung und Harmonisierung von Gegensätzen, zu einer Politik des Konsenses, die hier nicht in Absprache gestellt werden soll, deren beruhigende Tendenzen jedoch mit einem Fragezeichen versehen werden. Konzentrieren sich Interkulturalität und Fremdheitsforschung lediglich auf Oberflächenerscheinungen, entwerfen wir das Bild einer kulturellen Beruhigung und nehmen unbezähmbare Phänomene, die die Oberfläche aufreißen, nicht wahr. Hinter der Fassade des Konsenses verbirgt sich die Opakheit von Phänomenen, die sich einer Schließung und Beruhigung, einem logischen Zugriff entziehen und dennoch existieren. Gerade der Umgang mit solchen Phänomenen stellt eine Herausforderung dar und bildet eine grundlegende Kompetenz im Umgang mit Fremdheit.

Vor diesem Hintergrund muss sich auch die interkulturelle Literaturwissenschaft legitimieren. Einerseits sollte sie als gesellschaftswirksame Literaturwissenschaft Kompetenzen im Umgang mit Fremdheit fördern, andererseits darf sie dabei ihren genuinen Gegenstand, den literarischen Text, nicht aus den Augen verlieren, sondern ihn literaturtheoretisch zu erfassen suchen. Oftmals werden gerade im fremdsprachlichen Literaturunterricht Texte landeskundlich instrumentalisiert, da sie ausschließlich auf die Kulturzugehörigkeit von Leser/in und Text oder auf die Thematisierung kultureller Fremdheit hin untersucht werden. Sie werden referenziell funktionalisiert, d.h. es geht hauptsächlich um die Frage, inwiefern sie zum Verstehen einer anderen Kultur beitragen, wobei das Spezifische der Literatur, ihre Literarizität, nur ansatzweise wahrgenommen wird. Der vorliegende Band versucht daher, interkulturelle Literaturwissenschaft als Teil einer kulturwissenschaftlichen *Literatur*wissenschaft zu verorten, die sowohl literaturtheoretisch als auch kompetenzorientiert ist. Im Zentrum steht dabei der literarische Text mit seinen vielfachen Alteritäten, wobei sprachliche Verfahren genauso in den Blick gerückt werden wie andere Fremdheitsaspekte des literarischen Diskurses, also produktions- und rezeptionsästhetische Fremdheit, kontextuelle Fremdheit und thematische Aspekte, worüber eine tiefergehende Auseinandersetzung mit Phänomenen wie Interkulturalität und Fremdheit erfolgen kann.

Das Buch versteht sich als Einführung in den komplexen Bereich der interkulturellen Literaturwissenschaft, wobei besonders auf ihre Entwicklungen, Inhalte, Ziele und Methoden im deutschsprachigen Raum eingegangen wird und auf die Frage nach ihrer gesellschaftlichen Funktion als Instrument der Kompetenzentwicklung. Darüber hinaus werden die Grundbegriffe der interkulturellen Literaturwissenschaft ausführlich besprochen und durch alternative Konzepte ergänzt. Hierzu gehören in erster Linie ein an Bernhard Waldenfels geschulter phänomenologischer Fremdheitsbegriff, der die unterschiedlichen Dimensionen des Fremden beschreibt, und ein handlungstheoretischer Interkulturalitätsbegriff, der Interkulturalität nicht nur als deskriptive Methode versteht, sondern darüber hinaus als Kommunikationssituation.

Besondere Aufmerksamkeit erfährt die interkulturelle Hermeneutik als theoretisches Konzept des Fremdverstehens, wobei besonders auf die Problematik des Verstehens und die Frage nach alternativen Schließungsprozessen eingegangen wird. Abschließend werden anhand von konkreten Textbeispielen aus der deutschsprachigen Literatur Aspekte einer interkulturellen Textanalyse vorgestellt.

I. Was ist interkulturelle Literaturwissenschaft?

Eine Definition der interkulturellen Literaturwissenschaft liefert der deutsche Literaturwissenschaftler Norbert Mecklenburg in seinem im Jahre 2008 erschienenen Standardwerk *Das Mädchen aus der Fremde. Germanistik als interkulturelle Literaturwissenschaft*: „Interkulturelle Literaturwissenschaft gab und gibt es überall dort, wo Literaturwissenschaftler bei ihrer Arbeit Kulturunterschiede bedenken und über Kulturgrenzen hinausdenken" (Mecklenburg 2008, 13). Diese zunächst sehr weit gegriffene und noch zu differenzierende Definition beschreibt ganz allgemein eine Forschungssituation, die sich aufgrund der unterschiedlichen Kulturzugehörigkeit ihres Gegenstandes (fremdsprachige Literatur) und ihrer Forschersubjekte mit Kulturunterschieden und Kulturgrenzen konfrontiert sieht. In den unterschiedlichen nationalen Literaturwissenschaften und der Komparatistik haben sich dementsprechend Forschungsrichtungen entwickelt, die aber keinesfalls als voneinander isoliert betrachtet werden können, da sich ihre Ansätze, Ziele und Methoden immer wieder überlagern. Zu den wichtigsten Forschungsrichtungen gehören die interkulturelle Germanistik, die besonders für den anglo-amerikanischen Raum charakteristische postkoloniale Literaturtheorie, der französische Diskurs der *litterature decentrée* und die Komparatistik.

Die interkulturelle Germanistik hat sich in den achtziger Jahren des 20. Jahrhunderts als Teilbereich der Germanistik etabliert. Sie erforscht international und interdisziplinär Interkulturalitätskonzepte und versteht sich als Schnittstelle zwischen Muttersprachen- und internationaler Germanistik. Gerade das Fach Deutsch als Fremdsprache (DaF) wird in diesem Rahmen aufgewertet, da es als Ort der Kulturbegegnung und -überschneidung verstanden wird. Alois Wierlacher, Begründer und prominentester Vertreter der interkulturellen Germanistik, definiert diese als „germanistische Fremdkulturwissenschaft mit Eigenschaften einer vergleichenden Kulturanthropologie" (Wierlacher 2003a, 1). Der Begriff ‚Interkulturelle Germanistik' ist ein transdisziplinärer Fachbegriff, ihr Forschungsinteresse liegt in der Außenperspektive auf die deutsche Kultur und in der Erforschung ihrer Rezeption, wobei sie mindestens fünf verschiedene wissenschaftliche Diskurse umfasst: Sprachwissenschaft (Sprachforschung und Sprachlehrforschung), Literaturwissenschaft (Literaturforschung und Literaturlehrforschung), kulturwissenschaftliche Landeskunde, kulturwissenschaftliche Xenologie und Kulturkomparatistik. Als konzeptuelles Hauptwerk der Forschungsrichtung gilt das *Handbuch interkulturelle Germanistik* (Wierlacher/Bogner 2003), das neben einer Bibliografie zur Konstitutionsgeschichte und Theoriebildung interkultureller Germanistik Forschungsbeiträge versammelt, die für die Konzeptualisierung und Begründung von Theorie und Grundbegriffen der interkulturellen Germanistik ausschlaggebend waren. Gemäß des Selbstverständnisses der interkulturellen Germanistik, sowohl transdisziplinär als auch transnational zu sein, bietet das Handbuch Überlegungen zu den Bereichen interkulturelle Philosophie, interkulturelle Wissenschaftstheorie, interkulturelle Kommunikation, internationale Beziehungen, Kulturpolitik, Menschenrechte, Rechtskultur, Ökonomie u. a. sowie zu länderspezifischen Ansätzen der interkulturellen Germanistik.

Im Bereich Literaturwissenschaft ist der Forschungsgegenstand der interkulturellen Germanistik die deutschsprachige Literatur, genauer, deren Rezeption und Interpretation in fremdkulturellen Kontexten. Neben Alois Wierlacher gehören Dietrich Krusche, Horst Steinmetz, Norbert Mecklenburg, Eberhard Scheiffele und Harald Weinrich zu den theoretischen und methodologischen Begründern des Fachs im deutschsprachigen Raum, die mit grundlegenden Texten eine Forschungsbasis geschaffen haben.

Von der interkulturellen Germanistik als Forschungsbereich mit eigener Studienrichtung, wobei am bekanntesten und einflussreichsten die *Interkulturelle Germanistik* an der Universität Bayreuth ist, ist die Gesellschaft für interkulturelle Germanistik (GIG) abzugrenzen, ein Forscherverband, der mit zahlreichen Tagungen und Publikationen ein internationales Forum für Germanisten bietet. Die Begriffe ,interkulturelle Germanistik‘, ,interkulturelle Literaturwissenschaft‘ und ,interkulturelle Hermeneutik‘ werden häufig synonym verwendet, lassen sich jedoch differenzieren. Interkulturelle Germanistik wird meistens mit dem Fach Deutsch als Fremdsprache verknüpft, aus dem sie sich entwickelt hat, und ist als übergreifender Forschungsbereich innerhalb der Germanistik zu verstehen; interkulturelle Literaturwissenschaft wird dagegen mit der kulturwissenschaftlichen Wende in den Geisteswissenschaften konnotiert, und interkulturelle Hermeneutik beschäftigt sich mit interkulturellem literarischem Verstehen.

Postkoloniale Perspektive
Mit postkolonialer Perspektive oder Kritik bezeichnet man allgemein die Kritik am Kolonialismus, in einem engeren Sinne die postkoloniale Literatur- und Kulturwissenschaft, die sich in den achtziger und neunziger Jahren des 20. Jahrhunderts besonders im anglo-amerikanischen Raum entwickelt hat und mittlerweile auch die germanistische interkulturelle Literaturwissenschaft beeinflusst. Herausragende Theoretiker der postkolonialen Studien (*postcolonial studies*) sind Edward Said, Homi K. Bhabha und Gayatri Spivak, wobei besonders die ersten beiden in der germanistischen interkulturellen Literaturwissenschaft rezipiert werden. Ausschlaggebend sind dabei Bhabhas Konzepte der Hybridität, des dritten Raums und der Mimikry, die er in seinem Hauptwerk *The location of culture* (1994; dt. *Die Verortung der Kultur* 2000) entwickelt hat und die auf die besondere Stellung des postkolonialen Subjekts als ein hybrides Subjekt verweisen. Hybride Strukturen kennzeichnen auch den „dritten Raum", womit der hybride Seinsstatus postkolonialer, hybrider Subjekte bezeichnet wird. Dieser Ort ist nicht nur buchstäblich zu verstehen, sondern auch und vor allem als Raum des Aushandelns, in dem „die diskursiven Bedingungen der Äußerung, die dafür sorgen, daß die Bedeutung und die Symbole von Kultur nicht von allem Anfang an einheitlich und festgelegt sind und daß selbst ein und dieselben Zeichen neu belegt, übersetzt, rehistorisiert und gelesen werden können" (Bhabha 2007, 57). Mit Mimikry wird ein Prinzip bezeichnet, das den kolonialen Diskurs dekonstruiert, indem er durch „Imitation des postkolonialen Sprechens [...] dessen Schwachstellen und innere Widersprüche" (Hofmann 2006, 30) aufdeckt.

Als einer der Gründungstexte der postkolonialen Studien gilt Edward

Saids Buch *Orientalism* (1978; dt. *Orientalismus* 1981), in dem er auf die Problematik der Konstruiertheit westlicher Orientbilder aufmerksam macht. ‚Orientalismus' bezeichnet einen Herrschaftsdiskurs, der den Anderen als unterlegenes Subjekt konstruiert, um den Herrschaftsanspruch des Westens zu stärken. Der eurozentrische Blick auf den Orient (oder auch auf den Balkan und Afrika) drückt nicht nur das Überlegenheitsgefühl des westlichen Abendlandes aus, sondern konstruiert die Dichotomie von zivilisiertem Okzident und mysteriösem und bedrohlichem Orient und unterstützt damit die Stereotypisierung des Anderen.

Die beiden theoretischen Ansätze werden innerhalb der germanistischen interkulturellen Literaturwissenschaft zwar reflektiert (vgl. Hofmann 2006, 27–36, und vgl. Mecklenburg 2008, 270–286), sind jedoch in der Forschungsarbeit, die stärker von den Konzepten der interkulturellen Germanistik beeinflusst ist, weniger präsent als im anglo-amerikanischen Raum. Dies lässt sich u.a. damit begründen, dass der Kolonialismus in der deutschen Geschichte eine immer noch bescheidene Position einnimmt und auch eine Auseinandersetzung mit der eigenen Kolonialgeschichte zögernd in Gang kommt. Mit dem Terminus ‚postkoloniale deutschsprachige Literatur' lassen sich nach Hofmann Texte bezeichnen, die einerseits die Kolonialgeschichte des deutschen Kaiserreiches reflektieren und andererseits thematisieren, „dass die interkulturelle Begegnung mit Afrika für die Europäer und damit auch für die Deutschen eine Selbstreflexion über ihr eigenes Selbstverständnis, über ihre anthropologischen Überzeugungen und die Fassung ihres Verhältnisses zur inneren und äußeren Natur darstellt" (Hofmann 2006, 171). Als Beispiel für postkoloniale deutschsprachige Literatur in diesem Sinne kann Uwe Timms Roman *Morenga* (1978) gelten, der aus der Sicht der deutschen Kolonialherren einen Aufstand der Herero und der Nama im damaligen Deutsch-Südwestafrika (heute Namibia) schildert (vgl. Hofmann 2006, 170–177). Zur deutschen postkolonialen Literatur zählen auch Texte, die sich mit Kolonialismuskritik auseinandersetzen, das Bild des Anderen reflektieren oder deutschsprachige Texte von Autoren oder Autorinnen aus den ehemaligen Kolonialländern, wie z.B. die postkoloniale Literatur in Namibia (vgl. Mecklenburg 2008, 280–286).

Der Begriff *litterature décentrée* geht auf den Begriff der Dezentrierung zurück, der als Verschiebung oder Diskrepanz innerhalb einer nationalen Literatur verstanden wird, und zwar aufgrund des kulturellen Standortes der Autoren. Es handelt sich dabei um Autoren, die meist als Nachkommen von Einwanderern in einer oder mehreren Kulturen aufgewachsen sind, die also der Kultur, in der ihre Werke erscheinen, gleichzeitig fremd und zugehörig sind. Der Begriff, der sich im frankophonen Sprachraum für dieses literarische Phänomen durchgesetzt hat, beschreibt gleichzeitig einen literaturwissenschaftlichen Diskurs, der sich in besonderem Maße mit dem Phänomen der Kreolisierung auseinandersetzt. Im deutschsprachigen Raum hat sich insbesondere der österreichische Literaturdidaktiker und Friedensforscher Werner Wintersteiner mit diesem Ansatz beschäftigt (vgl. Wintersteiner 2006a, 2006b).

Litterature décentrée

Die komparatistische Arbeit kann per se als interkulturelle Tätigkeit angesehen werden, denn sie untersucht Gemeinsamkeiten und Unterschiede in Literaturen verschiedener Kulturen in grenzüberschreitender Perspektive.

Komparatistik

Sie ist interkulturell ausgerichtet, d.h. sie betrachtet literarische Phänomene wie Stoffe, Themen, Gattungen oder Epochen und Literaturtheorie im internationalen Vergleich. So spricht Zima beispielsweise von der interkulturellen Beschaffenheit der Komparatistik als einer Metatheorie (vgl. Zima 2003, 562), und neuere Ansätze aus dem Bereich der Komparatistik betonen, dass literarische Texte als „Werke der Interferenz" (Noll 2005, 142) verstanden werden, in denen sich internationale, intellektuelle und historische Überlagerungen nachweisen lassen. Literarische Texte werden in der interkulturellen Perspektive der Komparatistik nicht mehr ausschließlich als Repräsentanten bestimmter Sprach- oder Nationalkulturen aufgefasst, sondern im Mittelpunkt des Forschungsinteresses stehen genau jene Verflechtungen und Überlagerungen, die den Text als „Schnittstelle sich überlagernder Bedeutungsstrukturen und Beziehungsnetze unterschiedlich codierter kultureller Herkunft" (ebd.) zeigen. Texte werden als interkulturelles Phänomen verstanden, und zwar nicht nur aufgrund der in der Regel grenzüberschreitenden Rezeption, sondern auch aufgrund der Tatsache, dass sie Grenzen aufheben, wie die Grenzen zwischen Sprachebenen, zwischen kulturellen Sphären oder zwischen Ästhetiken. Darüber hinaus orientiert sich die komparatistische Arbeitsweise auch an der Kulturbedingtheit literarischer Texte. Insofern vertritt sie die Ansicht, dass die Methode des Vergleichs nicht nur Aufschlüsse über literarische Texte zulässt, sondern gleichzeitig auch Rückschlüsse über die jeweiligen Kulturen, über die soziokulturellen Entstehungskontexte, Wechselwirkungen und Ähnliches.

Interkulturelle Imagologie

Einen besonderen Bereich interkulturellen komparatistischen Arbeitens bildet die interkulturelle Imagologie, die in der Komparatistik auch als interkulturelle Hermeneutik bezeichnet wird. Sie beschäftigt sich mit nationalen Fremd- und Selbstbildern in der Literatur und untersucht deren Entstehung, Entwicklung und Wirkung. Dabei kann die andere Kultur als stoffliches Element im literarischen Text in Erscheinung treten (Thema oder Motiv), als textueller Bestandteil (intertextuelle Bezüge) oder als sprachliche Komponente, was beispielsweise bei der literarischen Übersetzung der Fall ist, die einen gesonderten Forschungsbereich innerhalb der Komparatistik bildet und die Auswirkungen von Übersetzungen auf die Rezeption reflektiert.

Erweiterte Definition von interkultureller Literaturwissenschaft

Liest man als fremdkultureller Leser, so der terminus technicus, der sich innerhalb der interkulturellen Literaturwissenschaft für diese spezifische Lesesituation durchgesetzt hat, einen Text aus einer anderen Kultur, so stößt man zunächst auf eine zweifache Fremdheit: die fremde Sprache und die fremde Kultur. Diese Ausgangssituation führt gerade im Fremdsprachenunterricht häufig dazu, dass literarische Texte aufgrund ihrer Fremdsprachigkeit einerseits zum Spracherwerb genutzt werden und andererseits als „Behälter" für Informationen über die andere Kultur, wobei gerade anspruchsvolle Texte oftmals keinen Platz im Unterricht finden, da sie als zu „schwierig" empfunden werden. Dieses Verfahren im Unterricht wird als Instrumentalisierung literarischer Texte zu fremdsprachlichen bzw. landeskundlichen Zwecken bezeichnet. Nun herrscht in der Forschung weitgehend Konsens darüber, dass diese Vorgehensweise im fremdsprachlichen Literaturunterricht natürlich legitim und auch notwendig ist, man allerdings hierbei noch nicht von interkultureller Literaturwissenschaft sprechen kann. Daher bedarf es einer differenzierteren Definition des Begriffs:

Interkulturelle Literaturwissenschaft umfasst unterschiedliche Dimensionen, sie bestimmt sich über unterschiedliche Aspekte. Dazu gehören ihr Gegenstand, der das interkulturelle Potenzial von Literatur umfasst, ihr Gegenstandsbereich, der sich auf Literaturforschung in Theorie und Praxis außerhalb der Muttersprachendisziplin bezieht, ihre Ziele, die als das Erlernen von interkulturellen Kompetenzen definiert sind, ihre Methoden zur Literaturvermittlung und -analyse und ihre Position als kulturwissenschaftliche Literaturwissenschaft innerhalb der Kulturwissenschaften.

Aspekte der interkulturellen Literaturwissenschaft

1. Gegenstand

Primärer Gegenstand der interkulturellen Literaturwissenschaft sind die interkulturellen Aspekte bzw. das interkulturelle Potenzial von Literatur. Die Frage nach dem interkulturellen Potenzial literarischer Texte, nach der Rechtfertigung von Literatur in interkulturellen Prozessen, beantwortet sich über die Funktion, die literarischen Texten im Interkulturalitätsdiskurs zukommt. Anders formuliert: Was prädestiniert Literatur dazu, im Paradigma von Interkulturalität und Fremdheit eine zentrale Rolle zu spielen?

Interkulturelles Potenzial von Literatur

Interkulturelle Aspekte von Literatur sind thematische oder formale Aspekte literarischer Texte, Kontext- und Rezeptionsforschung (vgl. Mecklenburg 2008, 11) sowie jene Aspekte, über deren Bewusstmachung eine Ausbildung interkultureller Kompetenzen erfolgen kann. Unter diesem Gesichtspunkt ergibt sich als Kriterium zur Bestimmung des interkulturellen Potenzials zusätzlich die Frage nach der Funktion von Literatur in interkulturellen Kommunikationssituationen und dem Potenzial literarischer Texte zum „Einüben" interkultureller Kompetenzen unter Berücksichtigung der Figendynamik von Literatur. Daraus ergeben sich zusätzlich folgende interkulturelle Aspekte literarischer Texte: Schulung der Aufmerksamkeit und Sensibilisierung der Wahrnehmung, Sensibilisierung für Realitätskonstruktionen und Dekonstruktion von Homogenität.

Vom thematischen Aspekt spricht man dann, wenn Fremdheit Thema oder Motiv eines literarischen Textes ist. Das betrifft beispielsweise die Darstellung von Kulturkontakten im weitesten Sinne, wie Migrationserfahrungen oder Reiseberichte, aber auch die Thematisierung anderer Fremdheitserfahrungen, wie sie durch das Aufeinandertreffen unterschiedlicher Ordnungen entstehen, was man als strukturelle Fremdheit (vgl. Waldenfels 1997) bezeichnen kann. Hierzu zählt beispielsweise Fremdheit zwischen Geschlechtern, zwischen Generationen, sozialen Schichten oder zwischen dem Einzelnen und der Gesellschaft. Fremdheit als thematischer Aspekt kann auch über die Darstellung extraordinärer Fremdheit (vgl. Waldenfels 2002) erfolgen, wozu die Thematisierung von Grenzphänomenen gehört, wie die Erfahrung der existenziellen Fremdheit in Tod, Wahnsinn, Eros, Rausch, Schlaf, Gewalt oder Krankheit, aber auch Fremdheit als ekstatische oder spirituelle Erfahrung, als Phantastisches, Unheimliches oder als Ausbruch von Unvorhergesehenem.

Fremdheit als thematischer Aspekt

Fremdheit als formaler Aspekt literarischer Texte betrifft die Art und Weise der Darstellung, die gerade im literarischen Text von der Alltagskommuni-

Fremdheit als formaler Aspekt

kation oder von Gebrauchstexten abweichen kann. Gerade durch eine abweichende Darstellung, Erzählweise oder einen abweichenden Sprachgebrauch können literarische Texte irritieren. Fremdheit wird dann zur ästhetischen Qualität von Literatur. Diese bestimmt sich über eine der Funktionen von Literatur, nämlich der bereits von den russischen Formalisten konstatierten Desautomatisierung der Wahrnehmung (vgl. Mukařovský 1967 und Mukařovský 1982), wodurch die automatisierten, schnellen Rezeptionsmechanismen gestört, revidiert werden. Hierzu zählt neben den von den russischen Formalisten eingeführten Verfremdungstechniken und Abweichungen auch die Hybridität literarischer Texte, wie sie durch Hybridisierung oder Kreolisierung, das cross-over unterschiedlicher sprachlicher oder formaler Elemente entsteht. Bei dieser Poetik der Hybridität (vgl. Mecklenburg 2008, 115f.) handelt es sich um ein spezielles literarisches Verfahren, das andere Sprachen, andere Gattungen, andere Kunstformen, andere Elemente, andere literarische Texte oder andere Perspektiven miteinander verbindet und in Texte intergriert. Beispiele hierfür wären mehrsprachige Texte, Gattungsmix, die Einbeziehung von Elementen der Popmusik, Intertextualität oder Multiperspektivität.

Schulung der Wahrnehmung

Im Paradigma der Interkulturalität ist Aufmerksamkeit Voraussetzung für die Wahrnehmung und den achtsamen Umgang mit dem Fremden (vgl. Waldenfels 2006). Die Schärfung der Aufmerksamkeit ist ein wichtiger Schritt, um Apathie und Indifferenz als Ausdruck von Gleichgültigkeit im Umgang mit dem Fremden entgegenzuwirken, und damit eine wesentliche interkulturelle Kompetenz. Aufmerksamkeit kann durch das Lesen literarischer Texte sensibilisiert werden, und zwar aufgrund des systemspezifischen verfremdenden Umgangs mit Zeichen, der selbstverständliche und vorgefasste Bilder und Vorstellungen von der Welt immer wieder untergräbt und in Frage stellt.

Darüber hinaus wird durch die Desautomatisierung der Wahrnehmung diese erneuert und sensibilisiert; Literatur funktioniert demnach als „Schule der Wahrnehmung" (Wintersteiner 2001, 25) oder als „Schule des Schauens" (Šlibar 1997, 4). Durch die Desautomatisierung der Wahrnehmung kann diese einerseits erneuert und gestört werden und andererseits erfolgt eine vielschichtige Bewusstmachung – die Bewusstmachung der Konstruiertheit von Literatur, der Wahrnehmung und des Funktionierens unserer Umwelt. Durch das „Trainieren" von Wahrnehmung und Aufmerksamkeit erfolgt eine Sensibilisierung für den Einfall des Fremden, das sich auch als Fremdheit des literarischen Diskurses und nicht nur als thematischer Aspekt darstellen kann. Außerdem verweist gerade das Indirekte der Literatur auf die Brüchigkeit von Ordnungen, was ein Wissen über Pluralität und Kontingenz von Ordnungen vermittelt. Das Bewusstmachen von Kontigenz verlangt einerseits eine Relativierung und Überprüfung von Sichtweisen und andererseits Akzeptanz gegenüber anderer Möglichkeiten.

Sensibilisierung für Realitätskonstruktionen

Wesentlicher Ausgangspunkt beim Fremdverstehen ist das Verständnis des Fremden als „relationale Kategorie" (Wierlacher 2003a, 27). ‚Fremd' ist also eine Zuschreibung, durch die meist unbewusst Fremdbilder aktiviert und bestätigt werden. Interaktion im Sinne eines Dialogs ist dann kaum möglich, weil die Wahrnehmung und damit das Handeln des Anderen bereits gelenkt sind. Deswegen ist im Dialog mit anderen Kulturen die Bewusstmachung der eigenen Verstehensvoraussetzungen erforderlich. Wird dabei allerdings die Konstruiertheit der Wirklichkeit, wie sie sich durch die Wahrnehmung ergibt, nicht problematisiert, bleibt auch die Problematik der Konstruiertheit von Eigenem und Fremdem unterbelichtet, denn Wirklichkeit wird dann weiterhin als objektive Größe verstanden. Das ermöglicht, dass literarische Texte referenziell als „realistische" Dokumente einer anderen Kultur gelesen werden, was aber nur unter gewissen Einschränkungen möglich ist. Natürlich vermitteln und überliefern literarische Texte auch kulturelles Wissen, werden damit Ort des kollektiven Gedächtnisses, allerdings muss gerade in diesem Bereich die Konstruiertheit des Eigenen thematisiert werden, denn Erinnerung ist ja kein objektiver Akt, sondern aus einer „Dispositionsmasse" (Assmann, A. 1991, 16) werden bestimmte Elemente selektiert; das kulturelle Gedächtnis ist demnach ein inszeniertes. Vergangenheit als Bezugspunkt des kulturellen Gedächtnisses wird als „soziale Konstruktion" (Assmann, J. 2005, 34) durch Erinnerung rekonstruiert. Durch Erinnern wird Vergangenheit also konstruiert, wird selbst zu einer Narration, die unsere Vorstellung von Vergangenheit und nicht eine objektive, „wirkliche" Vergangenheit inszeniert. Literarische Texte sind demnach keine Reportagen über vergangene Ereignisse, sondern sie modifizieren diese und legen die Konstruiertheit von Wirklichkeitsentwürfen offen, indem sie diese Konstruiertheit thematisieren und strukturell fruchtbar machen. Literatur thematisiert beispielsweise den Selektionsprozess, indem sie nur einen bestimmten Ausschnitt der „Wirklichkeit" zeigt, oder den Zusammenhang zwischen Wahrnehmen, Erkennen und Wirklichkeitskonstruktion, indem sie zeigt, wie Wahrnehmung und damit Erkennen gelenkt, manipuliert, erschwert oder verweigert wird. So erscheint Literatur nicht mehr als realistisches Bild der Wirklichkeit, sondern als ein von einem Erzähler entworfenes, das eine bestimmte Absicht verfolgt.

Im Kontext des Alteritätsdiskurses wird von einer Verschränkung oder Verflechtung von Eigenem und Fremdem ausgegangen (vgl. Waldenfels 1997 und vgl. Kristeva 1990). Fremdes ist somit ein konstituierender Aspekt der eigenen Identität. Hieraus ergibt sich, dass die vermeintliche Homogenität des Eigenen eine Konstruktion ist. Für die Verschränkung von Eigenem und Fremdem kann Literatur in unterschiedlicher Hinsicht sensibilisieren: Einerseits, indem sie als das Fremde innerhalb der eigenen Kultur verstanden wird (vgl. Wintersteiner 2006a, 123), was sich aus ihrer kritischen oder oppositionellen Haltung gegenüber der Eigenkultur ergibt, wodurch wiederum die Homogenität von Kulturen unterminiert wird. Andererseits, indem sie die Verschränkung von Eigenem und Fremdem innertextlich auf der Ebene der Handlung und der Ebene der Narration thematisiert.

Dekonstruktion von Homogenität

Die Kontext- und Rezeptionsforschung verfolgt im Wesentlichen zwei Aspekte: Die Kontextforschung beschäftigt sich mit der Rekontextualisierung des literarischen Textes, untersucht also die unterschiedlichen Kontexte, in denen der Text eingebettet ist. Hierzu gehören der außerliterarische Entstehungskontext wie Autor, historisch-gesellschaftlicher Diskurs, soziokultureller Kontext und wissenschaftliche Diskurse und der Kontext der dargestellten Wirklichkeit. Dem außerliterarischen Kontext kommt dabei eine texterhellende Funktion zu, mit Hilfe des Kontextes wird versucht die Textbedeutung zu erfassen. Kontextforschung bekommt häufig einen landes-

Kontext- und Rezeptionsforschung

kundlichen Aspekt, da es um die Vermittlung kulturwissenschaftlicher Inhalte und der jeweiligen Erfahrungshorizonte geht, also um ein Verständnis fremdkultureller Lebenswelten. Diese Vorgehensweise ist besonders in der didaktischen Praxis im Bereich Deutsch als Fremdsprache beliebt, wo der literarische Text oftmals als Repräsentant einer Kultur referenzialisiert wird, bzw. als „Mittel zum Kulturverstehen" (Mecklenburg 2008, 87) missverstanden wird.

Die Rezeptionsforschung untersucht die Rezeption eines literarischen Werkes, wobei es nach Hans Robert Jauß, einem der Begründer der Rezeptionstheorie, darum geht, „das Werk aus seiner Wirkung und Rezeption, die Geschichte einer Kunst als Prozeß der Kommunikation zwischen Autor und Publikum, Vergangenheit und Gegenwart zu begreifen" (Jauß 1991, 20). Die interkulturelle Literaturwissenschaft geht dabei der Frage einer fremdkulturellen Rezeption nach. Dabei geht sie von der Annahme aus, dass die Rezeption literarischer Werke einerseits ein kulturüberschreitender Prozess ist, andererseits jedoch kulturspezifisch, d.h. soziokulturell determiniert. Insofern untersucht die Rezeptionsforschung die Auswirkungen einer kulturdeterminierten Rezeption auf das Verständnis von Literatur, was zu einem Pluralismus kulturdifferenter Lektüren (vgl. Wierlacher/Eichheim 1992) führen kann. Diesem von Alois Wierlacher und Hubert Eichheim inszenierten Projekt, in dem anhand von Gottfried Kellers Text *Pankraz, der Schmoller* die Kulturspezifik von Lektüreprozessen nachgewiesen werden sollte, liegt die Annahme zu Grunde, „daß ein literarischer Text in kulturell verschiedenen Referenz- und Verstehensrahmen jeweils anders spricht und daß es eine Vielfalt kultureller Prägungen und Lektüren fremdsprachiger und fremdkultureller Texte gibt" (ebd., 375).

2. Gegenstandsbereich

Der Gegenstandsbereich der interkulturellen Literaturwissenschaft umfasst Literaturforschung in Theorie und Praxis außerhalb der Muttersprachendisziplin. Zu unterscheiden sind hierbei die Bereiche Literaturforschung, wozu interkulturelle (literarische) Hermeneutik, interkulturelle Literaturgeschichte und kulturwissenschaftliche Literaturwissenschaft zählen, die Erforschung von interkultureller Rezeption und interkulturelle Literaturdidaktik, die sich mit der Erforschung von Lehrprozessen im Fremdsprachenunterricht und im Muttersprachenunterricht mit mehrsprachiger Schülerpopulation beschäftigt.

Literaturforschung   Im Bereich der Literaturforschung hat sich der Begriff ‚interkulturelle Literaturwissenschaft' durchgesetzt, der unterschiedliche Richtungen umfasst. Allgemein bedeutet interkulturelle Literaturwissenschaft, wie bereits weiter oben ausgeführt wurde, eine theoretische literaturwissenschaftliche Arbeit, die die Relevanz von Kulturunterschieden für die Erforschung und Vermittlung von Literatur berücksichtigt. Zu differenzieren ist zwischen der interkulturellen Hermeneutik, der interkulturellen Literaturgeschichte und der kulturwissenschaftlichen Literaturwissenschaft.

Interkulturelle   Der Begriff ‚interkulturelle Hermeneutik' kann sich auf die philosophi
Hermeneutik   sche Reflexion interkulturellen Verstehens überhaupt beziehen, oder aber

meint den enger gefassten Bereich der interkulturellen literarischen Hermeneutik, der im Folgenden betrachtet werden soll. Die interkulturelle Hermeneutik steht in der Tradition der literarischen Hermeneutik, deren Hauptvertreter Friedrich Schleiermacher, Wilhelm Dilthey und Hans-Georg Gadamer sind, und der Rezeptionsästhetik, die von Wofgang Iser und Hans Robert Jauß begründet wurde. Sie knüpft in besonderem Maße an die Hermeneutik Hans-Georg Gadamers an, dessen Ansatz durch eine kulturelle Dimension, die die kulturelle Differenz zwischen Ausgangstext und fremdkulturellem Rezipienten thematisiert, erweitert wird. Ihr Hauptinteresse gilt den Verstehensmöglichkeiten von literarischen Texten unterschiedlicher Kulturen. Es geht, vereinfacht ausgedrückt, um das Verstehen oder die Auslegung literarischer Texte, die in einem anderen kulturellen Kontext entstanden sind. Dabei geht die interkulturelle Hermeneutik der Frage nach, inwiefern sich Texte anderer Kulturen überhaupt in den eigenkulturellen Kontext übertragen lassen und welche Elemente die Rezeption erschweren. Angelpunkt der interkulturellen Hermeneutik ist der Begriff ‚Fremdheit' oder ‚Alterität', wobei diese in erster Linie als kulturelle Fremdheit definiert wird. Dabei wird Fremdheit in unterschiedlicher Weise wahrgenommen und thematisiert: entweder als kulturelle Differenz von Text und Rezipient oder als inhaltlicher bzw. formaler Aspekt. Darüber hinaus problematisiert die interkulturelle Hermeneutik den Umgang mit dem Fremden, d.h. jene Strategien, die bei der Konfrontation mit Fremdheit ausgelöst werden und die von Vereinnahmung über Auflösung oder Beseitigung bis hin zu einer produktiven Auseinandersetzung mit dem Fremden reichen.

Ziel der interkulturellen Hermeneutik ist das Verstehen des Anderen/Fremden, d.h. das Verstehen von literarischen Texten aus anderen Kulturen. Ausgangspunkte der interkulturellen Hermeneutik sind die Frage nach dem Verstehen/Nichtverstehen bzw. der Auslegbarkeit/Nichtauslegbarkeit des Fremden, die Problematisierung der Standortgebundenheit oder des Blickwinkels des Rezipienten, und Brückenkonzepte, Konzepte, die in besonderem Maße die interkulturelle hermeneutische Differenz problematisieren. Dazu gehören Empathie, das Konzept des dritten Raums und dialogische Modelle des Verstehens, die in Kapitel IV. ausführlicher dargelegt werden.

Neuere Positionen der interkulturellen Hermeneutik knüpfen eher an moderne Literatur- und Kulturtheorien und an philosophische Interkulturalitätskonzepte an. Hierzu gehören die postkoloniale Perspektive Homi K. Bhabhas und Edward Saids, wie beispielsweise Doris Bachmann-Medicks *Kultur als Text* (1996) oder Michael Hofmanns *Interkulturelle Literaturwissenschaft. Eine Einführung* (2006) zeigen. Hofmann diskutiert außerdem den dekonstruktivistischen Ansatz von Jacques Derrida. Der Ansatz des französischen Diskurses der *littérature décentrée*, dessen Hauptvertreter Édouard Glissant ist, wird von dem Literaturdidaktiker Werner Wintersteiner in seiner *Poetik der Verschiedenheit* (2006) aufgenommen und für den Bereich der interkulturellen Literaturwissenschaft und -didaktik weiter entwickelt. In die Ansätze von Michael Hofmann und Norbert Mecklenburg fließt die deutsche Tradition der kritischen Theorie mit ein, wie sie insbesondere von Jürgen Habermas, Walter Benjamin, Theodor W. Adorno und Max Horkheimer vertreten wird, und Norbert Mecklenburg geht in seinem Werk *Das Mädchen aus der Fremde. Germanistik als interkulturelle Literaturwissen-*

> Neuere Positionen der interkulturellen Hermeneutik

schaft (2008) auf die interkulturelle Philosophie Elmar Holensteins ein. Olga Iljassova-Morger entwickelt in *Von der interkulturellen zur transkulturellen literarischen Hermeneutik* (2009) einen hermeneutischen Ansatz auf der Grundlage des Transkulturalitätskonzepts von Wolfgang Welsch, und die phänomenologische Fremdheitsforschung von Bernhard Waldenfels wird in *Fremdheit und Literatur. Alternativer hermeneutischer Ansatz für eine interkulturell ausgerichtete Literaturwissenschaft* (Leskovec 2009) für den Bereich der interkulturellen Literaturwissenschaft und Hermeneutik fruchtbar gemacht.

Interkulturelle Literaturgeschichte

Literaturgeschichte erforscht Literatur im Zusammenhang mit Geschichte, Gesellschaft und Kultur, wobei sie zunächst als nationale Literaturgeschichte konzipiert war. Die interkulturelle Literaturgeschichte geht dagegen von der Internationalität nationaler Literaturen aus. Sie beschäftigt sich in besonderem Maße mit den Beziehungen zwischen den einzelnen nationalen Literaturen, wie sie durch Literatur- und Kulturtransfer zustande kommen. Hierbei geht sie beispielsweise der Frage nach, in welchem Maße die europäische bzw. die außereuropäische Fremde die deutsche Literatur produktiv beeinflusst hat. Prominentes Beispiel ist in diesem Zusammenhang die Gedichtsammlung *West-östlicher Divan* (1819) von Johann Wolfgang Goethe, die einerseits das Orientverständnis im deutschsprachigen Orientdiskurs geprägt hat, andererseits aber auch der orientalischen Spiritualität wesentliche Anregungen verdankt. Hofmann führt darüber hinaus weitere Beispiele für den Bereich interkulturelle Literaturgeschichte an, so zum Beispiel die Auseinandersetzung mit indischer Kultur in der deutschen Romantik oder das Interesse für afrikanische Kunst und Kultur in der deutschen Avantgarde (vgl. Hofmann 2006, 69ff.).

Die Arbeitsfelder der interkulturellen Literaturgeschichte bilden darüber hinaus auch die sog. „interkulturellen Literaturen" und eine neu konzipierte Idee von Weltliteratur. Mit interkulturellen Literaturen sind Texte gemeint, die Kulturüberschreitung auf unterschiedliche Weise thematisieren: postkoloniale Literatur, Migrantenliteratur, Minderheitenliteratur oder Exilliteratur. Die postkoloniale Literatur thematisiert meist den amerikanischen und europäischen Kolonialismus und dessen politische und ideologische Dimensionen oder die Hybridisierung von Kulturen durch deren oftmals gewaltsame Vermischung. Dagegen liegt der Fokus bei der deutschsprachigen Exilliteratur zwischen 1933 und 1945 meist auf der konkreten Erfahrung des Exils, das von Flucht, Isolation, Heimatlosigkeit, sozialem Abstieg und damit verbundenen Schaffenskrisen gezeichnet ist. Sie verarbeitet außerdem die Erfahrung der Revision oder der Infragestellung des Eigenen, ein Prozess, der durch die Konfrontation mit der anderen Kultur ausgelöst werden kann. Die Migrantenliteratur des 20. Jahrhunderts thematisiert die Erfahrung des Fremdseins in der neuen und alten Heimat, wobei die interkulturelle Literaturgeschichte oftmals die ästhetische Verarbeitung der Erfahrung kultureller Alterität untersucht, die sich mit Begriffen wie Identitätsproblematik, Heimat, Sprachsituation verbindet. So beschreibt der deutsch-türkische Schriftsteller Feridun Zaimogul die durch kulturelle Differenz erschwerte Lebenssituation der Gastarbeiterkinder in Deutschland und die Hybridisierung von kultureller und persönlicher Identität mithilfe stilistischer und formaler Elemente. Dazu gehören eine Sprache aus deutsch-englischen und türkischen Sprachversatzstücken sowie Elemente orientalischer Erzähltradition (vgl. Meyer-Gosau 2008).

Was den Begriff der Weltliteratur betrifft, so ist er aufgrund seiner eurozentrischen bzw. abendländischen Ausrichtung in die Kritik geraten. Ein neuer Begriff von Weltliteratur plädiert für die „Globalisierung", für eine „Literatur der Weltgesellschaft" (Wintersteiner 2006b, 186), der die Pluralität der Welt berücksichtigt. Hierzu gehören auch Konzepte einer hybriden Weltliteratur (vgl. Bachmann-Medick 2004a), einer hybriden „Neuen Weltliteratur" (vgl. Sturm-Trigonakis 2007) oder einer transkulturellen Literatur (vgl. Iljassova-Morger 2009) – Begriffe, die die multikulturelle und multilinguale Komplexität des postnationalen Schreibens umfassen. Insofern gehört zum Arbeitsbereich der interkulturellen Literaturgeschichte auch die Kanondebatte. Hierbei geht es auch um die Frage, ob sich der Literaturunterricht in der Muttersprache auf literarische Werke des eigenen Sprachraums beschränken sollte, oder ob der Kanon sowohl in Hinsicht auf die Literatur von Migranten als auch in Hinsicht auf die neuen Konzepte von Weltliteratur zu erweitern wäre. Ersteres spiegelt die Heterogenisierung der Gesellschaft durch Migration und Minderheiten wider, Letzteres könnte ein Gefühl für die Pluralität der Welt vermitteln und helfen, regionales oder eurozentristisches Denken zu erweitern (vgl. Wintersteiner 2006b, 101 ff.).

Konzepte einer Weltliteratur

Die kulturwissenschaftliche Ausrichtung der germanistischen Literaturwissenschaft ist Ergebnis einer intradisziplinären Reflexion über Selbstverständnis und Legitimation der Geisteswissenschaften im Allgemeinen und der Germanistik im Besonderen, wie sie in Deutschland für die 1990er Jahre charakteristisch war. Im Wesentlichen geht es um die Integration kulturwissenschaftlicher Methoden in literaturwissenschaftliches Arbeiten und die Verknüpfung von Literatur und Kultur im weitesten Sinne. Zu den Standardpublikationen, die über die Verbindung von Kultur- und Literaturwissenschaft reflektieren, gehören u.a. *Literatur- und Kulturwissenschaften. Ihre Methoden und Theorien* (2007) von Sabina Becker, das *Metzler Lexikon Literatur- und Kulturtheorie* (2008) von Ansgar Nünning, *Kulturwissenschaftliche Literaturwissenschaft* (2004), herausgegeben von Ansgar Nünning und Roy Sommer, *Literaturwissenschaft als Kulturwissenschaft* (2006) von Franziska Schößler und, speziell für den Bereich der Germanistik, der Band *Germanistik als Kulturwissenschaft* (2002), herausgegeben von Claudia Benthien und Hans Rudolf Velten. Literatur wird ihres Elfenbeinturmdaseins enthoben und in erster Linie als Produkt eines spezifischen kulturellen Kontextes verstanden. Gegenstand der kulturwissenschaftlichen Literaturwissenschaft bildet die kulturelle Verortung literarischer Texte und damit eigentlich der Gesamtbereich der Kultur. Texte sind demnach nicht aufgrund ihrer ästhetischen Struktur oder Eigenqualität Gegenstand literaturwissenschaftlicher Analyse, sondern weil sie Teil „kultureller Kommunikation und kulturellen Handelns" sind (Becker 2007, 163). Daher soll literaturwissenschaftliche Interpretation mit „übergreifenden historischen und soziokulturellen Fragestellungen" (ebd., 160) verknüpft werden, um die über literarische Texte transportierten sozialen, kulturellen und mentalen Stukturen von Kulturen und Gesellschaften erschließen zu können. Es geht hierbei jedoch nicht nur um die Kontextualisierung literarischer Texte, sondern auch um die Frage, auf welche Weise kulturelles Wissen im weitesten Sinne in den

Kulturwissenschaftliche Literaturwissenschaft

Literatur als Teil kultureller Kommunikation und kulturellen Handelns

Literatur als Symbol- und Sozialsystem

Texten transportiert wird. Die kulturwissenschaftliche Literaturwissenschaft versteht Texte als Symbol- und Sozialsystem (vgl. Nünning/Sommer 2004). Der Begriff Symbolsystem bezieht sich auf die textuelle Struktur von Texten, Sozialsystem meint dagegen Literatur als gesellschaftliches Handlungssystem. Daher bemüht sich die kulturwissenschaftliche Literaturwissenschaft um die Verknüpfung von „textzentrierten und kontextualisierenden Ansätzen" (ebd., 16), d.h. um die Verbindung von textanalytischen und kulturwissenschaftlichen Methoden.

Interkulturelle Rezeption

Die interkulturelle Rezeption erforscht fremdkulturelle Leseerfahrungen und Leseverhalten und die Voraussetzungen, die den Rezeptionsprozess beeinflussen. Hierzu gehören individuelle Faktoren wie Interesse, Motivation, Erwartungen, Vorwissen, Leserbiographie, Muttersprachen- und Fremdsprachenkompetenz, aber auch kulturspezifische Faktoren wie Lesesozialisation und kulturspezifisches Umfeld, die mit Hilfe von empirischen Methoden ermittelt werden können.

Leseforschung

Die Leseforschung setzt sich mit den unterschiedlichen Aspekten des Lesens auseinander und beschäftigt sich im Kontext der Vermittlung fremdsprachlicher bzw. fremdkultureller Literatur vor allem mit der Frage nach Lesemodellen/Lesedidaktiken und Lesematerialien für den Fremdsprachenunterricht. Hierbei wird von der spezifischen Situation fremdsprachlicher Leser ausgegangen, da sich der Leseprozess in der Fremdsprache von dem in der Muttersprache unterscheidet. Fremdsprachliches Lesen ist in der Regel verlangsamtes Lesen, und zwar nicht nur aufgrund der Fremdsprache, sondern vor allem auch aufgrund von fehlendem kulturellen Wissen und unterschiedlichen Lesekompetenzen.

Interkulturelle Literaturdidaktik

Die interkulturelle Literaturdidaktik untersucht die Rolle von Literatur im Fremdsprachenunterricht, und zwar sowohl im Bereich Deutsch als Fremdsprache als auch Deutsch als Zweitsprache. Sie erarbeitet Modelle zur Literaturvermittlung im Fremdsprachenunterricht, wobei nach Karl Esselborn, einem der herausragenden Theoretiker auf dem Gebiet der interkulturellen Literaturdidaktik, hauptsächlich folgende Aspekte berücksichtigt werden: Bildungsziele, Kompetenzentwicklung, Kanonfragen bzw. Textauswahlkriterien und didaktische Methoden (vgl. Esselborn 2003b und 2010). Besondere Impulse für die deutschsprachige interkulturelle Literaturdidaktik kamen aus dem Umfeld der interkulturellen Germanistik, die aufgrund der häufigen Auslandslektorate ihrer Vertreter auf praxisorientierte, literaturdidaktische Konzepte angewiesen war und ist. Pionierarbeit hat hier Dietrich Krusche geleistet, dessen Texte als Ausgangsprämissen für eine theoretische Reflexion im Bereich der interkulturellen Literaturdidaktik und der Leseforschung gelten können. Besonders in folgenden Texten setzt er sich mit der Problematik der Literaturvermittlung in fremdkulturalen Bildungsprozessen auseinander. *Literatur und Fremde. Zur Hermeneutik kulturräumlicher Distanz* (1985), *Lese-Unterschiede. Zum interkulturellen Leser-Gespräch* (1985) und *Vermittlungsrelevante Eigenschaften literarischer Texte* (1985).

Interkulturelle Erziehung, globale Bildung, transnationale Literaturdidaktik

Stand in der traditionellen Literaturvermittlung im Fremdsprachenunterricht hauptsächlich die Vermittlung von Werkwissen, Kontextwissen, der Biografie des Autors und Vermittlung des klassischen Bildungskanons im Vordergrund, so verortet die interkulturelle Literaturdidaktik ihre Ansätze nun vorzugsweise in den Bereichen interkulturelles Lernen, interkulturelle

Erziehung, Friedenspädagogik und globale Bildung. Repräsentativ ist hierfür der Ansatz Werner Wintersteiners. In seiner theoretischen Monographie *Poetik der Verschiedenheit. Literatur, Bildung, Globalisierung* (2006) und dem literaturdidaktischen Folgeband *Transkulturelle literarische Bildung. Die ‚Poetik der Verschiedenheit' in der literaturdidaktischen Praxis* (2006) erarbeitet er einen differenzierten Ansatz einer transnationalen Literaturdidaktik, die sich nicht nur mit Phänomenen der transnationalen Literatur auseinandersetzt, sondern gleichzeitig ein Konzept präsentiert, in dem transkulturelle, interkulturelle und literarische Bildungsziele miteinander verwoben sind. Insofern strebt die interkulturelle Literaturdidaktik eine „interkulturelle literarische Bildung" (Esselborn 2003b, 482) an, die neben kulturellem, historischem und literarischem Grundwissen auch interkulturelle Kompetenzen umfasst. Das Prinzip des ganzheitlichen Lernens und der Entwicklung interkultureller Kompetenzen liegt auch dem Ansatz eines hermeneutischen Fremdsprachenunterrichts zu Grunde, dessen bekanntester Vertreter Hans Hunfeld in *Fremdheit als Lernimpuls. Skeptische Hermeneutik – Normalität des Fremden – Fremdsprache Literatur* (2004) nicht nur auf den Aufbau von Sprachkompetenz in der Fremdsprache abzielt, sondern auch „eine neue Haltung der Toleranz gegenüber Andersheit und Fremdheit" (Hunfeld 2004, 484) fordert.

Interkulturelle Literaturdidaktik beschäftigt sich darüber hinaus mit der Problematik des fremdsprachlichen Lesens/der fremdsprachlichen Lesedidaktik und entwickelt Ansätze zu einer Didaktik des Fremdverstehens, wobei die Besonderheiten des fremdsprachlichen Lesens untersucht werden. Im Mittelpunkt dieser Ansätze stehen Problematik, Voraussetzungen und Besonderheiten des fremdsprachlichen Lesens, das sich aufgrund der fremdsprachlichen und fremdkulturellen Konnotationen und Semantik und wegen der unterschiedlichen literarischen Traditionen vom eigenkulturellen Lesen unterscheidet. Besonders einflussreich ist diesbezüglich die Forschungsrichtung des Gießener Graduiertenkollegs „Didaktik des Fremdverstehens", aus dem eine Vielzahl von Publikationen zum Thema Fremdverstehen, interkulturelles Verstehen, fremdsprachliche Literaturdidaktik und fremdsprachliche Rezeption hervorgegangen sind. Die *Giessener Beiträge zur Fremdsprachendidaktik* sind als Diskussionsforum im Bereich der fremdsprachlichen (Literatur)didaktik zu verstehen und bilden einen wichtigen Beitrag zur Entwicklung von theoretischen Ansätzen und Unterrichtsmodellen, hauptsächlich für Deutsch als Fremdsprache, Deutsch als Zweitsprache, Englisch und Französisch. Zu den Hauptvertretern der literaturdidaktischen Richtung gehören Lothar Bredella, Michael K. Legutke, Herbert Christ, Eva Burwitz-Melzer, Michael Byram und Werner Delanoy. Richtungsweisend sind die Ansätze von Lothar Bredella, der in zahlreichen Publikationen theoretische und methodische Grundlagen geschaffen hat. Zu den wichtigsten Beiträgen für die Bereiche fremdsprachliche Literaturdidaktik und Fremdverstehen zählen *Didaktik des Fremdverstehens* (Christ/Bredella 1995), *Wie ist Fremdverstehen lehr- und lernbar?* (Bredella et al. 2000), *Literarisches und interkulturelles Verstehen* (Bredella 2002), *Rezeptionsästhetische Literaturdidaktik* (Bredella/Burwitz-Melzer 2004) sowie *Das Verstehen des Anderen* (Bredella 2010), in denen die Rolle der Literatur im Prozess des Fremdverstehens reflektiert wird.

Didaktik des Fremdverstehens

3. Ziele

Legitimierung von
interkultureller
Literaturwissenschaft

Die Ziele der interkulturellen Literaturwissenschaft lassen sich über ihre Funktion im interkulturellen Paradigma bestimmen. Wenn Interkulturalität und interkulturelle Kommunikation durch Globalisierung und durch das Zusammenleben unterschiedlicher Kultur- bzw. Sprachgemeinschaften zu einem gesellschaftlichen Faktum geworden sind, dann ist es auch Aufgabe der Literaturwissenschaft, sich mit diesen Phänomenen produktiv auseinanderzusetzen. Es geht hierbei nicht so sehr um den viel besprochenen *cultural turn*, also um die kulturwissenschaftliche Neuorientierung der Literaturwissenschaft bzw. um die kulturwissenschaftliche Positionierung von Literatur, sondern eher um eine Reaktion auf die sich verändernde gesellschaftliche Wirklichkeit. Die Auseinandersetzung mit dem Fremden ist ein gesellschaftliches Faktum und der Alltag fordert mittlerweile Kompetenzen, die auf den Umgang mit dem Fremden vorbereiten, was sich auch in neueren Konzepten der Literaturwissenschaft niederschlägt, die zunehmend kompetenzorientiert sind.

Kompetenz-
orientierung

Interkulturelle Literaturwissenschaft beschäftigt sich auch mit der Frage, inwieweit ihr Gegenstand, nämlich Literatur, dahingehend instrumentalisiert werden kann, dass eingeforderte Kompetenzen im Umgang mit dem Fremden ausgebildet werden können, ohne dass der ästhetische Eigenwert der Literatur dabei aus den Augen verloren wird. Globales Ziel interkultureller Literaturwissenschaft ist daher ein gesellschaftspolitisches, nämlich die Ausbildung interkultureller Kompetenzen über die Beschäftigung mit Literatur, was sie in den Kontext des globalen Lernens einrückt. Die Ziele der interkulturellen Literaturwissenschaft lassen sich folgendermaßen differenzieren:

Gesellschaftspolitische Ziele
– Entwicklung von Strategien, die zu einem produktiven Handeln befähigen: über die Bewusstmachung der Mechanismen der Wahrnehmung, der eigenen Reaktionen, des Funktionierens der Wirklichkeit
– Ausbildung eines interkulturellen Bewusstseins: Kenntnis der eigenen und fremden Kultur und Handlungskompetenzen (interkulturelle Kompetenzen)
– Förderung von Eigenverantwortlichkeit, Eigenaktivität, Selbstreflexivität, kritischem Denken, Analysefähigkeiten

Literaturwissenschaftliche/kulturwissenschaftliche Ziele
– Kulturwissenschaftliches Wissen (eigene und andere Kulturen)
– Analyse der Rezeption deutschsprachiger Literatur und Kultur in fremdkulturellen Kontexten
– Erforschung der Rolle von Literatur im Kontex der interkulturellen Kommunikation
– Analyse literarischer Texte unter dem Aspekt der Alterität

Literaturdidaktische Ziele
– Ausbildung literarischer Kompetenzen:
  – Realitäts-Fiktionsunterscheidung
  – Beherrschung literarischer Konventionen (z.B. Genrewissen und Formverstehen)

- Empathiefähigkeit (Perspektiven und Gefühle nachvollziehen und reflektieren)
- Perspektivübernahme (den Standpunkt des/der Anderen einnehmen)
- Fähigkeit zum „Probehandeln" (einen Handlungsraum in der Vorstellung aufbauen und darin „spielen")
- Moralverstehen
- Verstehen indirekten Sprachgebrauchs (Metapher, Parabel, Symbol, Ironie)
- Fähigkeit zum Genuss
- Fähigkeit zur Anschlusskommunikation (z. B. sich über Lesarten verständigen)
  Betonung der Literarizität des Textes (Gestalthaftigkeit): literarisches Verstehen als erschwertes Verstehen (vgl. u. a. Abraham 2003)

4. Methoden

Innerhalb der interkulturellen Literaturwissenschaft gibt es keine einheitliche oder spezifische Methode, sondern eine Vielzahl von Ansätzen und Modellen, die methodologisch unterschiedlich konzipiert sind, je nachdem, an welcher Hilfs- oder Partnerdisziplin sie sich orientieren. Unterscheiden lassen sich kulturwissenschaftliche, hermeneutische, textzentrierte und empirische Methoden. Erstere überwiegen in der kultursemiotischen, der kulturanthropologischen und der kulturthematischen Literaturwissenschaft sowie der Diskursanalyse und dem *new historicism*, hermeneutische Methoden in der interkulturellen Hermeneutik, textzentrierte in Stoff-, Themen- und Motivgeschichte sowie bei poststrukturalistisch und dekonstruktivistisch ausgerichteten Ansätzen. Dabei ist der Ausgangspunkt der interkulturellen Literaturwissenschaft der Begriff der Fremdheit und die Frage nach Strategien der Auflösung bzw. der Annäherung an Fremdes. Fremdheit kann eine textexterne Kategorie sein, was bei kultureller, sozialer, biologischer oder existenzieller Fremdheit der Fall ist, eine textinterne Kategorie, die man auch als poetische Alterität (vgl. Mecklenburg 2008, 223–231) oder als Fremdheit des literarischen Diskurses bezeichnen kann, oder relationale Fremdheit, wie sie durch die Beziehung Leser–Text zustande kommt. Literatur kann aber auch selbst als das Andere oder das Fremde definiert werden. Die Methoden zur Auflösung oder Annäherung bestimmen sich dann je nachdem, welche Dimension von Fremdheit „aufgelöst" werden soll. Daher bietet sich eine Kombination von kulturwissenschaftlichen und textzentrierten Methoden an. Mit Hilfe von kulturwissenschaftlichen Methoden können Texte rekontextualisiert werden, d. h. sie werden zu ihrem ursprünglichen Kontext in Beziehung gesetzt. Die Rekontextualisierung ermöglicht einen komplexen Einblick in gesellschaftliche, historische, moralische, ästhetische oder wissenschaftliche Diskurse, und bezieht mentalitätsgeschichtliche, psychoanalytische, soziologische, anthropologische, ethnologische oder geschlechterspezifische Fragestellungen mit ein. Kulturwissenschaftliche Methoden ermöglichen aber auch die Kontextualisierung der innertextlichen Wirklichkeit, denn Literatur „integriert und speichert in einer Gesellschaft geführte kulturelle Diskurse" (Becker 2007, 164). Hierbei

Methoden-pluralismus

Kulturwissen-schaftliche vs. literaturtheoretische Methoden

geht es um die Eruierung und Ergänzung von Faktenwissen oder explizitem Wissen und die Klärung von kulturellen Alltagscodes und kulturwissenschaftlichem Wissen oder implizitem Wissen, wozu Sinnkonstruktionen, Normen, Wertvorstellungen oder Ideen gehören. Allerdings transportiert Literatur nicht nur solches Wissen, sie reflektiert es gleichzeitig bzw. setzt sich affirmativ oder subversiv dazu in Beziehung.

Kulturwissenschaftliche Methoden

Kultursemiotik
Die Kultursemiotik, die auf Ernst Cassirer zurückgeht, begreift Kultur als System von Zeichen (vgl. A. Assmann 2006, 27–54). Der Semiotiker Umberto Eco versteht unter Zeichen oder Signifikaten „kulturelle Einheiten, das heißt innerhalb spezifischer Kulturen geformte Begriffe und gemeinsam geteilte Vorstellungsbilder" (ebd., 31). Ausschlaggebend ist hierbei die Tatsache, dass Menschen sich durch den Gebrauch von Zeichen und Symbolen orientieren, sich in gewisser Hinsicht ihre Umwelt erklären und kommunizierbar machen. Zeichen dienen also der Orientierung und sind Teil kommunikativer Handlungen, wobei sie jedoch in der Regel auf etwas anderes verweisen; sie sind nicht identisch mit dem, was sie darstellen. Primäres Mittel der Kommunikation ist natürlich die Sprache, die ihrerseits als Zeichensystem funktioniert und über die „Menschen ihre Welt, ihre Kultur und sich selber erschaffen" (ebd., 29). Die kultursemiotische Methode beschäftigt sich vor allem mit kulturellen Zeichensystemen, sie beschreibt Zeichen in ihren kulturellen Kontexten und untersucht ihren Verweischarakter. Dabei geht sie davon aus, dass sich Kulturen oder Gesellschaften weitgehend derselben kulturellen Codes bedienen, über die sie kommunizieren. Kulturelle Codes lassen sich definieren als „kulturspezifische Sinn-Muster mit ideologischen, moralischen oder religiösen Inhalten, [die] durch Erziehung, Sozialisation und tiefenpsychologische Prägung auf den Einzelnen übertragen werden" (Tonn 2004, 253). Nach Roland Barthes zitieren sie das Wissen der Zeit und sind literarischen Texten eingeschrieben, wobei sie auf etwas verweisen, das im Gedächtnis einer Kultur oder Kommunikationsgemeinschaft als Wissen gespeichert ist. Barthes unterscheidet fünf Codes. Den kulturellen Code definiert er wie folgt: „Lastly, the cultural codes are references to a science or a body of knowledge; in drawing attention to them, we merely indicate the type of knowledge (physical, physiological, medical, psychological, literary, historical, etc.) referred to, without going so far as to construct (or reconstruct) the culture they express" (Barthes 1987, 20). Kulturelle Codes werden durch bestimmte Verfahren gespeichert: Dazu gehören Textformulierung, Ritualisierung, Gattungsbildung, Grammatikalisierung und Monumentalisierung (vgl. Posner 2003). Sie verweisen demnach auf etwas, was sich nicht unbedingt explizieren lässt und das unterhalb der Textoberfläche als implizites Wissen mitläuft und in gewisser Weise vorausgesetzt wird. Kulturelle Codes wirken unbewusst, als „automatisch übernommene Muster und Strukturen, Diskurse und Ideologien, Stereotype und Vorurteile, Symbole und Mythen" (Mecklenburg 2008, 176). Demnach sind sie als Zeichen zu verstehen, die (literarischen) Texten eingeschrieben sind und die durch Semantisierung der jeweiligen Bedeutungsträger entschlüsselt werden können. So können bestimmte Alltagscodes wie Kleidungsstil, Produktnamen oder Einrichtungsstile implizites Wissen oder kulturwissenschaftliches Wis-

Kulturelle Codes

sen transportieren. Alltagscodes werden dadurch zu Zeichenträgern. Geht diese semantische Dimension von Alltagscodes in literarischen Werken verloren, werden bestimmte Implikationen unter Umständen nicht erkannt, wie beispielsweise die Ironisierung der Figuren durch bestimmte Attribute der Alltagskultur. Die Bewusstmachung kultureller Codes hat demnach zwei Implikationen: Zum einen geht es um die semantische Vertiefung der literarischen Texte, zum anderen jedoch auch um eine Annäherung an eine andere Kultur oder Kommunikationsgemeinschaft über die Klärung impliziten kulturwissenschaftlichen Wissens.

Die kulturanthropologisch ausgerichtete literaturwissenschaftliche Methode versteht literarische Texte in erster Linie als Beitrag zum Verstehen fremder wie eigener Kultur. Ihrer Auffassung nach transportieren literarische Texte kulturspezifisches Wissen über Lebensformen und Denk- und Wahrnehmungsweisen von Gesellschaften. Die Metapher „Kultur als Text" (vgl. Bachmann-Medick 2004a und 2004b) fasst die grundlegende Auffassung der kulturanthropologischen Literaturwissenschaft zusammen, dass sich nämlich auch über literarische Texte anthroplogische Konstanten und spezifische Kommunikationsweisen einer Gesellschaft oder einer Kultur beschreiben lassen. Der literarische Text fungiert dabei als „Träger kultureller Selbstdarstellung und -repräsentation von Gesellschaften" (Becker 2007, 188); über die Analyse von Texten erfolgt also die Freilegung kultureller, sozialer, gesellschaftlicher und historischer Grundlagen einer Gesellschaft bzw. Kultur. Obwohl diese Methode den gesellschaftlichen Status von Literatur sowie deren Verwendungs- und Wirkungszusammenhang stärker gewichtet, versteht sie Literatur aber nicht einfach als „Behälter kultureller Identität" (Bachmann-Medick 2003, 444). Berücksichtigt wird auch die spezifisch literarische Struktur von Texten, daher werden bei der Analyse literarischer Texte kontextuelle mit textbezogenen Methoden verbunden, wodurch versucht wird, „der besonderen Literarizität/Fiktionalität und ästhetischen Ausdrucksform literarischer Texte" (ebd., 155) gerecht zu werden. Dazu gehört auch die Hintergehbarkeit von Homogenität, denn gerade Literatur ist ja ein Medium, in dem Verdrängtes, Brüche und Inkohärenzen einer Kultur, Gesellschaft oder eines Individuums artikuliert werden. Diese Arbeitsweise geht einerseits auf die literaturwissenschaftlichen Wurzeln des Fachs zurück, andererseits auf den Ethnologen Clifford Geertz und dessen Konzept der „dichten Beschreibung" (vgl. Geertz 1983), das kulturelle Handlungen wie Texte beschreibt. Kultur kann Geertz zufolge nicht empirisch-deskriptiv beschrieben werden, sondern impliziert immer auch eine hermeneutische Auslegung bestimmter kultureller Phänomene innerhalb des jeweiligen Kontextes, weswegen die Interpretation kultureller Phänomene immer auch von Kontext und Interpret abhängig ist. Kultur ist nach Geertz nicht als homogenes Ganzes zu verstehen, das als solches wissenschaftlich vermittelt werden kann, sondern ist eine komplexe Formation, ein schwer zu dechiffrierender Text. Die Arbeitsweise des Ethnologen, so Geertz in seinem Werk *Dichte Beschreibung* (1983) gleicht daher „dem Versuch, ein Manuskript zu lesen […], das fremdartig, verblaßt, unvollständig, voll von Widersprüchen, fragwürdigen Verbesserungen und tendenziösen Kommentaren ist" (ebd., 15), worin sie der Arbeitsweise des Literaturwissenschaftlers gleiche. Im Kontext der interkulturellen Literaturwissenschaft

Kulturanthropologie

Kultur als schwer zu dechiffrierender Text

hat die kulturanthropologische literaturwissenschaftliche Methode eine wichtige Position, da sie Texte nach institutionalisierten Selbst- und Fremdbildern befragt, aber gleichzeitg auch auf deren Infragestellung und ihren Konstruktionscharakter aufmerksam macht und von daher zu einem recht komplexen Bild kultureller Formationen beitragen kann.

Kulturthematische Literaturwissenschaft

Die kulturthematische Ausrichtung der Literaturwissenschaft hat sich in Anlehnung an die Komparatistik entwickelt, die Gemeinsamkeiten und Unterschiede von Literaturen verschiedener Kulturen untersucht, und zwar auch über literarische Themen, was als Thematologie bezeichnet wird. Dabei konzentriert sich die kulturthematische Literaturwissenschaft vor allem auf das interkulturelle Potenzial literarischer Texte, unter dem sie die „Anschließbarkeit der Lebenswelten" (Hudson-Wiedenmann 2003, 448) versteht, die aufgrund von Themenbereichen, die allen Kulturen inhärent seien, gegeben ist. Im Kontext der interkulturellen Germanistik hat sich vor allem die Beschäftigung mit der sozialanthropologischen Dimension von Themen durchgesetzt, mit sog. Kulturthemen, die nach dieser Auffassung in allen Kulturen vorzufinden sind, denn bestimmte Themen seien zu bestimmten Zeiten „einer Kultur inhärent und prägten diese in ihren Ausdrucksformen" (ebd., 452). Wichtige Anregungen erfuhr diese Methode durch die im angelsächsischen Raum praktizierten *cultural studies*, die überwiegend auf Themen wie Gender, Rasse, Identität und Körper fokussieren.

Kulturthemen

In Deutschland ist es besonders die Bayreuther Interkulturelle Germanistik, die sich mit der interdisziplinären Erforschung sog. Kulturthemen wie Fremdheit, Essen, Toleranz, Höflichkeit und andere beschäftigt. Die thematisch ausgerichtete interkulturelle Literaturwissenschaft versteht sich als Teil der Kulturwissenschaft und zentriert ihr Aufgabengebiet auf die kulturell-gesellschaftliche Funktion und die kontextuelle Verortung literarischer Texte, die zu einer kulturkontrastiven Perspektive auffordert und „jene Vergleichsdimensionen freilegt, die das Erfassen kulturmodifikabler Wirklichkeitskonzepte im Vermittlungsprozess ermöglicht" (ebd., 453). Im Wesentlichen geht es um die komplexe Erschließung von Kulturen über Kulturthemen, wobei besonders drei Themenbereiche berücksichtigt werden. Den ersten Themenbereich stellen die Universalthemen dar, worunter Themen zu verstehen sind, die „universale anthropologische Konstanzen" (ebd., 454) betreffen. Dazu gehören Themen wie Leiblichkeit, wobei der Leib/Körper als komplexes Gebilde verstanden wird, das sich nicht auf körperliches Sein beschränken lässt, sondern Dimensionen wie Wahrnehmung, Empfindung, kulturelle Verortung usw. miteinbezieht, außerdem die Erfahrung der Lebensabschnitte und Lebensalter wie Kindheit, Adoleszenz und Alter. Der zweite Themenbereich umfasst Themen der Alltagserfahrung, wozu Essen, Arbeit oder Gesundheit gehören. Das dritte Themenfeld schließlich betrifft Themen, die mit Fremdheitserfahrung und interkultureller Kommunikation zu tun haben. Hierzu zählen Themen wie Fremdheit, Höflichkeit, Grenze und Toleranz. Dieser Ansatz geht von der Anschließbarkeit der Kulturen aufgrund bestimmter Themen aus, wodurch auf Analogien und Differenzen zwischen den Kulturen hingewiesen werden kann, auf kulturspezifische Denkweisen und Vorstellungen sowie auf die kulturell geprägte Wahrnehmung.

Die Methode des Kulturvergleichs ist von Universalismusgegnern immer wieder kritisch hinterfragt worden, jedoch ist die Existenz zumindest einiger

Universalthemen schwerlich zu bestreiten. Die Methode der Kulturthemen eignet sich einerseits zur vergleichenden Beschreibung kultureller Phänomene, andererseits können Kulturthemen als Movens für einen interkulturellen Dialog verstanden werden, da sie Anknüpfungsmöglichkeiten bieten. Allerdings ist diese Methode nur unter bestimmten Voraussetzungen durchführbar: Einerseits sollte sich die Beschreibung der anderen Kultur nicht nur auf Gewohntes und Alltägliches beschränken, sondern auch Brüche in der Lebenswelt thematisieren, die durch den Einbruch des Fremden entstehen, wodurch die Heterogenität von Kulturen sichtbar gemacht werden kann. Um vorgefasste Meinungen und damit Stereotypisierung zu vermeiden, sollte die Beschreibung von Kulturthemen andererseits vom Text ausgehen, denn nur die jeweilige Verarbeitung durch den literarischen Text kann ein authentisches Bild als individuelle Sicht liefern, das als Anknüpfungsmöglichkeit für einen Kulturvergleich dienen kann.

Die kultursoziologische Methode innerhalb der Literaturwissenschaft ist mit dem Namen Pierre Bourdieu verbunden, der Literatur in ihrem produktions- und rezeptionsästhetischen Kontext untersucht. Hierbei geht es also um die Rekonstruktion jener Bedingungen, unter denen Autoren schreiben und unter denen Literatur rezipiert wird. Dazu gehören das Milieu des Autors, die Institutionen des Buchmarktes, wozu Verlage, Literaturkritik und Literaturwissenschaft zählen, und die Rezeptionsgegebenheiten, die sich aus dem Publikum und den jeweiligen Bildungsstandards ergeben. Es geht demnach um die „Beschreibung des literarischen Feldes innerhalb der politischen und sozialen Machtstrukturen einer Gesellschaft" (Becker 2007, 196). Bourdieu versteht Kultur einerseits als ein Komplex von Normen und Regeln, die das Verhalten von Menschen steuern, andererseits als Raum von „klassen- bzw. milieuspezifischen Lebensstilen" (ebd.). Literatur beschreibt und vermittelt bestimmte Lebensstile, die beim Lesen rekonstruiert werden können.

Kultursoziologischer Ansatz

Der mentalitätsgeschichtliche Ansatz versucht über Literatur die Mentalität einer Gesellschaft zu rekonstruieren. Der Begriff Mentalität betrifft dabei diejenigen Deutungsmuster, Vorstellungen, Empfindungen und Verstehensmodelle, die die Wahrnehmung des Menschen vorstrukturieren und die Rezeption und Interpretation von Wirklichkeit steuern. Es geht um ein Repertoire verinnerlichter Vorstellungen und Deutungsmuster, die, vereinfacht ausgedrückt, die Identität einer Gesellschaft formen oder ausmachen. Hierzu gehören Vorstellungen über Themen wie Kindheit, Tod, Krankheit, Individuum, Familie, Geschlecht, Körper, Seele, Raum, Zeit, Geschichte und anderes, an denen Grundüberzeugungen, affektive und kognitive Reaktionen und Wertvorstellungen einer Gesellschaft oder Epoche ablesbar sind. Natürlich sind diese Inhalte nicht unmittelbar zugänglich, sie müssen über die Beschäftigung mit unterschiedlichen Quellen, auch der Literatur, erschlossen werden. Dabei kommt der Literatur eine gesonderte Stellung zu, denn sie dient nicht als direkter Beleg für mentale Strukturen einer Gesellschaft, da sie Wirklichkeit immer perspektivisch und reflektiert darstellt.

Mentalitätsgeschichtlicher Ansatz

Die Diskursanalyse, die insbesondere mit dem Namen Michel Foucault verbunden ist, untersucht die Regeln und Prozeduren, die in einem Ordnungssystem oder Diskurs wirksam sind. Für das kulturwissenschaftliche Paradigma ist sie insofern interessant, als sie über die Analyse gesellschaftli-

Diskursanalyse

cher Regelsysteme wie Kontroll-, Ausschluss- oder Selektionsverfahren, die Texten eingeschrieben sind, Aussagen über das Selbstverständnis von Gesellschaften machen kann. Dadurch kann das Regelsystem einer Gesellschaft freigelegt werden, das darüber entscheidet, was zu einer bestimmten Zeit wahr oder falsch, normal oder unnormal, sagbar oder tabuisiert ist. Diskursanalyse ist demnach immer auch die Analyse der Machtstrukturen innerhalb einer Gesellschaft. Dabei geht die Diskursanalyse davon aus, dass literarische Texte einerseits ein „interdiskursiv geprägtes Medium" (Becker 2007, 158) sind, d.h. von anderen Diskursen geprägt sind, deren Spuren sich in den Texten nachzeichnen lassen. Insofern sind sie Teil eines archivierten gesellschaftlichen Wissens. Zum anderen fragt die Diskursanalyse auch nach dem Verhältnis von Literatur zu anderen gesellschaftlichen Diskursen, wobei Literatur affirmativ oder subversiv sein kann. Dann wird sie nach Foucault als Gegendiskurs verstanden. Indem sie subjektive Erlebnisse auf eine spezifische Art wiedergibt, kann sie sich erstens den Zwängen des herrschenden Diskurses entziehen und zweitens diesen unterlaufen.

new historicism Der *new historicism* ist eine kultur- und literaturwissenschaftliche Methode, die sich in der amerikanischen Literaturwissenschaft entwickelt hat und von Stephen Greenblatt initiiert wurde. Er geht von der soziokulturellen und historischen Verortung literarischer Texte aus und versucht deren jeweiligen Entstehungskontext zu rekonstruieren, indem er die Verschränkung der unterschiedlichen gesellschaftlichen, literarischen, wissenschaftlichen, ökonomischen und anderen Diskurse der Entstehungszeit berücksichtigt. Ausschlaggebend ist dabei die Auffassung von der Geschichtlichkeit von Texten und von der Textualität von Geschichte. Texte, so die Überzeugung des *new historicism*, sind immer in bestimmte historische Kontexte eingebettet, aus denen heraus sie verständlich werden. Andererseits ist auch Geschichte als textuelle zu verstehen: Geschichte existiert nicht als unmittelbar zugängliche Metaerzählung, sondern konstituiert sich über literarische und nicht-literarische Texte, die ihrerseits bestimmte narrative Strukturen haben, selektiv vorgehen und daher als „Konstruktionen kulturellen Wissens" (Neumeyer 2004, 181) gelesen werden müssen. Über die Analyse von Texten wird eine bestimmte Zeit oder Kultur zugänglich, wobei eben die Struktur der Texte Rückschlüsse auf Machtstrukturen, Selektionsprinzipien und Ähnliches zulässt. Literarische Texte werden dabei nicht mehr als autonome Einheiten verstanden, sondern gemäß der Intertextualitätstheorie als Schnittstelle unterschiedlicher Diskurse.

Literaturtheoretische bzw. textzentrierte Methoden

Rezeptionsästhetik Die Rezeptionsästhetik beschäftigt sich mit dem Vorgang des Lesens, den sie als kommunikativen Akt zwischen Leser und Text versteht. Sie geht davon aus, dass literarische Texte ein hohes Maß an Unbestimmtheiten enthalten, wodurch sie einen Deutungsspielraum eröffnen, in dem der Leser das Fremde des Textes mit dem Eigenen in Verbindung bringt. Im Kontext der interkulturellen Literaturwissenschaft ist der rezeptionsästhetische Ansatz aufgrund der Problematisierung des Erwartungshorizontes populär. Beim Lesen wird dieser durch die Interessenstruktur des Lesenden aktiviert, durch seine Erwartungen, Erfahrungen, Bedürfnisse und Motivationen, und, im

Falle einer „interkulturellen" Lektüre, natürlich auch durch einen anderen kulturellen Hintergrund. Die Frage, die sich Literaturwissenschaftler in diesem Zusammenhang gestellt haben, lautet: Unterscheidet sich aufgrund des anderen kulturellen Hintergrundes die Rezeption? Diese Frage ist nicht unproblematisch, denn erstens lässt sie sich nur mit Hilfe von empirischen Untersuchungen beantworten und zweitens ist die Rezeption ein viel komplexerer Prozess, der sich nicht nur durch kulturelle Faktoren bestimmen lässt, sondern die gesamte Sozialisation des Lesenden umfasst. Die Rezeptionsästhetik ist im Bereich des Fremdverstehens aber in anderer Hinsicht wichtig: Sie trägt zur Bewusstmachung des Erwartungshorizontes bei, und zwar indem die eigenen Reaktionen auf das Fremde, die durch bereits existierende Denkmuster, Vorurteile oder Stereotypen gelenkt werden, durch Selbstbeobachtung bewusst gemacht werden können. Die Artikulierung des Erwartungshorizontes bleibt ein unabschließbarer Prozess, da sich die eigene Subjektivität nicht objektivieren lässt und die Wahrnehmung des Eigenen durch blinde Flecken gekennzeichnet ist. Dadurch bleiben Teile des Eigenen unerkannt. Allerdings stellt sie einen Versuch dar, „die impliziten Eigenheiten des Verstehens zu explizieren und sie damit sowohl intersubjektiv kommunizierbar als auch der Kritik und Korrektur zugänglich zu machen" (Schutte 2005, 202).

In philosophischer Hinsicht bedeutet Hermeneutik in erster Linie Auslegung oder Interpretation bestimmter Phänomene und das Reflektieren des Verstehensprozesses. Die interkulturelle Hermeneutik beschäftigt sich daher mit der Reflexion von Verstehen aus interkultureller Perspektive und versucht Verfahren für eine interkulturelle Kommunikation zu entwickeln. Sie beschäftigt sich also allgemein mit der Auslegung/Interpretation interkultureller Phänomene, wobei sie sich besonders auf kulturelle Alterität bezieht. Hierbei versucht sie den Verstehensbegriff, der letztlich auf das Einrücken des Fremden in eine gemeinsame Tradition abzielt, zu korrigieren. Schlüsselbegriffe der interkulturellen Hermeneutik sind Hermeneutik der Distanz, der Differenz, des fremden Blicks, die darauf abzielen, das Fremde bestehen zu lassen und durch das Verstehen des Fremden zu einem besseren Selbstverständnis zu gelangen.

In der Regel gehen hermeneutische Ansätze davon aus, dass jede Kommunikation, jeder Verstehensprozess von Fremdheit gekennzeichnet ist, da zwischen den Subjekten der Kommunikation eine subjektive Alterität besteht. Interkulturelle Hermeneutik beschäftigt sich darüber hinaus mit der Frage, welche spezifischen Verstehensprobleme sich bei kultureller Fremdheit ergeben und welchen Einfluss der jeweilige kulturelle Kontext auf den Verstehensprozess hat. Im Umfeld der interkulturellen Germanistik wurden als Verstehenskonzepte oder -methoden „Brückenkonzepte" entworfen, mit deren Hilfe die hermeneutische Distanz zwischen den Kommunikationsteilnehmern überbrückt werden soll. Dazu gehören unter anderem Universalien in Form von Kulturthemen, Empathie, Verstehen und Dialog.

Die interkulturelle literarische Hermeneutik beschäftigt sich als literaturwissenschaftliche Methode mit der Auslegung literarischer Texte eines anderen, fremdkulturellen Kontextes. Dabei reflektiert sie die Voraussetzungen des Verstehens, den eigenen Standpunkt oder Blickwinkel, und entwickelt Methoden zur Interpretation literarischer Texte, wobei sie die

Hermeneutik

spezifische Situation des fremdkulturellen Lesens berücksichtigt (zur interkulturellen literarischen Hermeneutik siehe ausführlicher Kapitel IV).

Formalismus-
Strukturalismus

Die formalistisch-strukturalistische Literaturtheorie, womit insbesondere
der russische Formalismus und der Prager Strukturalismus bezeichnet werden, bestimmt Alterität als Abweichung von einem normierten Sprachgebrauch. Durch diese poetische Funktion der Sprache kommt es zu einer Verfremdung des Dargestellten und darüber zur Desautomatisierung der
Wahrnehmung. Fremdheit ist demnach eine poetische Kategorie, die den
Text seiner rein abbildenden oder referenziellen Funktion enthebt. Literatur
wird aufgrund der Literarizität als autonomes ästhetisches Gebilde definiert,
das die „Wirklichkeit" verfremdet. In diesem Zusammenhang untersucht interkulturelle Literaturwissenschaft das Abweichende, Fremde im literarischen Text und sensibilisiert für die Wahrnehmung von Fremdheit und Heterogenität. Gerade der literarische Text kann durch die Technik der
Verfremdung Heterogenität inszenieren. Durch die Verflechtung oder Vermischung (Hybridisierung) unterschiedlicher Diskurse, Perspektiven, Stimmen oder literarischer Verfahren, verweist Literatur auf die Heterogenität,
die Brüchigkeit von ganzheitlichen, homogenen Strukturen und Konstrukten
wie Identitäten oder Ideologien. Darüber hinaus problematisiert die formalistisch-strukturalistische Literaturtheorie die Automatisierung der Wahrnehmung, ein Punkt, der besonders bei der Wahrnehmung des Fremden eine
wichtige Rolle spielt, denn gerade hier kommt es durch eine automatisierte
Wahrnehmung zur Aktivierung oder Bestätigung bereits vorhandener Vorurteile. Kunst und Literatur haben hier die Funktion, die Wahrmehmung zu
stören und dadurch die Aufmerksamkeit zu schulen, wodurch es zu einer
bewussteren Rezeption des Fremden kommen kann.

Poststrukturalismus

Poststrukturalistische Verfahren oder Methoden sind im Bezug auf den In-
terkulturalitätsdiskurs in verschiedener Hinsicht interessant.
– Sie stellen die traditionelle hermeneutische Prämisse der grundsätzlichen
  Verstehbarkeit in Frage.
– Sie thematisieren die postmoderne Pluralität.
– Sie radikalisieren das Konzept der Alterität, da sie die Dichotomie von Alterität und Identität betonen. Dabei gehen sie von der Annahme aus, dass
  Identitäten durch Abgrenzung und Ausgrenzung hergestellt werden, dabei
  aber das ‚Außen', der ‚Andere' oder ‚Fremdes' gleichzeitig eine Bedingung
  der Möglichkeit von Identität ist, da Fremdes immer zugleich Teil des Eigenen ist.

Verstehen/
Auslegbarkeit

Eines der Grundprobleme der interkulturellen Hermeneutik ist sicherlich,
dass sie sich die Frage nach der grundsätzlichen Auslegbarkeit des Fremden
nicht zu stellen scheint. Sie geht nach wie vor von einem eher traditionellen
Verstehenskonzept aus, dem die Rekonstruierbarkeit einer im Text scheinbar angelegten Einheit zugrunde liegt, oder anders ausgedrückt: Ziel jeglichen Verstehens ist die Einordnung der Teile in ein Textganzes. Dieses auf
Hans-Georg Gadamer zurückgehende Verstehenskonzept setzt die Annahme voraus, literarischen Texten sei eine definitive Bedeutung eingeschrieben, die der Interpret zu entschlüsseln habe. Dagegen stellen poststrukturalistische Ansätze ein Denken in Differenzen, das die Einheit von Text und
Sprache im Sinne der Einheit von Bezeichnetem und Bezeichnendem in

Frage stellt, womit auch die Möglichkeiten objektiven Erkennens und objektiver Wahrheit obsolet werden. An die Stelle von binären Oppositionen als Welterklärungsmodell (z. B. Ich/der Andere; Mann/Frau; gut/böse; Einheimischer/Fremder; usw.), das Sicherheit und Bestimmtheit impliziert, tritt eine radikale Unbestimmtheit, die stabile Strukturen aufbricht. Die traditionellen Sinnsysteme werden hinterfragt und mit Vorstellungen von dynamischer, vielfältiger und zum Teil widersprüchlicher Sinnstiftung ersetzt. Der Poststrukturalismus ist damit eine Reaktion auf die zunehmende Pluralität oder Heterogenität der Wirklichkeit und, damit verbunden, von Begriffen wie Subjektivität und Vernunft. Das Subjekt ist nicht als homogene und durchschaubare, also verstehbare und auslegbare Einheit zu verstehen, sondern ist immer schon von Spuren eines Fremden gekennzeichnet, das sich einem Zugriff entzieht. Vernunft, ein zentraler Begriff der europäischen Aufklärung, verliert ihre Autorität, da sie nicht mehr als sinnstiftende Kategorie fungiert. Damit werden Zentrismen wie Egozentrismus, Ethnozentrismus oder Logozentrismus obsolet, da sie nicht der Tatsache Rechnung tragen, dass Eigenes (das Ich, die Nation/Ethnie, die Vernunft) immer auch Züge des Fremden tragen. Die poststrukturalistischen Ansätze – hier sei besonders auf Psychoanalyse, Diskursanalyse, *Gender Studies* und Postkolonialismus verwiesen – dekonstruieren Konstruktionen von Homogenität, Macht und Logozentrismus, um damit das Funktionieren gesellschaftlicher, kultureller, politischer, sozialer oder geschlechtlicher Diskurse offenzulegen. Als Methode dient hierzu die Dekonstruktion, die Machtkonstellationen und -konstruktionen aufdeckt. Als analytische Methode ist sie als Lektüretechnik zu verstehen, die die Widersprüche, Heterogenitäten und Ungereimtheiten in Texten aufzudecken versucht, sie sensibilisiert für jene Stellen im Text, an denen Zuschreibungen oder Konstruktionen sichtbar werden. Die Dekonstruktion geht weiterhin davon aus, dass Sprache und Texte Risse oder Brüche aufweisen, die die Annahme eines einheitlichen Sinns, der den Texten inhärent sein soll, unterläuft. Anders ausgedrückt: Dekonstruktivistisches Lesen sensibilisiert für jene Stellen im Text, die sich einer eindeutigen Sinnzuschreibung entziehen, da sie in irgendeiner Form abweichen oder die angenommenen Sinnkonstruktionen verschieben, Eindeutigkeit aufbrechen. Die dekonstruktivistische Methode eignet sich also im besonderen Maße dafür, über die Bewusstmachung von ästhetischen Verfahren ein Reflektieren über unterschiedliche Diskurse zu iniziieren. Darüber hinaus schärft sie den Blick für Auffallendes, Abweichendes und verweist auf die Unabschließbarkeit und Relativität von Sinnkonstruktionen. Das liegt nicht zuletzt im literarischen Text selbst begründet, der Uneindeutigkeit und Bedeutungsoffenheit impliziert und damit die Subversion des Verstehens provoziert.

Dekonstruktivistisches Lesen

5. Position innerhalb der Kulturwissenschaften: Kulturwissenschaftliche Literaturwissenschaft

Die interkulturelle Literaturwissenschaft berücksichtigt bei ihrer Arbeit Kulturunterschiede und definiert sich daher auch über den Begriff der Kultur. Geht man mit der interkulturellen Literaturwissenschaft davon aus, dass Literatur Teil der Kultur ist, sie eine kulturübergreifende Rezeption erfährt und Kulturunterschiede bei der Rezeption literarischer Texte relevant sind, so lässt sie sich auch als eine Kulturwissenschaft bezeichnen, die Literatur als Teil und Produkt bestimmter kultureller Kontexte versteht und beschreibt. Allerdings kann man interkulturelle Literaturwissenschaft nicht mit kulturwissenschaftlicher Literaturwissenschaft oder gar Kulturwissenschaft gleichsetzen, denn es handelt sich nach wie vor um Literaturwissenschaft, die auch, aber eben nicht ausschließlich, mit kulturwissenschaftlichen Methoden arbeitet, was sich aus ihrem spezifischen Gegenstand – Literatur und nicht Kultur – ergibt. Obwohl sie Literatur als Teil kultureller Kommunikation und kulturellen Handelns begreift, bleibt primärer Gegenstand der interkulturellen Literaturwissenschaft der literarische Text, der einerseits auf die gesellschaftliche Realität bezogen ist und andererseits ein autonomes ästhetisches Produkt mit einer spezifischen Struktur darstellt. Darüber konstituieren sich auch die Methoden der interkulturellen Literaturwissenschaft, die sowohl textzentriert als auch kontextualisierend sind.

II. Wozu interkulturelle Literaturwissenschaft?

1. Konzept einer gesellschaftswirksamen Literaturwissenschaft

Die Ziele der interkulturellen Literaturwissenschaft lassen sich als primär literaturwissenschaftlich und primär gesellschaftspolitisch definieren. Im ersten Fall ist interkulturelle Literaturwissenschaft auf Produktion, Rezeption und Analyse von literarischen Texten ausgerichtet, erforscht also Rolle und Funktion von Literatur in interkulturellen Prozessen und sensibilisiert durch bestimmte Analysemethoden für die Wahrnehmung des Fremden und dessen Darstellung. Hier wird deutlich, dass literaturwissenschaftliche und gesellschaftspolitische Ziele der interkulturellen Literaturwissenschaft ineinandergreifen, denn Sensibilisierung für das Fremde und die Bewusstmachung der Strategien, mit denen wir ihm begegnen, haben natürlich auch eine gesellschaftliche Motivation: Literaturwissenschaft versucht so auf gesellschaftliche Prozesse wie Globalisierung und Migration, aber auch Aggression und Gewalt gegen Fremdheit zu reagieren, u.a. auch um sich neu zu legitimieren. Literaturwissenschaft und -vermittlung war lange Zeit mit der Idee des Nationalstaats und der Theorie der Nation verbunden, primäres Ziel war Überlieferung und Erhalt nationaler Traditionen, nationale Selbstversicherung und Abgrenzung nach außen. Diese Ziele sind mit der Veränderung der Gesellschaft in der zweiten Hälfte des 20. Jahrhunderts fragwürdig geworden, nicht nur, weil der Begriff der Nation missbraucht wurde, sondern weil die multikulturelle Gesellschaft in vielen europäischen Gesellschaften Realität ist. Interkulturelle Literaturwissenschaft reagiert mit ihren Konzepten, Methoden und Inhalten nicht nur auf die Interkulturalität der gesellschaftlichen Wirklichkeit, sondern sieht sich auch als gesellschaftswirksame Literaturwissenschaft (vgl. Šlibar 1997), die gesellschaftliche Prozesse durchschaubar machen und ein kritisches und produktives Denken ausbilden möchte. Damit wird literarische Bildung Teil einer kosmopolitischen oder globalen Bildung, bei der es „um die *Dezentrierung* des ,Eigenen' und damit Öffnung für neue Sichtweisen" (Wintersteiner 2006b, 16; Hervorhebung im Original) geht und um das Erlernen interkultureller Kompetenzen. Die interkulturelle Literaturwissenschaft gewinnt einen politischen Akzent, wenn sie sich auch der Frage nach dem Umgang mit dem Fremden stellt. Dieser ist von unterschiedlichen Abwehrstrategien wie Ausgrenzung oder Ignoranz geprägt. Ausgrenzung führt zur gewaltsamen Abwehr des Fremden und zeigt sich in Formen von Aggression, Gewalt, Isolation, Stigmatisierung, Verfolgung oder Vernichtung; Ignoranz zeigt sich als scheinbare Toleranz gegenüber dem Fremden, die dadurch entsteht, dass Fremdes nicht wahrgenommen oder völlig assimiliert und damit beseitigt wird. Hinter diesen Formen der Abwehr steht die Überzeugung, dass dem Eigenen eine universelle Gültigkeit zukommt; man spricht dann von Zentrismen. Es lassen sich fol-

Verbindung von literaturwissenschaftlichen und gesellschaftspolitischen Zielen

Gesellschaftswirksame Literaturwissenschaft

Kosmopolitische Bildung

Umgang mit Fremdheit

Zentrismen

gende Formen von Zentrismen unterscheiden: Egozentrismus als die Rückführung des Fremden auf individuelles Eigenes, Ethnozentrismus als Einordnung des Fremden in kollektives Eigenes und Logozentrismus als Eingliederung des Fremden in herrschende Diskurse, die als universell gültige Ordnung oder Metaphysik fungieren. Hierzu gehören z. B. Begriffe wie Vernunft, Wahrheit, Gott, Transparenz. Zentrismen ergeben sich also aus der Tatsache, dass das Eigene mit einer universellen Ordnung gleichgesetzt wird, aus der Fremdes ausgeschlossen wird. Das ist allerdings nur dann möglich, wenn das Fremde erstens als etwas verstanden wird, was a priori außerhalb des Eigenen liegt, es um ein Ausschlussverhältnis geht, in dem deutlich definiert ist, was Eigenes und was Fremdes ist; und zweitens, wenn man davon ausgeht, dass es das Fremde als feststehende Größe gibt. Das würde bedeuten, dass alles Fremde gleich fremd ist. Dieses Verständnis des Fremden trägt dazu bei, dass Fremdes als das Fremde schlechthin aus der eigenen Ordnung ausgeschlossen wird. Um diese Zentrismen bewusst zu machen und ihnen entgegenzuwirken, bemüht sich interkulturelle Literaturwissenschaft auch um eine begriffliche Neubestimmung von Fremdheit und Interkulturalität und versucht über ihren Gegenstand, die Literatur, einen Umgang mit dem Fremden zu evozieren, der andere Möglichkeiten aufzeigt. Dazu bedarf es einer Bewusstmachung der jeweiligen Sicht- und Denkweisen über Selbstbeobachtung und eine Sensibilisierung für die Tatsache, dass sich Fremdes und Eigenes nicht ausschließen, sondern, im Gegenteil, ineinander verflechtet sind. Über die Beschäftigung mit Literatur lassen sich also Kompetenzen für den Umgang mit dem Fremden erlernen, und zwar aufgrund der Tatsache, dass Literatur thematisch und formal unterschiedliche Dimensionen von Fremdheit vermittelt. Die Erarbeitung dieser Fremdheiten, das Erlernen von Strategien für den Umgang damit und das Reflektieren der eigenen Verstehensvoraussetzungen gehören in den Bereich der Kompetenzförderung, der auch für die interkulturelle Literaturwissenschaft eine wichtige Rolle spielt.

Bewusstmachung und Selbstbeobachtung durch Literatur

2. Kompetenzorientierung

Die Idee der Kompetenzorientierung kennzeichnet einen Reformprozess in schulischen und universitären Bildungsinstitutionen und hat sich auch im Bereich des fremdsprachlichen Lernens durchgesetzt. So werden etwa seit der Jahrtausendwende in der Bildungspolitik und der pädagogischen und fachdidaktischen Forschung Konzepte der Kompetenzorientierung und -förderung diskutiert, die neben den fachlichen auch fachübergreifende Kompetenzen einschließen. Dabei wird von einem mehrdimensionalen Kompetenzbegriff ausgegangen, der Wissen, Fähigkeiten, Fertigkeiten, Einstellungen und Motivation, aber auch volitionale und soziale Aspekte ebenso wie Erfahrung und konkretes Handeln umfasst. Der Kompetenzbegriff schließt außerdem die sog. Problemlösungskompetenz mit ein, worunter die Realisierung der erlernten Kompetenzen im Alltag verstanden wird. Eng verbunden mit dem Begriff der Kompetenzorientierung ist der Begriff der Bildung. Bei dem Begriff der Bildung geht es nicht mehr nur um Wissensanhäufung oder -vermehrung, sondern darüber hinaus um eine bewusste Reflexion des Erlernten, um einen bewusst reflektierten Umgang mit Wissen. Auch beim Erlernen einer Fremdsprache geht es also nicht mehr nur um fachliche Kompetenz, sondern auch um Persönlichkeits- und Identitätsentwicklung und Selbstrelativierung, um Reflexion über Sprache, Kultur, Fremdheit und um die Ausbildung von Urteilsfähigkeit und Verantwortungsbewusstsein. Bildung umfasst also nicht nur die funktional-kognitiven Kompetenzen, sondern auch ethische und moralische Aspekte, was zu einer aktiven Beteiligung an gesellschaftlichen Prozessen befähigen kann.

Interkulturelle Kompetenzen lassen sich folgendermaßen differenzieren:

– *Metakognitive Kompetenz* als besondere Reflexivität, die die Vielfalt selbstverständlicher kulturspezifischer Annahmen, Perspektiven und Bewertungen bewusst, kommunizierbar und veränderbar macht.
– *Interkulturelle Wissenskompetenz*, die sowohl kulturallgemeines Grundlagenwissen (z.B. über Akkulturationsprozesse oder Stereotypisierungsmechanismen, Konstruktcharakter von Wirklichkeitsmodellen) als auch kulturspezifisches Wissen (z.B. bestimmte Embleme, Rituale, Tabus) beinhaltet.
– *Interkulturelle Handlungskompetenz* umfasst insbesondere Wahrnehmungs-, Interpretations- und Interaktionsfähigkeiten: Aufmerksamkeit, produktives Handeln, Problemlösungskompetenz; Aushandelskompetenz, Erkennen von Zentrismen, Ambiguitätstoleranz (vgl. Volkmann et al. 2002; Rathje 2006; Mühr 2010).

3. Kompetenzförderung durch Literatur

Literatur kann aufgrund ihrer Spezifik kompetenzfördernd sein. Das ergibt sich aus den Funktionen des literarischen Systems (vgl. Schmidt 1992, 66f.): kognitiv-reflexive, moralisch-soziale, hedonistisch-emotionale und ästhetisch-autonome Funktion. Bei der kognitiv-reflexiven Funktion geht es um die Möglichkeit, alternative Wirklichkeitsmodelle zu entwerfen. Die moralisch-soziale Funktion bezieht sich auf die Darstellung und Problematisierung von Normen und Wertvorstellungen. Die hedonistisch-emotionale Funktion betrifft den Unterhaltungswert von Literatur und die Befriedigung emotionaler Bedürfnisse durch Literatur, und die ästhetisch-autonome Funktion hebt den Zeichencharakter von Literatur hervor. Aus diesen Funktionen ergeben sich unterschiedliche Kompetenzen, die im Umgang mit Literatur erlernt werden können. *(Funktionen von Literatur)*

Literatur ist ein Medium der gesellschaftlichen Auseinandersetzung. Indem sie sich in unterschiedlicher Weise – affirmativ oder kritisch – zu gesellschaftlichen Prozessen, Wert- und Normvorstellungen, Denkmustern, Verhaltensweisen oder anderen Diskursen (Ideologien, Politik, Ästhetik, Geschichte, Wissenschaft oder andere) verhält und diese reflektiert, ist sie gleichzeitig Bestandteil dieser Diskurse und dient ihrer Beobachtung sowie Kommentierung. *(Orientierung)*

Literatur transportiert explizites und implizites Wissen. Hierzu gehört einerseits Kontextwissen, das notwendig ist, um den Text in seinen raum-zeitlichen Entstehungskontext einordnen zu können: Informationen zum Autor, zur historischen Epoche, zur Literaturgeschichte oder den ästhetischen Kon- *(Erweiterung von kulturellem Wissen bzw. des Weltwissens)* ventionen. Andererseits gehört dazu Wissen, das zum Verstehen der inner-textlichen Wirklichkeit notwendig ist: Kontext- bzw. Faktenwissen, kulturelle Codes, kulturelles Gedächtnis, Werte, Normvorstellungen und Ähnliches. Literarische Texte überliefern außerdem Textmusterwissen, Informationen zu literarischen Konventionen und zum Genre.

Bewusstmachung der Wahrnehmung

Eine bewusste Wahrnehmung ist Voraussetzung für kritisches Reflektieren. Literatur schult die Wahrnehmung, indem sie die automatisierte Wahrnehmung durch Verfremdungsverfahren stört. Dadurch wird die Rezeption verlangsamt und bewusst gemacht. Bewusstmachung befähigt dazu, bestimmte Prozesse, Verfahren, Handlungen zu durchschauen und trägt insofern zur Emanzipation von (fremd)bestimmten Sicht- und Denkweisen bei. Eine bewusstgemachte Wahrnehmung erhöht auch die Bewusstheit gegenüber anderen gesellschaftlichen Diskursen wie Werbung, Politik oder Medien und gegenüber Manipulationen.

Bewusstmachung der Konstruiertheit von Wirklichkeitsmodellen

Wichtigstes Charakteristikum literarischer Texte ist ihre Fiktionalität. Daraus folgt, dass es sich bei Literatur immer um die Darstellung einer Eigenwirklichkeit handelt, die zwar auf die außersprachliche Realität bezogen sein, mit dieser aber nicht gleichgesetzt werden kann. Indem literarische Texte selbstbezüglich sind, die Aufmerksamkeit des Rezipienten also darauf lenken, wie sie funktionieren, verweisen sie auf ihre Konstruiertheit. Durch literarische Verfahren konstruieren sie ein Wirklichkeitsmodell, das eine Möglichkeit von Realität darstellt. Daraus folgt, dass literarische Texte nicht als realistische Darstellungen der Welt gelesen werden können, denn sie sind vielmehr eine Refiguration der Wirklichkeit, die dann in der Rezeption gemäß der individuellen Voraussetzungen der Leser aktualisiert wird. Werden die literarischen Verfahren, die den Konstruktcharakter des Textes offenlegen, analysiert, so kann eine Sensibilisierung für die Konstruiertheit der Texte und darüber der Wirklichkeit erfolgen, die ebenso referenzabhängig ist, denn sie wird vom individuellen Standpunkt her konstruiert.

Die Kompetenzen, die über Literatur erlernt werden können, können aufgrund des spezifischen interkulturellen Potenzials literarischer Texte und durch die Fokussierung auf Fremdheit im literarischen Text zu den interkulturellen Kompetenzen hin ausgeweitet werden, indem Literatur als derjenige Ort verstanden wird, an dem die Konfrontation mit dem Fremden durch die Kommunikation mit dem Text in unterschiedlicher Form und Intensität möglich wird.

Kompetenzförderung durch das interkulturelle Potenzial literarischer Texte

Das interkulturelle Potenzial literarischer Texte umfasst, worauf bereits hingewiesen wurde, thematische und formale Aspekte sowie Kontext- und Rezeptionsforschung. Welche Kompetenzen können nun durch die Beschäftigung mit dem jeweiligen Aspekt gefördert werden?

Thematische Aspekte

Ist Fremdheit Thema oder Motiv des literarischen Textes, kann man das spezifische interkulturelle Potenzial der Literatur als die differenzierte Darstellung des Fremden bezeichnen, das den Texten in drei unterschiedlichen Dimensionen eingeschrieben sein kann: als alltägliche, strukturelle oder radikale Fremdheit (diese Klassifizierung des Fremden geht auf Bernhard Waldenfels zurück und wird weiter unten ausführlicher dargelegt). Alltägliche Fremdheit bezieht sich auf Wissenslücken beim Leser, die sich durch zusätzliche Informationen auflösen lassen (Kontextwissen, kulturallgemeines und kulturspezifisches Wissen), strukturelle Fremdheit bezieht sich auf die

Fremdheit zwischen zwei Ordnungen, sie lässt sich nicht einfach durch zusätzliche Informationen auflösen, sondern erfordert Methoden wie Einarbeiten, Einfühlung und Standortbeschreibung, um eine Annäherung an diese Fremdheitsstufe zu gewährleisten. Radikale Fremdheit ist dagegen dadurch gekennzeichnet, dass sie sich einem definitiven Zugriff weitgehend entzieht, sie generiert daher auch eine Bereitschaft, sich mit Unabgeschlossenem zufriedenzugeben und Fremdheit auszuhalten. Die Auseinandersetzung mit dem thematischen Aspekt der Fremdheit fördert demnach folgende Kompetenzen: Erweiterung des Weltwissens, Orientierung, kritische (Selbst)reflexion, produktives Handeln, Erkennen von Zentrismen, Ambiguitätstoleranz.

Ist Fremdheit formaler Aspekt literarischer Texte, also Strukturelement, dann erfolgt die Auseinandersetzung mit Fremdheit über die Analyse des literarischen Diskurses. Es geht hier um das Erkennen von Verfremdungstechniken und poetischen Abweichungen und deren internen und externen Funktionen, um die Wirkung poetischer Abweichungen innerhalb der Textwelt und ihre möglichen Bezüge zur außertextlichen Wirklichkeit. Poetische Abweichungen implizieren zwar nicht direkt soziale Abweichungen, aber sie demonstrieren das Prinzip sozialer Abweichungen in ihrer Struktur. Daher kann Literatur als Modell zur Erprobung, Verletzung und Veränderung sozialer, gesellschaftlicher oder anderer Normen dienen (vgl. Fricke 1981). Neben literarischen Kompetenzen wie Analysefähigkeit, Realitäts-Fiktionalitätsunterscheidung, werden außerdem Wahrnehmung und Aufmerksamkeit, das Erkennen von Wirklichkeitsmodellen und Zentrismen und Ambiguitätstoleranz gefördert.

Formale Aspekte

Die Kontext- und Rezeptionsforschung beschäftigt sich, wie bereits dargelegt, hauptsächlich mit den unterschiedlichen Kontexten, in die literarische Werke eingebettet sind. Insofern können durch diesen Aspekt Wissenskompetenzen (Weltwissen, kulturelles Wissen) erweitert werden, aber auch reflexive Kompetenzen (Selbstreflexion, Reflexion des eigenen Standortes), und zwar durch die Bewusstmachung von Lesestrategien.

Kontext- und Rezeptionsforschung

III. Grundbegriffe der interkulturellen Literaturwissenschaft

1. Was ist Literatur? Literaturbegriffe

Aus der Positionierung der interkulturellen Literaturwissenschaft als *Literatur*wissenschaft ergibt sich die Notwendigkeit, den primären Gegenstand der interkulturellen Literaturwissenschaft näher zu definieren. Literatur wird als Sozialsystem und als ästhetisches Konstrukt verstanden. Gegenstand der Literaturwissenschaft ist demnach einerseits Literatur als System oder als gesellschaftlicher Handlungsbereich, der sich durch seine spezifische Struktur von anderen gesellschaftlichen Handlungsbereichen wie Recht, Politik, oder Wissenschaft unterscheidet, und andererseits der literarische Text, wobei Literaturwissenschaft nach dem spezifischen Charakter des literarischen Textes fragt. Anders ausgedrückt: Literatur ist sowohl Produkt einer bestimmten gesellschaftlichen Realität als auch Konstrukt mit einer ästhetischen Eigenqualität. Je intensiver sich die Literaturwissenschaft jedoch mit Literatur als Gegenstand der Kultur auseinandersetzt, desto weniger scheint sie die textuelle Dimension des literarischen Textes zu berücksichtigen. Dadurch kommt es in der kulturwissenschaftlich ausgerichteten Literaturwissenschaft häufig zur Instrumentalisierung von literarischen Texten, die dann „als Dokumente der Kultur und der literarischen Beobachtung, Kommentierung und Mitgestaltung von Kultur" (Jahraus 2004, 79) gelesen, oder auf den „Status einer historischen/kulturellen Quelle bzw. eines Sozialreports" (Bachmann-Medick 2004b, 151) verkürzt werden. Durch eine rein kulturwissenschaftliche Fokussierung auf literarische Texte kann es also zu einer Verkürzung des Bedeutungsspektrums literarischer Texte kommen, und zwar aufgrund der Ausblendung ihrer spezifischen Eigenqualität (Literarizität). Entweder geht es dabei um die Erweiterung der institutionalisierten Literaturwissenschaft, um den kulturellen Kontext der Literatur oder um die Frage, welchen Beitrag Literatur zu einer bestimmten Kultur leistet. Ersteres bedeutet, dass durch die Berücksichtigung fremdkultureller Aspekte wie Rezeption, Mehrsprachigkeit, Hybridisierung oder Fremdheit als thematischer Aspekt die ursprünglich national konzipierte Literaturwissenschaft ‚internationalisiert' wird. Letzteres analysiert Literatur als Teil der Kultur im Feld der Kulturtheorien. Hierbei kommt literarischen Texten der gleiche Status wie nicht-literarischen Texten zu. Ausgangspunkt der Analyse ist dann nicht der literarische Text, sondern der Begriff der Kultur. In beiden Fällen wird Literatur auf ihren dokumentarischen Charakter reduziert. Als Methode dominiert hierbei im Wesentlichen der Kontextualismus, und die ästhetische Qualität von Literatur wird zugunsten einer Anhäufung von Kontextwissen häufig ausgeblendet. In der interkulturellen Literaturwissenschaft und Hermeneutik scheint sich diese Methode weitgehend durchgesetzt zu haben, man könnte sogar von hermeneutischem Historismus sprechen. Nach Mecklenburg han-

Literatur als Sozialsystem und als ästhetisches Konstrukt

delt es sich dabei um eine Methode, die „die Bedeutung eines literarischen Werks auf das Bedeutungsgewebe seiner Eigenkultur" fest[legt], die dabei meist holistisch aufgefasst wird, schon um als Kontext konstant und eindeutig zu sein. So ergibt sich das ebenso fatale wie verbreitete Verfahren, Literatur als „Ausdruck einer Kultur zu interpretieren" (Mecklenburg 2008, 86). Beide Tendenzen sind natürlich zulässig und haben sich in Kulturanthropologie, Diskursanalyse, Systemtheorie, *new historicism*, den *postcolonial studies*, Erinnerungstheorien und der interkulturellen Germanistik weitgehend durchgesetzt. Es stellt sich allerdings die Frage, inwiefern hierbei der Gegenstand noch literaturtheoretisch erfasst und damit als Gegenstand der Literaturwissenschaft legitimiert wird. Insofern müsste auch eine kulturwissenschaftlich ausgerichtete Literaturwissenschaft mit einem literaturspezifischen Literaturbegriff arbeiten. Aus der Tatsache, dass Literatur einerseits System ist und andererseits über eine spezifische Struktur verfügt, ergibt sich die Notwendigkeit, ihren „Doppelcharakter" (Pechlivanos 1995, 141) wahrzunehmen. Hierbei handelt es sich um eine zweifache Textreferenz, die man als Auto- bzw. Heteroreferenz (vgl. Göller 2001, 18) bezeichnen kann. Hinter diesem Verständis von Literatur steht die Annahme, dass literarische Texte einerseits ein autonomes ästhetisches Produkt mit einer bestimmten materiellen und strukturellen Konkretheit sind, andererseits aber Teil eines diskursiven Umfelds, einer kulturellen, gesellschaftlichen, sozialen, historischen Formation. Steht bei der Beschäftigung mit dem Text als ästhetischem Produkt seine „Gemachtheit", seine „Machart" oder Textur im Vordergrund, wobei textimmanente oder textzentrierte Methoden den Bezug des Textes zu den unterschiedlichen Kontexten weitgehend unberücksichtigt lassen, da sie den Text als unabhängiges, autonomes Werk (Autoreferenz) verstehen, so richtet sich der Fokus bei der Heteroreferenz auf die jeweiligen Kontexte, die als Ausgangspunkt der Textanalyse dienen, auf „die Freilegung von Vernetzungen eines Werkes oder von Literatur insgesamt mit anderen Bereichen, mit der außertextlichen Welt und gesellschaftlichen Realität" (Becker 2007, 15). Vereinfacht formuliert: Literarische Texte sind aufgrund der Vorrangigkeit der poetischen (vgl. Jakobson 1979) oder ästhetischen Funktion (vgl. Mukařovsky 1982), die die Aufmerksamkeit auf die Zeichen selbst lenkt, autonom, gleichzeitig jedoch sind sie ein soziales Faktum (ebd.), das auf außersprachliche Sachverhalte bezogen bleibt und insofern kommunikative Akte, die in Kommunikationsprozesse (vgl. Jahraus 2004) eingebunden sind.

Grundsätzlicher Unterschied zwischen dem System Literatur und anderen gesellschaftlichen Systemen sind die Ästhetik-Konvention und die Polyvalenz-Konvention (vgl. Schmidt, 1991). Ästhetik-Konvention besagt, dass literarische Texte nicht tatsachenbezogen sein müssen. Hieraus ergibt sich, dass Literatur zu einem alternativen Handlungsraum wird, in dem, und zwar jenseits von gesellschaftlichen Vereinbarungen und Wertvorstellungen, Bewertungsmechanismen und alternative Wirklichkeitsentwürfe durchgespielt werden können. Das erweitert nicht nur individuelle Interpretationsmöglichkeiten, sondern ermöglicht darüber hinaus die Flexibilität des Einzelnen in Bezug auf Wahrnehmung und Reflexion. Eigene Sichtweisen, Perspektiven und Wirklichkeitsmodelle werden so hinterfragt und relativiert. Polyvalenz bedeutet, dass literarische Texte mehrdeutig sind, sie

Doppelcharakter von Literatur

Auto- und Heteroreferenz

Der Text als autonomes ästhetisches Produkt

dem Rezipienten also bei wiederholter Lektüre immer wieder neue Rezeptionsresultate ermöglichen. Auch hierdurch erfolgt die Relativierung der eigenen Wirklichkeitsinterpretation und die Bewusstmachung der Tatsache, dass Wirklichkeit als objektive Größe nicht gegeben ist, Begriffe wie Wirklichkeit und Wahrheit daher relativiert werden müssen.

Poetische Funktion literarischer Texte

Betrachtet man den Text als autonomes ästhetisches Produkt, so überwiegt neben anderen Funktionen die ästhetische oder poetische Funktion, mit der sich die Autonomie des Kunstwerks begründen lässt. Dadurch, dass Literatur als Zeichen immer auch auf sich selbst verweist, lenkt sie die Aufmerksamkeit auf die poetische Funktion der Sprache. Das bedeutet, dass die Sprache aus pragmatischen Kontexten heraustritt, von ihrer instrumentellen Funktion (referenziellen, kommunikativen) entkoppelt wird, also keine oder keine bestimmte Realität abbilden muss, sondern die Aufmerksamkeit auf die poeti-

Poetische Sprache als Dekontextualisierung von Sprache

sche Sprache als solche lenkt. Poetische Sprache ist ein bewusster Sprachgebrauch, der durch die Anordnung der Zeichen, durch Rechtschreibung, Syntax, Reime, Wiederholungen, Auslassungen, Wortwahl u. v. m. von anderen Sprachsystemen wie Alltags- oder Wissenschaftssprache abweicht und Sprache damit ihrer abbildenden oder mitteilenden Funktion enthebt. Dadurch kommt es zur Desautomatisierung, denn Sprache wird dadurch aus ihren referenziellen Kontexten herausgelöst, isoliert und dekontextualisiert. Die Sprache der Literatur ist also eine spezifische Sprache, die sich einerseits durch Abweichung gegenüber der Normalsprache definiert, andererseits als Verdichtung, in der sich Erfahrung mitteilt und erfahrbar wird (vgl. Jahrhaus 2004). Versteht man die poetische Sprache als Abweichung, so bringt Literatur andere Aspekte der Wirklichkeit durch Transformation des Gegebenen zur Sprache. Versteht man sie als Verdichtung, so ist sie eine spezifische Art, unsere Erfahrungen zu vermitteln, erfahrbar, kommunizierbar zu machen. Insofern ist Literatur ein neuer Zugang zur Welt, denn sie ist Manifestation eines Weltzugangs und provoziert gleichzeitig alternative Erfahrungen.

Autoreferenzialität, Polyvalenz und Fiktionalität

Aus der Selbstbezüglichkeit (Autoreferenzialität), der Polyvalenz (Mehrfachkodierung) und der Ästhetik-Konvention (Fiktionalität) des literarischen Textes folgt auch die Autonomie gegenüber anderen gesellschaftlichen Bereichen oder Systemen, als deren Teil Literatur bestimmte Funktionen und Aufgaben übernimmt. Autonomie des Literatursystems bedeutet, dass Literatur eine Kommunikations- und Beschreibungsmöglichkeit von Erfahrungen ist, die sich von anderen Beschreibungsmöglichkeiten dadurch unterscheidet, dass sie ständig auf den eigenen fiktionalen und polyvalenten Charakter verweist und dadurch mittelbar auf die grundsätzliche Konstruiertheit von Wirklichkeitsmodellen. Literatur verweist über die Bewusstmachung ihrer Konstruiertheit auf die Konstruiertheit unserer Bilder und Vorstellungen von Wirklichkeit und bedingt dadurch eine bewusstere Wahrnehmung der Realität. Die Mehrdeutigkeit des literarischen Textes schafft ein Bewusstsein für die Referenzabhängigkeit unserer Wahrnehmung und für die Mehrfachkodierung der Wirklichkeit und damit einen Raum, in dem unterschiedliche Deutungen möglich und zulässig sind. Fiktionalität schließlich lässt eine Instrumentalisierung literarischer Texte nur unter der Voraussetzung zu, dass auf den fiktiven und damit konstruierten Charakter des im Text Dargestellten verwiesen wird, es sich dabei lediglich um einen Entwurf von Wirklichkeit handelt, nicht aber um ein realistisches Abbild.

Literatur als eigenes Sozialsystem übernimmt bestimmte Funktionen und ist mit anderen Sozialsystemen vielfach verknüpft. Als Sozialsystem macht Literatur Aussagen über Handlungen, Objekte, Sachverhalte und Personen im gesellschaftlichen Raum; es geht also um die Rückkopplung von Text und Kontext, wobei es sich um alle Bereiche des gesellschaftlichen Kontextes im weitesten Sinne handeln kann. Dazu gehören

> Literatur als Sozialsystem: Heteroreferenz von Literatur

- Produktion (Autor/in),
- Distribution (Buchmarkt, Verlage),
- Vermittlung (Institutionen),
- literarische Öffentlichkeit (Leser, Literaturkritik),
- wissenschaftlicher Diskurs über Literatur (Literaturwissenschaft), Diskurs über Kunst und Ästhetik im Allgemeinen,
- gesellschaftspolitische Diskurse wie nationale, ökonomische, soziale Strukturen, Politik, Justiz, Medien,
- andere wissenschaftliche Diskurse,
- historischer Kontext, wozu nicht nur die Erfahrung historischer Ereignisse gehört, sondern auch das jeweilige Geschichtsverständnis und epochenspezifische Weltbilder wie das Verständnis von Vernunft, Wirklichkeit, Sinn,
- kultureller Kontext, der sich aus kulturellen Eigenheiten, dem kulturellen Gedächtnis und kulturspezifischen Weltbildern ergibt,
- kollektive Wahrnehmung einer Kultur/Gesellschaft/Kommunikationsgemeinschaft, ihre Ängste, Selbstbilder, Hoffnungen,
- Mentalität und Lebensstil,
- ethnologisches und geographisches Wissen.

Literatur ist innerhalb dieser Gesellschaftsformationen verortet, bildet sie ab, bestätigt sie, unterläuft sie, verzerrt, verformt oder kritisiert sie – je nachdem, ob sie in einem affirmativen oder subversiven Verhältnis zu ihnen steht. Durch ihren ausgeprägt gesellschaftspolitischen Bezug beobachtet Literatur die verschiedenen Diskurse und macht sie dadurch beobachtbar, kommunizierbar. Die Art und Weise, wie sich literarische Texte zu den gesellschaftlichen Diskursen verhalten, ist oftmals subtil und nur darüber erfahrbar, wie Literatur ihr „Ausgangsmaterial" verarbeitet. Literatur kann daher nicht rein referenziell als „soziologisches Zeitdokument und ungebrochene Darstellung der Realität" (Wintersteiner 2006b, 95) gelesen werden, sondern verlangt immer auch die Thematisierung der ästhetischen Verarbeitung.

2. Was ist Kultur? Kulturbegriffe

Obwohl als Literaturwissenschaft konzipiert, gehört die interkulturelle Literaturwissenschaft in den Bereich der kulturwissenschaftlichen Literaturwissenschaft und konstituiert sich daher auch über das Verständnis von Kultur.

Der Begriff der Kultur ist weder eindeutig noch unproblematisch und hat durch einen inflationären Gebrauch an Anschaulichkeit verloren. Hinzu kommt die Kulturabhängigkeit des Begriffs, der in unterschiedlichen Kulturen verschieden ausgelegt wird. Für die westlich-abendländische Tradition und für die wissenschaftliche Verwendung des Begriffs lassen sich folgende Begriffsverwendungen festlegen:

– Kultur als agrarwirtschaftlicher Begriff: Bodenkultur, Ackerpflege.
– Anthropologischer Kulturbegriff: Kultur wird als Gegenbegriff zur Natur verstanden und bezeichnet eine Dialektik zwischen Natürlichem und Artifiziellem. Insofern bezieht sich dieser Kulturbegriff auf alle Hervorbringungen der Menschen.
– Normativer Kulturbegriff: Der normative (wertende) Kulturbegriff lässt sich differenzieren als Erziehungsideal bzw. als Mittel zur Kultivierung. Insofern läuft er auf die „Beherrschung der Triebnatur" (A. Assmann 2006, 11) hinaus. Seine Gegenbegriffe sind Wildheit, Barbarei, Primitivität im Sinne eines vor-kulturellen, unzivilisierten Zustands. Darüber hinaus betrifft der normative Kulturbegriff die Gegenüberstellung von Hochkultur und Populärkultur, wie sie für das 19. Jahrhundert und die erste Hälfte des 20. Jahrhunderts charakteristisch war. Kultur bezieht sich demnach ausschließlich auf Hochkultur, d.h. auf kanonisierte Künstler und Werke, während Alltags-, Massen- und Populärkultur ausgegrenzt blieben. Die Aufhebung dieser Differenzierung ist exemplarisch für die angelsächsischen *cultural studies*, die sich insbesondere mit Phänomenen der Massen- und Populärkultur beschäftigen. Es geht hierbei auch um ein Distinktionsverfahren, d.h. Kultur dient der sozialen Verortung und Abgrenzung (Elitarismus), und zwar, wenn man Kultur als Lebensstil oder als Ausdruck von Geschmack versteht. Insofern differenziert dann der Geschmack beispielsweise ,Intellektuelle' und ,Volk', d.h. der Geschmack oder der Lebensstil wird zu einem Mittel der Klassifizierung (elitär vs. vulgär), wovon z. B. das überzogene Markenbewusstsein bestimmter Gesellschaftsschichten zeugt. Dieser Kulturbegriff geht auf Pierre Bourdieu und dessen Begriff des Habitus zurück. Habitus bezeichnet unbewusste „Verhaltensdispositionen, die gesellschaftliche Regeln in Gesten, Bewegungen und Lebensstile übersetzen" (Schößler 2006, 52).
– ,Enger' Kulturbegriff: Kultur als Teil der Hochkultur der Künste und des Kulturbetriebs (Musik, Bildende Kunst, Literatur, Theater). Insofern meint Kultur ein bestimmtes Teilsystem der Gesellschaft.
– Ethnologisch-anthropologischer Kulturbegriff: Dieser ,offene' oder totalitätsorientierte Kulturbegriff betrifft die Gesamtheit der Verhaltensweisen, Gewohnheiten, Glaubens- und Wissensformen, Denk- und Wahrnehmungsmuster einer Gesellschaft, die oftmals nicht bewusst reflektiert werden, sondern unhinterfragt und selbstverständlich sind (vgl. Müller-Funk 2002, 11).
– Semiotischer Kulturbegriff: Kultur bezieht sich auf die Gesamtheit von Vorstellungen, Denkformen, Empfindungsweisen, Werten und Bedeutungen, die sich in Symbol- oder Zeichensystemen materialisieren. Als Beispiel kann hier der Volkswagen dienen, der als Zeichen für das Wirtschaftswunder in Deutschland verstanden wird.

Handelt es sich bei den ersten beiden Begriffen eher um dichotome Begriffe, die Kultur als Abgrenzung von Natur definieren, fragen die anderen Kulturbegriffe nach symbolischen Ausdrucksformen oder Symbolisierungsformen einer Kommunikationsgemeinschaft. Daher bilden sie den Ausgangspunkt für kulturwissenschaftliche Forschungsarbeit.

Homogenisierender vs. heterogenisierender Kulturbegriff
Auf die Problematik des Kulturbegriffs wurde in der Forschung mehrfach hingewiesen. Kritisiert wurde unter anderem, dass Kultur immer wieder mit Ethnie oder Nation gleichgesetzt wird, Kultur sich demnach über bestimmte Elemente der Nationalkultur definiert, die sich beschreiben lassen. Daher scheint es sinnvoll, zusätzlich zwischen einem homogenisierenden und einem heterogenisierenden Kulturbegriff zu unterscheiden.

Der homogenisierende Kulturbegriff geht von Kultur bzw. Kulturen als geographisch und politisch relativ geschlossenen Formationen aus, denen bestimmte Haltungen und Einstellungen gemeinsam sind. Dabei wird Kultur oftmals mit Nation oder Ethnie gleichgesetzt. Der Begriff basiert auf der Annahme, dass sich kulturelle Formationen empirisch beschreiben lassen und zwar durch bestimmte, empirisch erforschte Verhaltensmuster. Aus verschiedenen Gründen ist dieser Begriff in die Kritik geraten. Die Gleichsetzung von Kultur mit Nationalkulturen lässt die Heterogenisierung der Gesellschaft unberücksichtigt. Migration, Mehrsprachigkeit und Multikulturalität sind längst nicht mehr die Ausnahme, die Ideologie des Monokulturalismus müsste also durch eine Ideologie des Multikulturalismus oder der Transkulturalität (vgl. Welsch 1992 und Welsch 2000) ersetzt werden. Transkulturalität ist nach Welsch ein Konzept, das die Homogenität der Kulturen, die Einheit oder Reinheit, durch Heterogenität, also Durchmischung, Verflechtung und Verschiedenheit ersetzt. Transkulturalität impliziert dabei eine Neubestimmung der Werte, denn die Vermischung der Kulturen, ihre Verflechtung mit Fremdem wird als positiver Wert angesehen, als Chance für eine neue Art und Weise des Zusammenlebens in einer globalisierten Welt (vgl. Welsch 2000). Die Auffassung von Kulturen als feste Entitäten fördert dagegen das Denken in Stereotypen und Klischees. Außerdem lassen sich Individuen nicht auf bestimmte kulturelle Standards oder Merkmale festlegen, weswegen ein Kulturbegriff verwendet werden sollte, der den Prozessen der Heterogenisierung eher entspricht.

Homogenisierender Kulturbegriff

Der heterogenisierende Kulturbegriff definiert Kulturen als soziale Systeme bzw. Kommunikationsgemeinschaften, die vergleichbare Realitätskonstrukte haben und nicht an territoriale Grenzen gebunden sind. Das bedeutet, dass man nicht mehr von Gesellschaften als überwiegend kulturell geprägten Entitäten spricht, sondern vielmehr von Kommunikationsgemeinschaften oder Gruppen von Individuen, die über ein gemeinsames Wissen und über eine gemeinsame oder ähnliche Art und Weise des Wahrnehmens, Glaubens, Bewertens und Handelns verfügen, wie es sich durch regelmäßigen Kontakt bzw. Kommunikation ergibt. Diese überindividuellen Standards bilden die Orientierungsgrundlage sowohl für kommunikative Handlungen, mit denen lebende Systeme (Menschen) kommunizieren, als auch für die Möglichkeit ihrer Beschreibung. Hierbei müssen natürlich Spielräume für die individuelle Ausgestaltung solcher Standards eingeräumt werden, denn Individuen lassen sich auch mit solch ausdifferenzierten Merkmalen nicht endgültig beschreiben. Allerdings erlaubt dieser Begriff, Zugehörigkeiten zu verschiedenen Kommunikationsgemeinschaften diffe-

Heterogenisierender Kulturbegriff

renzierter zu erfassen, wobei sich diese nicht durch nationale, kulturelle oder sprachliche Grenzen einschränken lassen, sondern auch soziale, berufsbezogene, ideologische, religiöse, geschlechtsspezifische, generationsspezifische u. a. Faktoren umschließen.

3. Was ist Interkulturalität? Interkulturalitätsbegriffe

Der Begriff der Interkulturalität gehört zu den Rahmenbegriffen der interkulturellen Literaturwissenschaft und hat, ähnlich dem Kulturbegriff, teilweise an Kontur verloren. Innerhalb der interkulturellen Fremdwissenschaft (Xenologie) wird der Begriff in einer weiteren und in einer engeren Bedeutung gebraucht:

Weitere Bedeutung von Interkulturalität
Interkulturalität ist die „Bezeichnung eines auf Verständigung gerichteten, realen oder dargestellten menschlichen Verhaltens in Begegnungssituationen [...], an denen einzelne Menschen oder Gruppen aus verschiedenen Kulturen in diversen zeitlichen continua beteiligt sind" (Wierlacher 2003b, 257). Insofern lässt sich Interkulturalität als Verhaltensnorm von Menschen beschreiben, die unterschiedlichen kulturellen Kontexten angehören. Diese Norm umfasst ein auf Konsens ausgerichtetes Verhalten und zielt auf ein harmonisches Miteinander und Verstehen.

Engere Bedeutungen von Interkulturalität
- Wissenschaftspraxis, die bei ihrer Arbeit ein differenziertes „Eigenkulturbewusstsein" hat. Das bedeutet, dass sich Wissenschaftler bei ihrer Arbeit der eigenen wie der fremden kulturellen Prägungen bewusst sind und die Bedingungen eines Dialogs zwischen Kulturen thematisieren. Das betrifft konkret die Situation der Fremdsprachendisziplinen in Lehre und Forschung, wo es um die Vermittlung und Erforschung fremdsprachiger Kultur und Literatur geht.
- Zustand und Prozess der Überwindung von Ethnozentrismus durch das Bewusstsein von Kulturaustausch und Kulturwandel.
- Interkulturalität als Handlungsqualität, bei der die Sehgewohnheiten der Kommunikationsteilnehmer stimuliert und korrigiert werden.
- Interkulturalität als Denk- und Handlungsnorm, die zwischen den Kulturen steht (Zwischenposition).
- Interkulturalität als Interaktionsmodus, der einen Ort der Überschneidung schafft (dritte Ordnung).
- Interkulturalität als kreatives Milieu (identitätserweiternd).
- Interkulturalität als Kommunikationsprozess auf der Basis von geteiltem Wissen.

Der Begriff Interkulturalität bezeichnet demnach konkrete Situationen, wie sie durch Forschung oder Kulturaustausch entstehen, und die Ausbildung interkultureller Kompetenzen durch interkulturelle Kommunikation und interkulturelles Lernen. Für den Bereich der interkulturellen Literaturwissenschaft lässt sich das Begriffspaar Interkulturalität/interkulturell zunächst auf die besondere Forschungssituation anwenden, die sich daraus ergibt, dass sich Vermittlung und Rezeption literarischer Texte über kulturelle Grenzen hinweg vollziehen. Welche Aufgaben und Ziele sich daraus ergeben, wurde bereits weiter oben dargelegt. Eines der wichtigsten Ziele von Interkulturalität ist ein „Zwischen" oder „Miteinander", das auf Verständigung ausgerichtet ist und als wechselseitiger oder reziproker Prozess verstanden wird, dessen Teilnehmer durch die jeweilige Kulturzugehörigkeit geprägt sind. Dabei umfasst Interkulturalität auch die Möglichkeit von Nichtverstehen und das Austragen von Konflikten. Insofern lässt sich der Begriff Interkulturalität im Kontext der interkulturellen Literaturwissenschaft definieren als:

Interkulturalität und interkulturelle Literaturwissenschaft

- Interkulturelle Praxis als Lehre, Vermittlung, wissenschaftliche Kommunikation, Reflexion kulturdifferenter Forschungsperspektiven.
- Interkulturalität der Literatur, die sich daraus ergibt, dass Literatur einerseits in bestimmte kulturelle Kontexte eingebettet ist und andererseits über diese hinausgeht. Außerdem thematisiert und inszeniert Literatur Fremderfahrungen und interkulturelles Handeln.
- Interkulturalität als intermediäres Feld, das sich durch den Austausch der Kulturen als neues Wissen herausbildet. Hierbei geht es nicht um den Austausch von je kulturell Eigenem, sondern um einen Raum, um eine neue Ordnung, die sich im Austausch der Kulturen als Gebiet wechselseitiger Differenzwahrnehmung und Identifikationsmöglichkeiten herausbilden.
- Interkulturalität als handlungstheoretisches Konzept: Der Kontakt zwischen Eigenem und Fremdem führt zu innovativen Antworten und zu bewusstem und bewusst gemachtem Handeln. Durch Handeln, Verhandeln, Annäherung kann es zu Grenzüberschreitungen im Sinne von Auflösung und Neubestimmung von Grenzziehungen, Relativierung und Innovationen kommen.

In der interkulturellen Literaturwissenschaft wird der Begriff interkulturell in der Regel in Verbindung mit Kulturellem verwendet und auf etwas bezogen, das es aufgrund der Interkulturalität der Literatur zwischen den Kulturen gibt und beschreibbar ist: Rezeption, Übersetzungen, Verarbeitung literarischer Motive oder Themen, Verwendung von Symbolen, Intertextualität als Nach-, Um- und Weitererzählen, literarische Gattungen, literarische Strömungen, Darstellung (inter)kultureller Prozesse und Phänomene und anderes. Insofern kann der Begriff interkulturell als empirisch-deskriptive Methode definiert werden, mit deren Hilfe kulturelle Eigenheiten, Unterschiede, Überlappungen etc. beschrieben und klassifiziert werden können.

Analog zu den Begriffen Literatur und Kultur bedarf auch der Begriff Interkulturalität einer Erweiterung. Geht man nämlich davon aus, dass sich weder der literarische Text noch Individuen auf ihre kulturellen Prägungen zurückführen lassen, wird einsichtig, dass auch der Begriff der Interkulturalität über das kulturelle Paradigma hinausgeht. Interkulturalität entsteht immer durch den Kontakt mit dem Fremden, wonach sich als interkulturell also Kommunikationssituationen zwischen Teilnehmern unterschiedlicher Kommunikationsgemeinschaften im Allgemeinen und, im besonderen Fall der interkulturellen Literaturwissenschaft, zwischen Leser(n) und Text bezeichnen lässt. Interkulturalität ist also eine Kommunikationssituation bzw. ein

Kritik am kulturwissenschaftlichen Interkulturalitätsbegriff

Handlungsakt oder -prozess, der sich aus der Konfrontation mit dem Fremden ergibt. Der Begriff der Interkulturalität ist daher dreidimensional: Erstens bezieht er sich auf eine Forschungssituation, zweitens auf eine deskriptive Methode zur Beschreibung bestimmter Phänomene und Prozesse innerhalb und zwischen den Kulturen, und drittens ist er handlungsorientiert, bezieht sich also auf die *aktive* Beteiligung des Subjekts bei der Fremderfahrung.

4. Was ist Fremdheit? Fremdheitsbegriffe

Um sich dem Begriff Fremdheit anzunähern, bietet sich eine Betrachtung der sprachlichen Implikationen des Begriffes an. In der deutschen Gegenwartssprache lässt sich zwischen den Begriffen der/die/das Fremde, fremd und Fremdheit unterscheiden (vgl. Gutjahr 2002a und Hofmann 2006).

Fremde, fremd, Fremdheit

Der Begriff ‚der Fremde' wird vorwiegend für Menschen verwendet. Im Sinne des lateinischen Wortes *peregrinus* (Ausländer, Pilger) bezeichnet er Auswärtige im Sinne von Ausländern, also Menschen, die von einem anderen Ort stammen. Das lateinische Wort *extraneus* (Fremder, Ausländer) bezeichnet dahingehend Fremde eher im Sinne von nicht dazugehörend, nicht verwandt. Im Sinne des lateinischen Wortes *alienus* (Fremder, Ausländer, Fernstehender) bezeichnet er andere als fremd aufgrund der Zugehörigkeit zu einer anderen Ordnung, denn *alienus* impliziert etwas, was einem anderen gehört. Darüber hinaus umfasst diese Bedeutung auch eine wertende Kategorie, da *alienus* auch abgeneigt, feindselig und unpassend bedeutet.

Der Begriff ‚die Fremde' impliziert eine topographische Bedeutung und bezeichnet ein unbekanntes, unheimisches oder fernes Land.

Der Begriff ‚das Fremde' bezeichnet etwas Sächliches/Objekthaftes oder etwas Unbestimmtes, Transzendentes. In dieser Bedeutung wird es für Phänomene verwendet, die aufgrund ihrer Art anders sind und deren Fremdheit eine gewisse Unzugänglichkeit aufweist. Das gilt für Phänomene wie das Heilige, das Böse, das Tier, das andere Geschlecht, das Kind oder das Unheimliche.

Die Bedeutung des Adjektivs ‚fremd' bezeichnet ein Zugehörigkeits- bzw. Nichtzugehörigkeitsverhältnis (1. und 2.), eine Abweichung von einer angenommenen Normalität (3.) und etwas, was aufgrund seiner Andersartigkeit/Fremdheit nicht erkannt werden kann (4.). Insofern bedeutet fremd:

1. aus einem anderen Land, einer anderen Stadt, aus einem anderen Volk, einer anderen Familie, ausländisch,
2. einem anderen gehörend, einen anderen angehend, einen anderen betreffend,
3. nicht zu etwas/jemandem passend, andersartig, fremdartig, seltsam,
4. unbekannt, ungewohnt, unvertraut, neu, ungeläufig.

Der Begriff ‚Fremdheit' bezeichnet eine Eigenschaft oder einen Seinsmodus: das Fremdsein, das Unvertrautsein, völliges Anderssein. Fremdheit entsteht durch Relation, denn ich kann mich nur in Abgrenzung zu einem Anderen als völlig anders erfahren. In dieser Hinsicht lässt sich Fremdheit auch als erkenntnistheoretische Kategorie begreifen, deren unterschiedliche Erscheinungsformen und Dimensionen in verschiedenen wissenschaftlichen Disziplinen untersucht werden: Fremdheit als kulturwissenschaftliche, soziologische, philosophische, poetische und psychologische Kategorie.

Den Begriffen ‚das Eigene‘, ‚das Andere‘ und ‚das Fremde‘ kommt im Kontext des Interkulturalitäts- und Alteritäts-/Fremdheitsdiskurses eine besondere Gewichtung zu. Geht es bei Ersterem um einen Komplementärbegriff zum Begriff ‚Fremde‘, so werden besonders die beiden Begriffe ‚Anderer/Fremder‘ meistens und fälschlicherweise synonym verwendet (vgl. insbesondere Waldenfels 1997).

> Das Eigene –
> das Andere –
> das Fremde

‚Das Eigene‘ lässt sich in zwei Dimensionen denken: Erstens als Subjekt oder als individuelle/besondere Ordnung, der ein Subjekt verhaftet ist, und zweitens als Gemeinsames, das sich als Allgemeines über das Besondere erhebt. In der Kultur des Abendlandes wird das umfassende Allgemeine mit Begriffen wie Kosmos und Gott, seit der Aufklärung mit Vernunft, Moral, Recht und Gesetz beschrieben. Es handelt sich um allgemeine Ordnungsfunktionen, die für sich die einzige Wahrheit in Anspruch nehmen. In der neuzeitlichen, westlichen Philosophie sind nun gerade diese beiden Ordnungen infrage gestellt worden. Anstelle des autonomen Subjekts tritt ein dezentriertes, brüchiges Subjekt, und Konzepte von universellen Ordnungen (*ein* Gott, *ein* Kosmos, *eine* Vernunft) werden hinterfragt. An ihre Stelle tritt eine Pluralisierung von Ordnungen, eine Vielzahl von Teilordnungen, die als solche begrenzt sind. Man kann also nicht länger vom Subjekt als einer homogenen und autonomen Einheit sprechen, das sich seiner stets bewusst wäre, ein Zustand, den Sigmund Freud mit dem mittlerweile sprichwörtlichen Satz, dass das Ich nicht Herr sei in seinem eigenen Haus (vgl. Freud 1940), ausdrückt. Man kann darüber hinaus nicht mehr von der einen, richtigen und alles umfassenden und alles erklärenden Ordnung sprechen, in der jeder Mensch und jedes Phänomen seinen angestammten Ort hätte, denn diese ist durch eine Vielzahl von Ordnungen abgelöst, die – ähnlich dem Subjekt – ebenfalls nicht als Homogenitäten gedacht werden können und ihrerseits von Fremdheiten durchsetzt sind.

Der Begriff ‚das Andere‘, der in der interkulturellen Hermeneutik/Literaturwissenschaft in der Regel synonym mit dem Begriff ‚Fremdheit/Fremdes‘ verwendet wird, impliziert eine Zuschreibung von Fremdheit. Das bedeutet, dass Fremdheit vom Eigenen als solche bestimmt wird. Menschen oder Phänomene sind also nicht an sich fremd/anders, sondern sie werden als fremd/ anders erfahren und definiert. Fremdheit ist demnach keine objektive Eigenschaft eines Menschen oder eines Phänomens, sondern entsteht erst durch Relation zu einem Phänomen, einem Erlebnis oder einer Erfahrung, die sich dem Eigenen nicht zuordnen lässt. Diesbezüglich spricht man vom Fremden als „Interpretament" oder als relationale Kategorie, es handelt sich also um ein Interpretationsergebnis (vgl. Wierlacher 2000). Fremd ist also das, was außerhalb des Eigenen liegt, was als nicht zugehörig empfunden wird oder was über das Eigene hinausgeht und deswegen als fremd klassifiziert wird. Im Unterschied zur Fremdheit, die als konstitutiver Bestandteil des Eigenen gilt, entsteht das Andere durch Ausschluss. Weil zwischen zwei oder mehreren Objekten, die nicht identisch sind, unterschieden werden kann, wird das Andere von einem Beobachtersubjekt als solches definiert, indem eine eindeutige Grenze zwischen dem Eigenen und dem Anderen gezogen wird, was im Fall der Fremdheit nicht möglich ist.

Der Begriff ‚das Fremde' geht dagegen aus einer gleichzeitigen „Ein- und Ausgrenzung" (Waldenfels 1997, 10) hervor. Fremdes ist etwas, das dem Eigenen immanent, gleichzeitig aber abwesend ist, da es sich einem Zugriff entzieht. Man spricht diesbezüglich von Selbstentzug, was besagt, dass jedes Eigene Züge des Fremden in sich trägt. Dieser Begriff geht auf das Freudsche Unbewusste zurück und bezeichnet den Sachverhalt, dass es Teile im Eigenen gibt, die unzugänglich sind, deswegen also fremd bleiben. Die Konsequenz dieser phänomenologischen Auffassung vom Fremden ist, dass Fremdes als etwas gedacht werden muss, das gleichzeitig innerhalb und außerhalb der Ordnung des Betrachters auftaucht.

Fremdheit: kulturwissenschaftlich vs. phänomenologisch
Aus dem Begriff des Eigenen und aus dem heterogenen Kulturbegriff ist ersichtlich, dass sich Fremdheit nicht auf den Begriff der kulturellen Fremdheit begrenzen lässt, sondern dass es sich hierbei um einen Begriff handelt, der unterschiedliche Dimensionen umfasst. Im Paradigma der interkulturellen Literaturwissenschaft, besonders aber im Bereich der interkulturellen Germanistik und der Fremdsprachendidaktik, wird Fremdheit jedoch immer wieder auf die Kategorie der kulturellen Fremdheit verkürzt, was im Selbstverständnis und den Zielen und Aufgabenfeldern dieser Disziplinen begründet liegt, die Literatur im Horizont des Kontakts und Transfers zwischen Kulturen und der interkulturellen Kommunikation behandeln. Geht man aber von der Annahme aus, dass das interkulturelle Potenzial der Literatur nicht ausschließlich kulturbezogen ist, dann greift auch ein rein kulturwissenschaftlicher Fremdheitsbegriff zu kurz. Ein literarischer Text entfaltet sich nicht nur vor dem Hintergrund seiner kulturellen Alterität, die nur eine von vielen Fremdheiten ist. So wird man bei der Lektüre von Texten der eigenen Kultur unter Umständen auch mit Fremdheit konfrontiert, die sich dann jedoch mit dem kulturwissenschaftlichen Fremdheitsbegriff nicht begründen lässt. Fremdheit ist den Texten vielmehr auf unterschiedliche Weise eingeschrieben und entsteht durch die Relation Leser–Text. Insofern kann sie auf allen Ebenen des literarischen Diskurses, der inhaltlichen, der strukturellen oder der Ebene der Rezeption, in Erscheinung treten. Fremdheit ist demnach ein Spezifikum von Literatur, die als Reflexion auf die Lebenswelt diese verfremdet – und zwar in der Regel mit Hilfe bestimmter literarischer Verfahren. Bleibt dieser Fremdheitsaspekt unberücksichtigt, so delegitimiert sich die interkulturelle Literaturwissenschaft, da sie auf das Literarische der Literatur nicht eingeht.

Der Begriff der Fremdheit lässt sich jedoch noch aus einem anderen Grund nicht auf kulturelle Alterität verkürzen: Geht man davon aus, dass Interkulturalität der Kontakt zwischen Fremdem und Eigenem zugrunde liegt, so stellt sich die Frage, ob sich Verstehensprobleme durch die Beseitigung des kulturell Unbekannten völlig beheben lassen. Das würde bedeuten, dass es zwischen Subjekten derselben Kultur nicht zu Verstehensproblemen kommen kann, da sie demselben kulturellen Kontext zugehören. Das würde außerdem bedeuten, dass man Texte der eigenen Kultur immer verstehen könnte. Darüber hinaus stellt sich die Frage, wie man kulturelle Fremdheit

Erweiterung des kulturwissenschaftlichen Fremdheitsbegriffes definieren soll, welche Kriterien erfüllt sein müssen, damit von kultureller Fremdheit die Rede sein kann.

Bereits diese Beispiele machen deutlich, dass ein kulturwissenschaftlicher Fremdheitsbegriff für die Beschäftigung mit Fremdheit in der/über Literatur zu kurz greift. Das liegt daran, dass Fremdheit immer in Bezug auf Kultur gedacht wird, die Eigendynamik des Begriffs praktisch unberücksichtigt bleibt. Fremdheit wird dann, genau wie Kultur, als eine objektiv beschreibbare Größe verstanden. Daher ist ein Fremdheitsbegriff notwendig, der auch die Eigendynamik von Fremdheit berücksichtigt. Dazu gehören folgende Punkte: Fremdheit als Fremderfahrung, Mehrdimensionalität von Fremdheit, Verflechtung/Verschränkung von Eigenem und Fremdem.

<aside>Eigendynamik von Fremdheit</aside>

Fremdes begegnet uns zunächst in Form einer Fremderfahrung. Unter Erfahrung versteht man eine Affektion oder eine emotionale Reaktion, die keine geplante oder überlegte Reaktion auf Fremdes ist, sondern einem intellektuellen Eingehen darauf vorausgeht. Fremdes affiziert uns, wir sind erstaunt oder verstört, fühlen uns angezogen, abgestoßen oder bedroht, ohne das zunächst erklären zu können.

Fremdheit verteilt sich auf verschiedene Dimensionen: die Fremdheit meiner selbst, die Fremdheit des Anderen bzw. die Fremdheit einer anderen Ordnung oder Fremdheit als das „Jenseits von Ordnungsgrenzen" (Waldenfels 2002, 241), als das außerhalb jeglicher Ordnung Liegende. Dabei lässt sich Fremdheit, je nachdem, in welcher Beziehung oder Intensität sie zur jeweiligen Ordnung auftritt, bezüglich der Fremdheitsgrade unterscheiden in alltägliche, strukturelle oder radikale bzw. extraordinäre Fremdheit. Da Fremdheit als Teil des Eigenen verstanden wird, spricht man von der Verflechtung oder Verschränkung von Eigenem und Fremdem, die besagt, dass es weder das Eigene noch das Fremde als homogene Einheit oder Entität gibt. Hieraus ergibt sich folgende Definition von Fremdheit:
– Fremdheit ist eine individuelle und unausweichliche Erfahrung, die dem Betrachter eine Reaktion abverlangt.
– Fremdheit bleibt auf die Ordnung des Betrachters bezogen, bestimmt sich also in der Relation zum jeweiligen Standpunkt des Betrachters. Daher lassen sich drei Fremdheitsgrade unterscheiden:
  – alltägliche Fremdheit,
  – strukturelle Fremdheit,
  – radikale/extraordinäre Fremdheit.
– Verflechtung oder Verschränkung von Eigenem und Fremdem: Eigenes trägt immer Spuren von Fremdheit.

Phänomenologisch betrachtet, handelt es sich bei Erfahrung um eine unmittelbare Erfahrung, die sich auf die aktuellen Gegebenheiten bzw. auf das Phänomen als solches bezieht. Erfahrung ist als Prozess zu verstehen, in dem Sinn nicht vorgegeben ist, sondern sich erst bildet oder artikuliert. Unmittelbar ist die Erfahrung insofern, als sie sich als unmittelbares Getroffensein von etwas gestaltet. Erfahrung lässt sich als Geschehen definieren: „Erfahrungen machen, heißt etwas durchmachen und nicht etwas herstellen" (Waldenfels 1997, 19). Gleichzeitig ist Erfahrung an den Begriff der Intentionalität gebunden. Unser Bewusstsein ist immer auf etwas gerichtet, ist ein Bewusstsein ,von etwas', was bedeutet, dass wir die Dinge nicht als sol-

<aside>Fremdheit als Erfahrung</aside>

che wahrnehmen, sondern immer schon durch den Filter unserer Intentionen. Daraus ergibt sich, dass der Begriff der Erfahrung mit dem Begriff der Ordnung, wie er weiter oben bereits dargelegt wurde, in Verbindung steht. Erfahrungen bleiben immer auf ein bestimmtes Subjekt beziehbar und werden gemäß der Ordnungen, in denen wir uns bewegen, klassifiziert und beurteilt.

Fremdheit ist eine Erfahrung von etwas, das aus der Ordnung des Betrachters ausgegrenzt ist. Sie ist individuell, da sie auf das jeweilige Ordnungsgefüge bezogen bleibt, und gleichzeitig unausweichlich, da sie dasjenige ist, was uns in der Erfahrung affiziert. Das, was unbekannt ist, spricht uns in irgendeiner Weise an, es stört unsere Wahrnehmung, unser Empfinden, unser Denken und wird dadurch zum „Stolperstein" unserer Wahrnehmung. Ausschlaggebend ist hierbei zweierlei: Erstens die eigene Ordnung und zweitens ein Verständnis von Fremdheit als Anspruch, als etwas, das sich uns in einer unausweichbaren Intensität aufdrängt. Erst dann nämlich kann Fremdheit als Phänomen betrachtet werden, das unabhängig von einem Interpreten existiert, es verliert den Status eines Interpretaments. Fremdes wird dann nicht mehr als solches definiert, sondern es wird als solches sichtbar. In dieser Hinsicht lässt sich Fremdheit nochmals differenzieren als relationale, relative und radikale Fremdheit.

Fremdheit entsteht durch Konfrontation (relationale Fremdheit), wobei unterschiedliche Strategien angewendet werden, um das Fremde ins Eigene zurückzuführen, was nichts anderes bedeutet, als dass man versucht, Fremdheit „bekannt" zu machen, sie aufzulösen oder zu naturalisieren. Greifen diese Strategien, gelingt dem Betrachter die Auflösung des Fremden, spricht man von relativer oder vorübergehender Fremdheit. Gelingt diese Auflösung nicht, entzieht sich Fremdheit einem Zugriff, einer Interpretation, lässt es sich nicht in den Horizont des Eigenen einfügen, dann spricht man von radikaler Fremdheit.

Relationale, relative und radikale Fremdheit

In der interkulturellen Literaturwissenschaft wird Fremdheit primär als relationale Kategorie verstanden. Fremdheit entsteht also durch das Verhältnis zwischen Eigenem und Fremdem: All das, was sich in den Verstehenshorizont des Eigenen nicht einordnen lässt, wird als fremd empfunden. Fremdheit ist demnach das Ergebnis einer Bestimmung, einer Interpretation. Interpretation bedeutet, dass von einem bestimmten Standpunkt aus oder unter einem bestimmten Blickwinkel etwas als fremd definiert wird. Daraus ergibt sich die Notwendigkeit der Selbstbeobachtung – die eigene Sichtweise muss bei der Betrachtung des Fremden genau artikuliert werden, denn Fremdheit wird mit den Maßstäben der eigenen Ordnung gemessen. Dadurch können die Kriterien, mit denen Fremdheit konstruiert wird, bewusst gemacht werden, wodurch Fremdheit als subjektive Zuschreibung, als Konstruktion, und nicht als objektive Eigenschaft sichtbar wird.

Relative Fremdheit hat einen vorübergehenden, vorläufigen Charakter und kann unter bestimmten Voraussetzungen dauerhaft überwunden werden. Sie zeichnet sich dadurch aus, dass sie einerseits zwar mit zahlreichen vertrauten Elementen durchsetzt ist, andererseits aber das eigene Verstehen, Wissen und Können überfordert. Grundsätzlich besteht aber die Möglichkeit, das eigene Wissen und Können durch Lernen zu erweitern. Fremdes wird auf diese Weise in die eigene Ordnung integriert. Für Nichtgläubige sind beispielsweise religiöse Bräuche relativ fremd, deren Fremdheit kann jedoch durch Erlernen von Inhalt und Bedeutung aufgelöst werden.

Radikale Fremdheit kann sich durch alle Dimensionen des Fremden hindurchziehen und meint die prinzipielle Unverfügbarkeit, Unzugänglichkeit und Irreduzibität des Fremden, „seine unauslotbare Tiefe" (Waldenfels 2002, 242).

Aus dem Angeführten ist ersichtlich, dass die Bestimmung des Fremden eine Zuordnung des Betrachters ist. Hierbei muss nun der Tatsache Rechnung getragen werden, dass nicht jedem Betrachter Fremdes in gleichem Maße fremd ist bzw. dass die Auffassungen davon, was als fremdes Phänomen definiert wird, auseinandergehen. Darüber hinaus ist nicht alles gleichermaßen fremd, denn der Fremde, den wir im Zug treffen, ist sicherlich nicht genauso fremd wie beispielsweise unbekannte religiöse Rituale. Geht man also davon aus, dass Fremderfahrung eine individuelle Erfahrung ist, folgt daraus, dass sich Fremdes nicht a priori als solches definieren lässt, sondern dass es erst in der individuellen Erfahrung als solches bestimmt wird. Es gibt also nicht das Fremde an sich, sondern Fremdheit lässt sich nur im Plural denken, da es so viele Fremdheiten gibt, wie es Ordnungen gibt, auf die das Fremde bezogen bleibt. Geht man weiterhin davon aus, dass es unterschiedlichen Dimensionen oder Grade von Fremdheit gibt, dann ist es sinnvoll, wie Bernhard Waldenfels zwischen unterschiedlichen Fremdheitsgraden oder Spielarten des Fremden zu unterscheiden (vgl. Waldenfels 1997). Dazu gehören alltägliche, strukturelle und radikale bzw. extraordinäre Fremdheit.

Mehrdimensionalität von Fremdheit und Fremdheitsgrade

Bei der alltäglichen oder normalen Fremdheit wird Fremdheit/Fremdes als etwas erfahren, das innerhalb der Wirklichkeitsordnung oder des Vertrautheitshorizontes des Betrachters verbleibt. Sie entsteht durch die Konfrontation mit Unvertrautem, dessen ‚Fremdheit' sich allerdings durch zusätzliche Informationen relativ leicht beseitigen lässt. Die alltägliche Fremdheit ist weder bedrohlich noch exotisch, es handelt sich vielmehr um eine Unvertrautheit, die durch Nichtwissen oder Unkenntnis hervorgerufen wird. Als Beispiel hierfür könnten die vielen Unvertrauten dienen, denen man im Alltag begegnet, die uns zwar fremd sind, deren Fremdheit allerdings innerhalb des uns Vertrauten verbleibt. So ist einem als Student der Professor zwar fremd, weil man von ihm nichts als den Namen und das Fachgebiet kennt, aber seine Rolle und Funktion im System der eigenen Ordnung ist bekannt, so dass es bei der Begegnung normalerweise keine Schwierigkeiten gibt, da erlernte und in der Regel stabile Verhaltensmuster und -strukturen aktiviert werden, bestimmte Stereotypen, deren Funktion mitunter nicht immer nur negativ sein muss, da sie gerade in dem angeführten Beispiel zur Orientierung dienen. Negativ sind Stereotypen dann, wenn sie eine Entwicklung im Bereich zwischenmenschlicher Beziehungen blockieren und die Beteiligten handlungsunfähig machen. Das wäre dann der Fall, wenn man sich durch vorhandene Vorstellungen a priori ablehnend oder ängstlich verhält, weil man mit dem Zeichen ‚Professor' bestimmte Vorstellungen von Autorität verbindet, ohne diese zu hinterfragen oder durch Abbau von alltäglicher Fremde zu hintergehen.

Alltägliche Fremdheit

Der Alltag konfrontiert uns ständig mit alltäglicher Fremdheit, doch sind wir dadurch nicht gezwungen, unser Verhalten, unseren Lebensstil oder unsere Denkweise zu verändern. Sie wird mit bestimmten Hilfsmitteln abgebaut: Stadtpläne, Lexika, Wörterbücher, Reiseprospekte, Gebrauchsanweisungen, verinnerlichte Verhaltensmuster oder Denkweisen etc., je nachdem, welchen Bereich alltägliche Fremdheit betrifft.

Strukturelle Fremdheit

Fremdheit steigert sich bei Phänomenen, die nicht mehr zu der eigenen Wirklichkeitsordnung gehören. Hierzu zählen andere Zeichensysteme im Allgemeinen: eine andere Sprache, eine andere Kultur, eine andere Kommunikationsgemeinschaft, d. h. Systeme oder Ordnungen, die nach anderen Regeln funktionieren und von den bekannten Wirklichkeitsschemata abweichen. Mit anderen Worten: Strukturelle Fremdheit entsteht dort, wo unterschiedliche Sinnsphären aufeinandertreffen. Durch die Konfrontation mit einer anderen Kultur beispielsweise kommt es zu Formen des Nichtverstehens nicht nur dadurch, dass bestimmte Fakten fehlen, die zur Orientierung in der anderen Kultur beitragen, sondern auch, und potenziert dadurch, weil wir mit dem Sinnbestand, dem Werte- und Normensystem, den Mentalitätsmustern, dem kulturellen Gedächtnis und dem Symbolsystem der anderen Kultur nicht oder nur teilweise vertraut sind. Diese Art der Fremdheit entsteht dadurch, dass sich die Erwartungen, mit denen man bestimmten Phänomenen oder Ereignissen begegnet, nicht erfüllen. Der vertraute Lauf der Dinge wird dadurch gestört, die Beteiligten verstört, da bisherige, fraglos übernommene und etablierte Gewissheiten an ihre Grenzen geführt und infrage gestellt werden. Daher wirkt strukturelle Fremdheit in einem viel höheren Maße bedrohlich oder anziehend als alltägliche Fremdheit. Darüber hinaus kann es durch die Unvertrautheit mit der anderen Wirklichkeitsordnung jederzeit zu Missverständnissen zwischen den Kommunikationsteilnehmern kommen, die Interaktion zwischen den Subjekten kann gestört sein. Geht man bei alltäglicher Fremdheit immer noch von einem gemeinsamen Verstehenshorizont aus, so offenbart sich strukturelle Fremdheit an den Schnittpunkten unterschiedlicher Ordnungen bzw. Eigen- und Fremdgruppen. Auch hierbei handelt es sich nicht ausschließlich um kulturell bedingte Fremdheit, denn strukturelle Fremdheit entsteht generell dort, wo unterschiedliche Ordnungen aufeinandertreffen: unterschiedliche Kulturen, Religionen, soziale Gruppen, Generationen oder Geschlechter. Religiöse Auseinandersetzungen oder Kämpfe zwischen Angehörigen unterschiedlicher Religionen können beispielsweise aufgrund von struktureller Fremdheit entstehen, da sich das Verständnis von bestimmten Phänomenen unterscheidet. Doch gerade im Bereich der strukturellen Fremdheit, in dem es zahlreiche Tendenzen gibt, das Andere/Fremde zu vernichten, könnten Methoden der Annäherung erprobt werden. Annäherung meint hier einen Prozess des Lernens, in dem das Andere bekannter wird, Gemeinsamkeiten aufgedeckt, Kommunikation zumindest angestrebt wird. Ausschlaggebend ist bei struktureller Fremdheit nämlich die Tatsache, dass sie nicht jenseits des Verstehens angesiedelt ist, sondern dass sie kommunizierbar bleibt.

Zur strukturellen Fremdheit zählen aber auch andere Zeichensysteme im Besonderen: Musik, Bildende Kunst und Literatur, die sich von etablierten Wirklichkeits-, Wahrnehmungs- und Sprachordnungen oder -mustern unterscheiden, da sie „Wirklichkeit" in einer anderen, verfremdeten oder abweichenden Art und Weise abbilden oder reflektieren. Sie bilden insofern eine andere Ordnung, als sie aufgrund ihrer Autonomie nach anderen Regeln funktionieren und als System eine andere Funktion übernehmen.

Lässt sich alltägliche Fremdheit durch zusätzliche Informationen relativ leicht auflösen, so verlangt strukturelle Fremdheit nach einer tiefer gehenden Auseinandersetzung. Es handelt sich, vereinfacht ausgedrückt, um eine Veränderung etablierter Auffassungen, Denkmuster und Verhaltensmuster, die eine Auseinandersetzung mit struktureller Fremdheit fordert und ermöglicht.

Die extraordinäre Fremde geht über die Grenzen jeglicher Ordnung hinaus. Das bedeutet, dass sie sich jenseits etablierter Ordnungsgefüge befindet, was zur Folge hat, dass sie sowohl bestehende Ordnungen (ver)stört als auch den jeweiligen Interpreten, denn bei der Auslegung extraordinärer Fremdheit greifen gewohnte Interpretationsmuster nicht mehr. Mehr noch, die Fähigkeit des Interpretierens, Auslegens, Verstehens als solche wird in Frage gestellt. Extraordinäre Fremdheit offenbart sich in Grenzphänomenen oder Hyperphänomenen wie Schlaf, Rausch, Tod, oder Umbruchphänomenen wie Revolutionen. Charakteristisch für diese Art der Fremdheit ist Unzugänglichkeit und Unausweichlichkeit, in der sich ihre Radikalität zeigt. Man könnte in diesem Zusammenhang vom Appellcharakter des Fremden sprechen, das radikal an die Oberfläche bricht und demjenigen, der davon getroffen oder affiziert wird, eine Reaktion abverlangt. Da es sich aber einem Zugriff entzieht, ist es gleichzeitig abwesend und daher fremd. Diese Ambivalenz ist für Hyperphänomene konstitutiv, da an ihnen die Radikalität des Fremden in unterschiedlicher Weise exemplarisch wird: Sie lassen nur eine Annäherung, keine Auflösung zu. Exemplarisch dafür ist der Tod, der der Anschauung, dem Denken, dem Wissen und Fühlen prinzipiell unzugänglich ist und dem das radikal Fremde als prinzipielle Unzugänglichkeit immanent ist. Der Tod ist uns insofern vertraut, als er unser Leben ständig begleitet. Andererseits ist er fremd, weil er abwesend ist und wir ihn auch nicht direkt „erleben" oder erfahren können. Unausweichlich ist das Fremde insofern, als man es, wie den Tod, nicht ignorieren kann.

Radikale oder extraordinäre Fremdheit

Der Gedanke der Verflechtung oder Verschränkung (vgl. Waldenfels 1997 und Waldenfels 2006) basiert auf der Annahme, dass jedes Ich ein Anderes benötigt, um sich als Ich konstituieren zu können. Es ist daher wenig sinnvoll, von einer Opposition von Eigenem und Fremdem auszugehen, da Eigenes immer mit Fremdem durchsetzt ist und der Gedanke der Reinheit oder Homogenität von Individuen, Gesellschaften oder Kulturen obsolet geworden ist. Zeitgemäßer ist dagegen der Gedanke einer Verschränkung von Eigenem und Fremdem, einer Mischung, Hybridität oder Heterogenität. Verflechtung oder Verschränkung bedeutet, dass Fremdes einerseits von einem Ich oder von einem kollektiven Wir ausgegrenzt wird, gleichzeitig aber ein integrativer Bestandteil des Eigenen ist. Aus der Verschränkung von Eigenem und Fremdem ergibt sich, dass die vermeintliche Homogenität des Eigenen eine Konstruktion ist, auf der jedoch die zahlreichen Zentrismen der gesellschaftlichen Realität beruhen, die Ergebnis einer Präferenz der jeweiligen Eigenwelt sind. Damit ist ein Denken in Oppositionen verbunden: Fremdes und Eigenes schließen sich einander aus und Fremdheit erscheint als ein Negativum oder als Defizit.

Verflechtung oder Verschränkung von Eigenem und Fremdem

Die Verschränkung von Eigenem und Fremdem lässt sich für alle Fremdheitsstufen konstatieren: Bereits im Bereich der alltäglichen Fremdheit wird deutlich, dass das Eigene stets von Fremdheiten durchwoben ist: In dem als eigen definierten Innenraum, in diesem Fall die Alltagswelt, trifft man unaufhörlich auf Fremde, ohne sich dessen bewusst zu sein und ohne ihnen (in der Regel) negativ oder feindlich gesinnt zu sein. Das ändert sich im Bereich der strukturellen Fremdheit, die häufig als bedrohlich empfunden wird. Aber auch hier verschränken sich Eigenes und Fremdes, geht man von der Annahme aus, dass sich die eigene Identität durch Abgrenzung von und Identifizierung mit dem Anderen konstituiert. So formieren sich Kulturen oder Nationen zwar durch die Abgrenzung nach außen, doch gleichzeitig auch durch den Blick des Anderen. Im Bereich der extraordinären Fremdheit ist die Verschränkung von Eigenem und Fremdem am offensichtlichsten, da Hyperphänomene nicht als Phänomene zu denken sind, die entweder dem Eigenen oder dem Fremden zuzuordnen wären. Der Schlaf beispielsweise ist Teil des Eigenen, enthält aber gleichzeitig Elemente des Fremden, das, im Schlaf manifestiert durch Träume oder Schlafwandeln, in das Eigene einbricht. Das zeigt sich an der inhaltlichen und formalen Struktur des Traumes, aber auch an seiner narrativen und semantischen Beschaffenheit: Nicht nur das Nacherzählen des Traumes, die Übersetzung in bekannte narrative Strukturen, bereitet Schwierigkeiten, sondern auch die Einordnung des Geträumten in bestehende semantische Strukturen, also die Bedeutungszuweisung. Die Verflechtung von Eigenem und Fremdem wird auch dadurch deutlich, dass sich weite Teile des Trauminhaltes nicht nur in semantischer Hinsicht entziehen, sondern auch generell unverfügbar sind, da man sie bereits beim Aufwachen vergessen hat.

Fremdheit in der interkulturellen Literaturwissenschaft
Bisher hat sich die interkulturelle Literaturwissenschaft überwiegend kulturwissenschaftlich definiert und Fremdheit zwar nicht ausschließlich, aber in erster Linie kulturwissenschaftlich verstanden: Fremdes wird vorwiegend als kulturbedingte Alterität betrachtet, bzw. Fremdheit entsteht durch das Aufeinandertreffen unterschiedlicher Kulturen im weitesten Sinne. Dieses Modell ließe sich durch einen phänomenologisch erweiterten Fremdheitsbegriff ergänzen, da sich durch die Fokussierung auf kulturelle Fremdheit unterschiedliche – auch praxisrelevante – Probleme ergeben, wie die Verengung der Textauswahl im fremdsprachlichen Unterricht auf literarische Texte und Textgattungen, in denen unterschiedliche Formen von Kulturbegegnungen inszeniert werden.

Wie wird der Begriff Fremdheit innerhalb der interkulturellen Literaturwissenschaft verwendet? Im Folgenden wird zunächst auf die etablierte Verwendungsweise eingegangen, wobei sich aufgrund der Komplexität des kulturwissenschaftlichen Modells Verallgemeinerungen und Verkürzungen kaum vermeiden lassen (vgl. insbesondere Gutjahr 2002a und Hofmann 2006). Anschließend soll auf Möglichkeiten einer Ergänzung durch einen phänomenologischen Fremdheitsbegriff verwiesen werden.

Fremdheitskonzepte in der interkulturellen Literaturwissenschaft

Die interkulturelle Literaturwissenschaft definiert ihren Arbeitsbereich über einen thematischen, einen ästhetischen und einen relationalen Fremdheitsaspekt. Fremdheit kann sich in literarischen Texten demnach als thematische Kategorie entfalten oder aber als ästhetisches Verfahren, wobei sich beide Kategorien nicht voneinander abgrenzen lassen, da Literatur Fremdheit nicht nur thematisiert, sondern auch gleichzeitig – und zwar mit literarischen Verfahren – als Fremdes dargestellt und inszeniert. Aus holistischen Gründen werden im Folgenden jedoch beide Bereiche getrennt betrachtet. Darüber hinaus entsteht Fremdheit durch die Relation zwischen Text und Leser, Fremdes ist Rezeptionsergebnis. In dieser Hinsicht rücken der Rezipient und dessen individuellen Voraussetzungen in den Mittelpunkt der Betrachtung.

In Bezug auf Fremdheit als thematische Kategorie lässt sich zwischen Forschungsfeldern unterscheiden, die sich explizit und in einem breiten Kontext mit Kulturthemenforschung auseinandersetzen, wie thematische Literaturwissenschaft, Imagologie, Stereotypenforschung, und der konkreten Textarbeit, die auf Fremdheit als Thema literarischer Texte ausgerichtet ist. Hierbei arbeitet die interkulturelle Literaturwissenschaft in erster Linie mit einem räumlichen oder topographischen Fremdheitsbegriff und untersucht drei prinzipielle Erscheinungsformen von Fremdheit:

Fremdheit als thematische Kategorie von Literatur

– Fremdes als das Jenseitige, prinzipiell Unverfügbare und Unzugängliche,
– Fremdes als das unbekannte Draußen,
– Fremdes als Einbruch in einen als eigen definierten Innenraum.

Fremdheit entsteht in diesem Fall durch das Verhältnis des Eigenen zu einer transzendenten Ganzheit, die als transzendentes Außen, als Metaphysisches oder als Ekstatisches gedacht werden kann. Fremd ist das, was dem Eigenen insofern unzugänglich ist, als es sich einer kognitiven und emotionalen Annäherung, also der Anschauung, dem Denken und Fühlen, entzieht – es bleibt in einer radikalen oder extremen Weise fremd und lässt sich nicht in Vertrautes umwandeln (vgl. Hofmann 2006, 16f. und Hofmann 2009, 45–50). Gleichzeitig ist diese Unzugänglichkeit ein Grundmodus der menschlichen Existenz, die Phänomene kennt, deren Bedeutung unergründbar bleibt. Beispiel hierfür wäre die Beziehung zum Tod, der einen grundsätzlichen Bestandteil des Lebens darstellt, oder die Beziehung zwischen Mensch und einer transzendenten/göttlichen Instanz im weitesten Sinne, wie sie in den Mythen unterschiedlicher Kulturen oder den religiösen Schriften thematisiert wird, aber auch in der Literatur, wie z. B. in Thomas Manns Erzählung *Der Kleiderschrank* (1899), Wolfgang Borcherts Drama *Draußen vor der Tür* (1947) oder in Hugo von Hofmannsthals *Der Tor und der Tod* (1894). Literatur und Kunst schaffen hier einen Raum, in dem das Verhältnis des Menschen zu dem Unverfügbaren inszeniert und reflektiert wird. Die Textarbeit geht über die Beschreibung der Darstellung des Todes in einem bestimmten kulturellen Kontext hinaus, was themenspezifisch und Aufgabe der beschreibenden und vergleichenden Imagologie ist, und betrachtet die Inszenierung der vielfältigen Beziehungen zwischen Eigenem und Fremdem. Hierzu gehören das Verhältnis des Subjekts zum Fremden, mögliche Reaktionen und die Gründe dafür.

Fremdheit als Jenseitiges, Unverfügbares, Unzugängliches oder Fremdheit als Komplementarität

Häufiger als transzendenten oder metaphysischen Fremdheitsaspekten widmet sich die interkulturelle Literaturwissenschaft der ‚konkreteren‘, d. h. der kulturellen Fremde, die inszeniert wird, indem eine räumliche Trennungslinie zwischen dem Eigenen und dem Fremden gezogen wird. Die Figuren bewegen sich zwischen den beiden Räumen und erfahren das Eigene als begrenzt, wenn bekannte Strukturen und Deutungsmuster nicht mehr

Fremdes als unbekanntes Draußen

greifen, und als erweiterbar, wodurch sich die Möglichkeit des Wissens und Kennenlernens eröffnet. Prototypisch für die Darstellung dieser Fremdheitserfahrung ist die Reiseliteratur, die eine Vielzahl von Figuren – Abenteurer, Entdecker, Forscher, Eroberer – zur Verfügung stellt und die Problematik der Begegnung mit dem Fremden reflektiert, die hier von Macht, Gewalt, Kolonisierung, aber auch von Faszination durch das Exotische geprägt ist. Interkulturelle Literaturwissenschaft beschäftigt sich in diesem Kontext mit der Darstellung oder Inszenierung von kultureller Fremdheit und zeigt, wie Fremdheitskonstellationen entstehen und funktionieren. Das Fremde zeigt sich hier als Gegenbild, als der unbekannte Raum, der dem vertrauten Raum entgegengesetzt ist. Literarische Texte inszenieren nicht nur die Konstruktion des Fremden durch das Eigene, sondern auch die Vielfalt von Aneignungsbestrebungen, die aufgrund der Bedrohung oder Faszination, die vom Fremden ausgeht, eingesetzt werden: Vereinnahmung, Ablehnung, Ausgrenzung, Vernichtung. Interkulturelle Literaturwissenschaft vergegenwärtigt über die Bewusstmachung der Inszenierung nicht nur die Konstruktionen des Fremden, sondern auch diese unterschiedlichen Aneignungsbestrebungen. Andererseits erörtert sie anhand des Fremden in den Texten die materielle oder symbolische Seite der Kultur.

Inszenierung von Fremdheit

Das Fremde als das unbekannte Draußen findet sich auch als eines der Grundmuster der abendländischen Literatur, und zwar im Topos des Mannes, der in die Fremde muss, um sich selbst zu finden. Dieses Schema prägt den griechischen Epos, den Ritterroman, den barocken Roman (Grimmelshausen: *Der abenteuerliche Simplicissimus Teutsch*), den Bildungsroman (z. B. Johann Wolfgang Goethe: *Wilhelm Meister*; Gottfried Keller: *Der grüne Heinrich*), ist aber auch in der deutschsprachigen Gegenwartsliteratur zu finden, wovon Texte wie Max Frischs *Homo Faber* oder Peter Handkes *Die Wiederholung* zeugen. Das Fremde fungiert hier als Erweiterung des Eigenen, als Horizont- oder Bewusstseinserweiterung. Fremdheit wird als Ergänzung des Eigenen erfahren und ermöglicht „Selbsterfahrung auch im Sinne eines Aufdeckens von Lücken und Fehlern" (Hofmann 2009, 47).

Selbstfindung durch Fremderfahrung

Als Einbruch des Unbekannten in das Eigene wird Fremdes durch Figuren inszeniert, die in den als eigen definierten Innenraum eindringen. Hierbei kann es sich um die Figur des Heiligen handeln, der trotz seiner heilbringenden Absicht nicht immer positiv aufgenommen wird, wie beispielsweise die biblischen Geschichten um Jesus von Nazareth zeigen. Es kann sich aber auch um Unbeheimatete wie Zigeuner, Juden, Migranten, Exilanten handeln, oder um Heimkehrende wie Kriegsheimkehrer oder Reisende, die die Ordnung der Daheimgebliebenen stören oder infrage stellen. Das Fremde wird hier in der Regel ambivalent erfahren, als Bedrohung oder Faszinosum, und literarische Texte inszenieren aus der Perspektive der Daheimgebliebenen mögliche Reaktionen auf Fremdes. Interkulturelle Literaturwissenschaft untersucht die Inszenierung des Fremden durch die Daheimgebliebenen sowie Reaktionen und Gründe dafür. Wie Fremdes ‚gemacht' wird, zeigt ein Text wie *Andorra* (1961) von Max Frisch, in dem die Konstruktion des Fremden auf Vorurteilen und automatisierten Denk- und Handlungsweisen basiert. Exemplarisch sind auch Kriegsheimkehrerschicksale (Heinrich Böll, Wolfgang Borchert) oder Texte über Außenseiter: Zigeuner in Wolfdietrich Schnurres Erzählung *Jenö war mein Freund* (1958)

Fremdes als Einbruch des Unbekannten

und Ursula Wölfels *Mond, Mond, Mond* (1976) oder Juden wie in Alfred Anderschs Roman *Efraim* (1967). Was der Einbruch des Fremden „anrichten" kann, zeigt der Roman *Die Verzauberung* (1976) von Hermann Broch, in dem fast ein ganzes Dorf dem Bann eines Fremden unterliegt, dessen Ambivalenz die Dorfbewohner gleichzeitig verstört und fasziniert. Erzählt wird die Geschichte eines Dorfes, das durch einen Fremden völlig aus seiner „Alpenidylle" vertrieben wird. Die zunehmende Beunruhigung der Dorfbewohner hängt mit der Gestalt des Marius Ratti zusammen, der durch seine merkwürdigen Ansichten die althergebrachte Ordnung des Dorfes ins Wanken bringt. Ergebnis ist der Ausbruch des offenen Hasses, der die Dorfgemeinschaft in zwei Lager spaltet. Höhepunkt und gleichzeitig auch Wendepunkt der Handlung ist ein an einer Dorfbewohnerin ausgeführter und von Ratti initiierter Ritualmord. Verstörend ist die Tatsache, dass alle Dorfbewohner, die dem Ritual beiwohnen, sogar der aufgeklärte Erzähler, dem Bann der mystischen Opferbringung erliegen, keiner begehrt dagegen auf. Broch selbst hat darauf hingewiesen, dass es ihm um die Darstellung eines massenpsychischen Geschehens (vgl. Broch 2007, S. 383–387) gehe, und zwar unter direkter Bezugnahme auf die Zeit des Nationalsozialismus. Der Roman zeigt deutlich, wie aus einer anfänglichen Ablehnung des abstoßend wirkenden Fremden langsam Faszination wird. Bereits die Beschreibung seiner Erscheinung lässt auf das unruhestiftende Potenzial dieses „Eindringlings" in die gewohnte dörfliche Ordnung schließen:

> Es war Mittag und wie ein großes blaues Lied, als ich nach Unter-Kuppron kam; die Kirchenuhr schlug, und gleich darauf ließen die beiden Glöcknerbuben in das Lied des Himmels hinein auch noch die Mittagsglocke singen. In der Dorfstraße traf ich den Fremden.
> Zwischen einer geschwungenen scharfen Nase und einem schon lange nicht rasierten Stoppelkinn hing ihm ein dunkler Gallierschnurrbart über die Mundwinkel und machte ihn älter aussehend als er wahrscheinlich war; […] Er beachtete mich nicht, doch als er vorüber war, bildete ich mir trotzdem ein, seinen Blick erhascht zu haben und daß dies ein träumerisch starrer und dennoch kühner Blick gewesen sei. Vermutlich habe ich dies bloß aus seinem Gang erraten, denn dieser Gang war trotz offenkundiger Müdigkeit, trotz miserablen Schuhwerks beschwingt und streng zugleich, wahrlich, man konnte es nicht anders ausdrücken, es war ein beschwingtes und strenges Latschen, und es war, als müßte solches Gehen geleitet sein von einem scharfen, in die Ferne gerichteten Blick. Es war nicht der Gang eines Bauern, eher der eines fahrenden Gesellen […]. (Bloch 2007, 14)

Das Dunkle der Gestalt steht in einem offensichtlichen Gegensatz zur friedlich hellen Atmosphäre des Dorfes, wobei es sich natürlich um ein Spiel mit tiefsitzenden Stereotypen handelt. Bereits Georg Simmel, dessen Typologie des Fremden als Ausgangspunkt für die xenologische Fremdheitsforschung gelten kann, bezeichnet den Fremden als Wanderer, der von Außen in einen fixierten Innenraum kommt und dadurch andere Qualitäten in ihn hineinträgt. Der Wanderer zeichnet sich durch Beweglichkeit aus, dadurch, dass er keinen fixierten Besitz hat, keine fixierte Ordnung, wodurch ihm die Möglichkeit gegeben ist, positiv oder auch negativ diejenige Ordnung zu beeinflussen, in die er eindringt (vgl. Simmel 1992). Die Unruhe, die der Fremde bei den Dorfbewohnern auslöst, rührt nicht nur von seinen andersartigen Ansichten her, sondern auch von der Tatsache, dass er bei ihnen ein Bewusstsein dafür schafft, dass ihre eigene Fixiertheit eigentlich eine Illusion und ihre feste Ordnung daher brüchig ist. Insofern wird der Fremde auch zur Projektionsfläche der eigenen Sehnsüchte und Ängste.

> Nun kamen sie alle auf ihren lautlosen dicken Socken zum Tisch heran, und wir rührten alle in dem braunroten Wasser, das von ferneher nach Tee schmeckte, und unsere Gedanken waren bei dem Wanderer. Denn auch der Seßhafte wandert, er will es bloß nicht wissen, und wenn er den Fahrenden bei sich zurückhält, so geschieht es wohl, weil er an sein eigenes Fortmüssen nicht erinnert sein will. (Bloch 2007, 30)

Die Reaktion der Dorfbewohner auf den Fremden ist ambivalent: Einerseits geht es um eine Faszination, um eine unhinterfragte Übernahme seiner Ideen, andererseits wird er trotzdem abgelehnt, eine Intergration, der die Etablierung einer gemeinsamen Ordnung vorausgehen würde, findet nicht statt. So bleibt der Fremde aus der festen dörflichen Ordnung letztendlich ausgeschlossen:

> Auch nachher, als ich durch die Gruppen der Bauern gehe, die am Ausgang der Kirchengasse in der Hauptstraße Aufstellung genommen hatten und hier in streng hieratischer Ordnung stehen [...] genauso wie sie vor hundert Jahren hier gestanden hatten, selber dieses Vorganges unbewußt und wahrscheinlich bloß fühlend [...] während ich also durch die sich bildenden und wieder auflösenden Gruppen schreite [...] kann ich den Marius nirgends entdecken, und ich wundere mich nicht darob: denn welcher Gruppe gehört der Wanderer an? Keiner. Und keine vermißt ihn. (Bloch 2007, 51)

Der fremde Blick   Umgekehrt inszenieren aber literarische Texte auch die Reaktion der Fremden auf die Umgebung. Man spricht hier vom fremden Blick, der das Eigene aus einer anderen Perspektive betrachtet und so Aspekte anspricht, die dem eigenen Blick verborgen bleiben oder die verborgen bleiben sollen. Ein Beispiel hierfür wäre Heinrich Heines *Deutschland. Ein Wintermärchen* (1844) und der bereits erwähnte Roman *Efraim* von Alfred Andersch, der unter anderem das Verhältnis der Deutschen zum Holocaust aus der Perspektive des Anderen thematisiert, wie folgende Textstelle zeigt:

> „Komisch", sagte sie, „ich habe grad dasselbe gedacht: ob ich mich Ihnen gegenüber anders verhalte als zu anderen, weil Sie Jude sind. Und es stimmt! Auch wenn Sie mich überhaupt nicht interessieren würden, wäre ich tatsächlich etwas netter zu Ihnen, als zu jemand, der kein Jude ist."
> Das ist wenigstens ehrlich. Es fällt mir besonders angenehm auf, daß Anna das Wort Jude ganz natürlich ausspricht. Ich habe herausgefunden, daß es von Deutschen meistens ganz falsch ausgesprochen wird: mit etwas belegter Stimme, als handle es sich um Ungehöriges. So, als müßten sie sich einen kleinen Ruck geben, ehe sie das Wort aussprechen. [...] Das Verhältnis dieser Leute zu uns uns hat ja auch wirklich etwas Obszönes angenommen. (Andersch 1970, 101)

Zu dieser Art der Fremdheit gehört auch der Einbruch von Unbekanntem in das eigene Selbst, das das Eigene bedroht und infrage stellt und in der Literatur oftmals durch die Darstellung des Unheimlichem thematisiert wird. Eine grundsätzliche Auseinandersetzung mit dem Phänomen des Unheimlichen aus psychoanalytischer Sicht bietet Sigmund Freuds Text *Das Unheimliche*, da er insbesondere auf die Verschränkung des Fremden mit dem Eigenen verweist, denn das Unheimliche ist nach Freud „nichts Neues oder Fremdes, sondern etwas dem Seelenleben von alters her Vertrautes" (Freud 1970, 264). Die Darstellung des Unheimlichen erfolgt unter anderem über Motive wie das Doppelgängertum, den Traum, den Zufall, den Tod, Automaten, Puppen, den Wahnsinn oder den bösen Blick.

Einbruch des Fremden in das Selbst

Die Figur des Doppelgängers, die nach Freud für den Zerfall oder den Verlust des Ich steht, ist besonders für die romantische Literatur symptomatisch. Bei E. T. A. Hoffmann ist das Motiv des Doppelgängers strukturbestimmend und tritt vielfach variiert auf, was Texte wie *Das Fräulein von Scuderi* (1819/21), *Der goldene Topf* (1814), *Die Elexiere des Teufels* (1815/16) und *Der Sandmann* (1817) bestätigen. Literarische Beispiele aus der modernen und zeitgenössischen Literatur wären Hofmannsthals Erzählung *Reitergeschichte* (1899) und Thomas Glavinics Roman *Die Arbeit der Nacht* (2006). In diesem Text entsteht das Gefühl des Unheimlichen durch die Aufhebung der Grenze zwischen Wirklichkeit und Absurdität: Die völlig absurde Situation des Protagonisten, der sich eines Morgens allein auf der Welt wiederfindet, steht in einem Gegensatz zur Darstellung der völlig alltäglich wirkenden Wirklichkeit. Gerade die realistische Darstellungsweise verstärkt das Gefühl des Unheimlichen, da das Geschehen nicht in eine phantastische Welt transzendiert ist, sondern im Alltäglichen stattfindet. Der Leser wird Zeuge, wie sich die gewohnte Alltäglichkeit durch den Einbruch des Unheimlichen verändert, das ein unhintergehbarer Teil der Persönlichkeitsstruktur des Protagonisten ist.

Eine gewisse Zwischenposition nehmen Texte ein, die Erfahrungen wie Migration, Exil oder Deportation und die damit verbundene doppelte Fremdheit darstellen, da sie, je nach Perspektive, beide Fremdheitserfahrungen miteinander verbinden. Aus der Perspektive des Migranten erscheint die neue Kultur als das unbekannte Draußen, das nicht selten als Ort des Ausschlusses erfahren wird, was zu Erfahrungen wie Entwurzelung, Heimweh und Fremdsein führt. Andererseits wird aber auch die Heimat fremd, der man sich aufgrund der Abwesenheit entfremdet. Das führt dazu, dass die Sesshaften, Daheimgebliebenen den Migranten als Fremden behandeln, was wiederum Gefühle wie Wurzellosigkeit und Entfremdung auslösen kann. Beispiel für beide Fremdheitserfahrungen thematisierende Texte sind Goethes *Iphigenie auf Tauris* (1787) (vgl. Wierlacher 1990), Heines Gedichte aus der Exilzeit (*In der Fremde*, 1833, *Nachtgedanken*, 1843, u. a.), Adalbert von Chamissos Erzählung *Peter Schlemihls wundersame Geschichte* (1813), die Romane *Alle Tage* (2004) von Terézia Mora oder *Landnahme* (2004) von Christoph Hein, in dem das Schicksal eines Aussiedlers nach dem Zweiten Weltkrieg bis zur Nachwendezeit erzählt wird. Deutlich kommt die doppelte Fremdheit der Hauptfigur zum Ausdruck: Obwohl der Protagonist Deutscher ist, fühlt er sich in Deutschland fremd und wird auch als Fremder aus der Gemeinschaft ausgeschlossen. Beispiele für diese dop-

Doppelte Fremdheit

pelte Fremdheit sind auch Herta Müllers Romane *Reisende auf einem Bein* (1989) und *Atemschaukel* (2009), der das Schicksal eines Deportierten erzählt. Der extremen Erfahrung von Fremdheit im russischen Arbeitslager begegnet der Protagonist mit Heimweh und Trauer über den Verlust des Eigenen. Doch die Gefühle von Entwurzelung und Fremdheit weichen auch dann nicht, als er aus dem Lager zurückkehrt. Durch die Erfahrungen im Arbeitslager, die er mit niemandem teilen kann, ist er zu Hause zu einem Fremden geworden.

> Bevor ich ins Lager kam, waren wir siebzehn Jahre zusammen, teilten uns die großen Gegenstände wie Türen, Schränke, Tische, Teppiche. Und die kleinen Dinge wie Teller und Tassen, Salzstreuer, Seife, Schlüssel. Und das Licht der Fenster und der Lampen. Jetzt war ich ein Ausgewechselter. Wir wussten voneinander, wie wir nicht mehr sind und nie mehr werden. Fremdsein ist eine bestimmte Last, aber Fremdeln in unmöglicher Nähe eine Überlast. Ich hatte den Kopf im Koffer, ich atmete russisch. Ich wollte nicht weg und roch nach Entfernung. (Müller 2009, 272 f.)

Fremdheit als formaler Aspekt oder als ästhetische Kategorie

Fremdheit als ästhetische Kategorie ergibt sich aus der generellen Alterität der Literatur, die sich literaturtheoretisch unterschiedlich begründen lässt. Im formalistisch-strukturalistischen Verständnis ergibt sich die Alterität von Literatur aus dem Verständnis der poetischen Sprache als einer von der Norm abweichenden Sprache. Literatur wird als eine spezifische Art der Sprachverwendung betrachtet, welche die Alltagssprache durch Verfremdungstechniken intensiviert, von ihr abweicht und sie verändert, wodurch es zu Desautomatisierung der Wahrnehmung kommt.

Verfremdungsverfahren/Abweichungsästhetik

Verfremdung kann auf den verschiedenen Ebenen des literarischen Diskurses erfolgen: auf der graphischen und phonetischen Ebene (orthographische Modifikationen, graphische Modifikationen, phonetische Modifikationen), der Interpunktionsebene (Auslassen oder Anhäufen von Satzzeichen), der Lautebene (Regel verletzende Phonemfolgen, Reime), der morphologischen Ebene (Abwandlung von Wörtern), der lexikalischen Ebene (Neologismen, Archaismen, fremdsprachliche Ausdrücke, umgangssprachliche Formulierungen), der sytnaktischen Ebene (Inversion, Schachtelsätze), der textematischen Ebene (Verweisungszusammenhang der Sätze wird aufgebrochen: Handlungsträger werden durch Pronomina eingeführt; Sätze beginnen mit Konjunktionen oder Präpositionen; die innere Struktur der Sätze wird durch Lücken aufgebrochen) und der semantischen Ebene (Metaphern, Unverträglichkeiten zwischen Verbsemantik und Verbflexion). Zur Abweichungsästhetik zählt jedoch nicht nur die Verfremdung des Sprachmaterials, sondern auch Abweichungen auf der Ebene der Narration oder der Handlung. Auf der Ebene der Narration erfolgt das z.B. über Brüche in der Erzählstruktur. Zu solchen Verfahren, die die Konstruiertheit der literarischen Wirklichkeit und damit von Sinnentwürfen allgemein thematisieren, zählen zeitdehnendes, summarisches, rückwärtsgewandtes, repetetives Erzählen oder Ellipsen, die Perspektivierung des Erzählten durch einen Erzähler, Multiperspektivität, unzuverlässiges Erzählen und die Selbstreflexivität literarischer Texte. Auf der Ebene der Handlung erfolgt Verfremdung durch

Abweichungen von der empirischen Wirklichkeit, den empirischen Möglichkeiten oder der Logik.

Die phänomenologisch-hermeneutische Literaturtheorie hebt den Fiktionscharakter von Literatur hervor und bestimmt Literatur als eine neue, abweichende oder metaphorische Beschreibung der Wirklichkeit, wodurch sich ein alternativer Erfahrungsraum auftut. Die Fremdheit der Literatur ergibt sich in diesem Verständnis aus der Autonomie und der Fiktionalität von Literatur, wodurch ein neuer Weltzugang, ein neues Sehen der Wirklichkeit möglich wird.

Zusammenfassend lässt sich also sagen, dass Literatur aufgrund ihrer systemischen Eigenschaften als das Fremde an sich definiert werden kann und aufgrund der poetischen Sprache befremdend wirkt bzw. Fremdheit erzeugt. Diese Auffassung hat sich auch in der interkulturellen Literaturwissenschaft weitgehend durchgesetzt, die allerdings im Bezug auf Fremdheit als ästhetische Kategorie überwiegend zwischen zwei Aspekten unterscheidet: Fremdheit als ästhetische Kategorie bezieht sich erstens auf bestimmte poetische/ästhetische Verfahren, mit denen kulturelle Fremdheit inszeniert wird, und zweitens versteht man darunter Literatur als einen Zwischenraum oder ein intermediäres Feld, in dem Interaktionsprozesse vorgeführt werden. Auffallend ist dabei, dass die interkulturelle Literaturwissenschaft in erster Linie auf die Kategorie der kulturellen Fremdheit beschränkt bleibt, ästhetische Fremdheit also überwiegend als Inszenierung oder Darstellung von kultureller Fremdheit begreift. Fremdheit im literarischen Text kann jedoch mehrdimensional sein. Gerade die unterschiedlichen Fremdheiten des literarischen Textes fordern dazu auf, sich mit dem generellen Fremdheitspotenzial der Literatur auseinanderzusetzen, denn durch die Bewusstmachung dieser Fremdheiten erfolgt ein Erkennen der Omnipräsenz des Fremden und der Strategien im Umgang damit. Literatur als anderes Zeichensystem oder als alternative Ordnung verfremdet nicht nur, sondern sie ist eine Neubeschreibung der außertextlichen Realität und bedingt eine andere Art der Wahrnehmung. Insofern lässt sie sich auch als das Fremde an sich verstehen.

Interkulturalität im Sinne von „Sich-mischen und Ineinanderübergehen kultureller Phänomene" (Mecklenburg 2008, 24) wird mit bestimmten ästhetischen Verfahren dargestellt, wobei es im Wesentlichen um kulturanalytische Begriffe geht, die die Heterogenität, Pluralität und Vielstimmigkeit der heutigen multikulturellen Gesellschaften beschreiben.

Dafür stehen Begriffe wie Hybridität und Kreolisierung, die besonders im Kontext der postkolonialen Literaturtheorie gebraucht werden, sich aber mittlerweile auch für den Bereich der deutschsprachigen Literatur von Arbeitsmigranten seit 1980 durchgesetzt haben (vgl. Esselborn 2009). Allgemein bezeichnet Hybridität die Vermischung heterogener Elemente zu einer neuen Einheit bzw. zu hybriden Konstellationen. In einem kulturtheoretischen Sinne meint Hybridität die Verschiedenheiten, Überlappungen, Heterogenitäten innerhalb einer Kultur oder die Vermischung von Kulturen und die daraus resultierenden hybriden Identitäten. In diesem Sinne wird der Begriff überwiegend im postkolonialen Diskurs verwendet (vgl. Bhabha 2007). Analog dazu bezeichnet der Begriff im literaturwissenschaftlichen Sinne die Mischung von literarischen Gattungen, aber auch die Vermischung oder Überlappung von Erzähler- und Figurenrede in der Äußerung einer einzigen

Literatur als Erfahrungsraum

Inszenierung von Fremdheit durch ästhetische Verfahren

Hybridität, Hybridisierung, Kreolisierung

Figur. Diese Bedeutung geht auf den Begriff der Vielstimmigkeit zurück, wie er von Michail Bachtin geprägt wurde. Eine hybride Konstruktion ist nach Bachtin eine Konstruktion, „die ihren grammatischen (syntaktischen) und kompositorischen Merkmalen nach zu einem einzigen Sprecher gehört, in der sich in Wirklichkeit aber zwei Äußerungen, zwei Redeweisen, zwei Stile, zwei „Sprachen", zwei Horizonte von Sinn und Wertung vermischen" (Bachtin 1979, 195). Es handelt sich um ein literarisches Verfahren, das die Überlagerung unterschiedlicher Perspektiven ermöglicht und oftmals Ausdruck versteckter Ironie, Kritik oder Satire ist. Hybride Konstellationen können aber auch im Bereich der Lexik als Hybridbildungen auftreten. Es handelt sich hierbei um Mischbildungen, die aus der Kombination verschiedener Sprachen entstehen, was Neubildungen wie ‚einscannen' oder ‚downloaden' veranschaulichen.

Kreolisierung bezeichnet dagegen die Ausbildung neuer Kulturen, Lebensformen und Sprachen unter dem Einfluss einer fremden Kultur, die meist als Kolonialmacht auftritt und empfunden wird. Hybridisierung und Kreolisierung inszenieren die Heterogenität von Kulturen, Gesellschaften und Identitäten auf sprachlicher Ebene durch die Integration anderer Sprachen, durch eine „neue Sprache", die durch Assimilation der Fremdsprache an die Landessprache entsteht, wie das beim „Gastarbeiterdeutsch" der Fall ist, anderer Gattungen, anderer Kunstformen, literarischer Texte oder Perspektiven. Im Wesentlichen sind das Merkmale der Migrantenliteratur, wie sie durch Migration aufgrund von Emigration, Vertreibung oder ähnliches entstanden ist, und die auch mit dem Begriff Diaspora-Literatur bezeichnet wird (vgl. Dörr 2009). Hierzu gehört die „klassische" Emigrantenliteratur nach 1933, die deutsch-türkische Migrantenliteratur, deren bekannteste Vertreter Emine Sevgi Özdamar und Feridun Zaimoglu sind, deutschsprachige Romane von Migranten aus anderen europäischen oder außereuropäischen Ländern, wie z. B. Libuše Monikova, Vladimir Vertlib, Rafik Schami, Terézia Mora, Yoko Tawada, Alexandar Stanišić, Ilija Trojanow, transkulturelle Gegenwartslyrik von Ilma Rakusa oder Dragica Rajčić, Minderheitenliteratur (z. B. Herta Müller), die historische interkulturelle Literatur aus den mehrsprachigen Grenzregionen Europas (Regionalliteratur im Elsass, in Luxemburg, und dem Alpe-Adria-Gebiet), Literatur aus der Habsburgermonarchie, deutschsprachige Kolonialliteratur, Literatur von Heimatvertriebenen, deutsch-jüdische Literatur und letztendlich auch Werke, die jene Ortlosigkeit thematisieren, die die deutsche Teilung bzw. die Wiedervereinigung mit sich brachte, wie Wolfgang Hilbigs Roman *Das Provisorium* (2000) oder *Nox* (1995) von Thomas Hettche.

Zu den ästhetischen Verfahren, die Fremdheit inszenieren, gehören auch solche, die in einem besonderen Maße die Kritik am Bestehenden zum Ausdruck bringen. Hierzu gehören Satire, Parodie, Groteske, Komik und Phantastik, durch die eine kritische, verzerrende, übersteigerte oder lächerliche Darstellung des Etablierten erfolgt (vgl. Hofmann 2006, 59f.).

Textbeispiele   Wie Fremdheit durch ästhetische Verfahren inszeniert werden kann, soll nun anhand einiger Textbeispiele veranschaulicht werden:

Ausschnitt aus der Erzählung *Mutterzunge* (1990) von Emine Sevgi Özdamar:

Ich saß mit meiner gedrehten Zunge in dieser Stadt Berlin. Negercafé, Araber zu Gast, die Hocker sind zu hoch, Füße wackeln. Ein altes Croissant sitzt müde im Teller, ich gebe sofort Bakshish, der Kellner soll sich nicht schämen. Wenn ich nur wüßte, wann ich meine Mutterzunge verloren habe. Ich und meine Mutter sprachen mal in unserer Mutterzunge. Meine Mutter sagte mir: „Weißt du, du sprichst so, du denkst, daß du alles erzählst, aber plötzlich springst du über nichtgesagte Wörter, dann erzählst du wieder ruhig, ich springe mit dir mit, dann atme ich ruhig." Sie sagte dann: „Du hast die Hälfte deiner Haare in Almania gelassen." [...] Ich erinnere mich noch an eine türkische Mutter und ihre Wörter, die sie in unserer Mutterzunge erzählt hatte. [...] „Ich kam aus dem Krankenhaus vor elf Jahren." Ich hab gesehen: der Garten war voll mit Polizisten, mein Kopf ist aus seinem Platz gesprungen, ich hab Nachbarn gefragt. Wahrscheinlich sind die hier für deinen Sohn, haben sie gesagt. Ich bin in den Garten gegangen, zu dem ersten Polizisten. Warum bist du in meinen Garten reingekommen, hab ich gesagt. Dein Sohn ist geschnappt worden, hat er gesagt. Warum soll mein Sohn geschnappt worden sein, hast du überhaupt Hausdurchsuchungspapier, habe ich gesagt, ich bin Analphabet. (Özdamar 1990, 7)

Dieses Beispiel veranschaulicht Hybridität als literarisches Verfahren: Özadamar bildet einerseits Neologismen wie Mutterzunge, Almania, Bakshish, andererseits überträgt sie Sprachstrukturen des Türkischen auf die deutsche Syntax. Es handelt sich also um einen Transfer türkischer Sprachstrukturen in deutsche, um ein Überschreiten von Sprachgrenzen, wodurch Özdamar der mehrfachen Codierung durch Sprache, die der Konstitution von Welt vorausgeht und die für Migranten charakteristisch ist, Ausdruck verleiht (vgl. Schmitz-Emans 2007, Blioumi 2009b, Kadipinar 2009).

Dragica Rajčić: *Bosnien 95* (aus der Gedichtsammlung *Post bellum*, 2000)

die lateinische wort für krieg fehlt mir
spaeter ein
jetzt suche ich kinder hose
schneide rechte bein ab
naehe zu die offnung
mit unsichtbaren garn
auf meine zunge liegt
unferlezt
ein unerhörtes
Gebett.

Der Text von Dragica Rajčić, einer aus Kroatien stammenden deutschsprachigen Lyrikerin, ist in einem „fehlerhaften" Deutsch geschrieben, in einer von grammatischen und orthographischen Normen abweichenden Sprache. Durch den hybriden Schreibstil, die Kombination unterschiedlicher sprachlicher Normen, „schafft Rajčić ein Bewusstsein von Ambiguitäten und Widersprüchlichkeiten in vorgeblich geschlossenen Majoritätsdiskursen, erhebt Dissonanz zum Stilprinzip und leistet so auch Widerstand gegen vereinheitlichende Nationalkulturen" (Nicklas 2009). Es geht um die sprachliche Darstellung von Heterogenität, was nicht nur Ergebnis dieser Sprachvermischung ist, sondern auch der dadurch erzeugten Polysemie. Durch die fehlerhafte Schreibweise werden einige Wörter mehrdeutig, wodurch die semantische Dichte des Textes erhöht wird. Beispiel hierfür wäre bereits der erste Vers, der, je nachdem, ob er isoliert oder im weiteren Kontext des Gedichts gelesen wird, eine unterschiedliche Bedeutung bekommt.

Literatur als intermediäres Feld
Der Auffassung von Literatur als intermediärem Feld liegt ein Begriff von Interkulturalität zugrunde, der diese als Interaktions- oder Verhandlungsprozess versteht, in dem kulturelle Werte und Gebräuche als kulturkonstitutiv bzw. als identitätsbildend thematisiert werden. Im Medium der Literatur erfolgt nicht nur die Reflexion des Eigenen, der eigenen Perspektive und des Fremden, sondern auch die Veränderung des Eigenen durch den Einfluss des Fremden. Die literarische Inszenierung der Begegnung mit dem Fremden muss demnach sowohl die Selbstreflexion als auch den Verstehensprozess darstellen, wozu sich bestimmte literarische Genres besonders eignen. Hierzu gehört beispielsweise der Brief, der insofern als „Zwischenraum" oder intermediäres Feld verstanden werden kann, als er als Gattung (Brief aus der Fremde) gerade diese Interaktionsprozesse reflektiert (vgl. Gutjahr 2002a, 365).

Literatur als das radikal Fremde
Das Verständnis von Literatur als dem radikal Fremden ergibt sich aus der Auffassung, dass Literatur nicht nur die unterschiedlichen Dimensionen oder Steigerungsstufen des Fremden thematisiert, sondern dass sie selbst zur „letzten Steigerungsstufe des Anderen" (Šlibar 2005, 83) werden kann. Das radikal Fremde zeichnet sich, worauf bereits hingewiesen wurde, durch seinen Appellcharakter aus, der besagt, dass eine Antwort oder Reaktion auf das Fremde unausweichlich ist. Dieser appellative Charakter des Fremden lässt sich mit dem Lesevorgang vergleichen, der sich aus rezeptionsästhetischer Sicht als ein Reagieren auf die Unbestimmtheiten des literarischen Textes verstehen lässt. Aufgrund der Unbestimmtheiten haben literarische Texte eine Appellstruktur (Iser 1970), die den Leser dazu auffordert, sich an der Sinnkonstitution zu beteiligen. Aus dieser Perspektive ähneln sich Literatur und radikale Fremdheit aufgrund ihrer appellativen Funktion, verstanden als Aufforderung zum Handeln. Aus der Perspektive der kritischen Funktion von Literatur ergibt sich eine weitere Parallele zwischen Literatur und dem radikal Fremden: Das radikal Fremde stellt etablierte Ordnungen in Frage, indem es neue, alternative Ordnungen oder Möglichkeiten aufzeigt und bildet, und auch Literatur kann als Infragestellung jener Systeme verstanden werden, mit denen sie in Verbindung steht. Aus der Perspektive der Phänomenologie, die das radikal Fremde als ein Phänomen begreift, in dem das Unsagbare zur Sprache kommt, eine Seinsform findet, lässt sich Literatur insofern als das radikal Fremde definieren, als in ihr ein neuer Blick auf die Welt Ausdruck findet. Man kann in diesem Zusammenhang vom „ästhetischen Textsinn" (Göller 2001, 18) sprechen, der sich auf die Eigenschaft von Literatur bezieht, dasjenige sprachlich darzustellen, was in anderen Diskursen, dem wissenschaftlichen, fachsprachlichen oder umgangssprachlichen, ungesagt bliebe. Das ist möglich aufgrund der Selbstbezüglichkeit und der Fiktionalität von Literatur, wodurch der Text zu einer metaphorischen Beschreibung der Wirklichkeit wird, zu einer von der außertextlichen Realität abweichenden Beschreibung, in der alternative, in-

novative oder mögliche Daseinspotenziale aufgezeigt werden. Da die poetische Sprache der referenziellen Funktion enthoben ist, kann sie versuchen, durch innovative Sprachgebung verborgene Dimensionen der außertextlichen Wirklichkeit darzustellen. Literarische Texte sind daher nicht vorbehaltslos als Abbild der Wirklichkeit zu verstehen, sondern sie sind ein neues Sehen, ein schräger Blick auf die Welt, der nicht nur der Polyvalenz von Bedeutung entspricht, sondern auch einen Versuch darstellt, das mitunter Unsagbare, das mit den Mitteln anderer Diskurse nicht Sagbare, auszudrücken. Darin gleicht Literatur dem radikal Fremden, das ja seinerseits neue Ordnungen schafft, die über das bereits Bestehende hinausgehen. Hier werden neue Aspekte aufgezeigt, und zwar auf eine Art, die das Erfassungsvermögen des Interpreten durchaus in Frage stellen kann und das Interpretieren als Akt des Auslegens und Begreifens von Phänomenen obsolet werden lässt. Radikale Fremdheit bleibt zwar auf die Ordnung des Betrachters bezogen, da sie als Teil des jeweils Eigenen definiert wird, aber sie entzieht sich einer eindeutigen Bedeutungszuweisung. Gleiches gilt für literarische Texte, denen aufgrund bestimmter Strukturmerkmale ein überschüssiges Reden möglich ist.

Durch den Selbstbezug von Sprache und literarischem Text wird die Materialität der Sprache bzw. des Textes sichtbar, was dazu führt, dass die Aufmerksamkeit des Lesers auf das Sprachmaterial und auf die Machart des Textes gelenkt wird.

Strukturmerkmale literarischer Texte

Das hat zur Folge, dass der Leser dabei „zuschauen" kann, wie „Welt" durch Sprache konstruiert wird und wie die Wahrnehmung des Rezipienten durch das abweichende Bezeichnen von Welt gestört wird, was den Leser zu einem Anhalten zwingt. In der phänomenologisch-hermeneutischen Tradition wird in diesem Zusammenhang der Begriff Epoché verwendet, der ursprünglich eine Urteilsenthaltung und in der Phänomenologie eine Methode der Reduktion bezeichnet. Insofern impliziert er ein Aussetzen der bereits bestehenden, vorgefassten Meinung bei der Betrachtung von Phänomenen. Im Bezug auf das Fremde bedeutet Epoché eine Weise dem Fremden zu begegnen, die eben nicht durch bereits etablierte und vorgefasste Meinungen gelenkt ist, sondern die erst aus der Konfrontation mit dem Fremden erwächst, eine Haltung, die auch bei der Rezeption anspruchsvoller, hermetischer Texte eingenommen werden kann, da sie nicht nur unsere Wahrnehmung stören, sondern sich auch einem Verstehen sperren.

Selbstreferenz – Konstruktion von Welt durch Sprache

Fiktionalität enthebt den literarischen Text dem Anspruch, Wirklichkeit oder Wahrheit abzubilden. In der fiktiven Welt werden unterschiedliche Möglichkeiten von Welt oder Wahrheit durchgespielt, wodurch sich ein Raum oder eine Ordnung öffnet, in der die außertextliche Wirklichkeit und die Vorstellung von Wahrheit relativiert wird. Das hat zur Folge, dass die Gültigkeit von Begriffen wie Wirklichkeit und Wahrheit in Frage gestellt wird, feststehende Vorstellungen und Denkmuster revidiert und als Konstrukte des Eigenen oder als eigene Perspektive auf Welt sichtbar werden. Im Bezug auf die Problematik des Fremden impliziert das eine Akzeptanz gegenüber anderer Sichtweisen und Erklärungsmodelle. Das bedeutet nicht, dass die Welt als etwas Fiktives beliebig wird, sondern dass durch den Verweis auf alternative Möglichkeiten ein Nachdenken über die eigene Wirklichkeitsordnung möglich wird.

Fiktionalität

Verfremdung

Verfremdung meint das Verfremden des Referenten durch Verfremdung des Sprachmaterials oder der narrativen Strukturen. Diese Verfremdung dient einer Neubeschreibung der außertextlichen Wirklichkeit und einem Bruch mit konventionellen Wahrnehmungsgewohnheiten. Das Bekannte wird durch Verfremdung ins Extreme gesteigert, wodurch nicht nur auf die Brüchigkeit des Sinns hingewiesen wird, sondern auch auf die Möglichkeit von Nicht-Sinn, der sich einer Bewältigung entzieht. Ähnlich wie das radikal Fremde sensibilisiert Literatur in diesem Fall für die Existenz von Löchern im Sinnzusammenhang, denen man sich in der Interpretationsarbeit nicht entziehen kann, will man sich nicht mit einfachen Antworten zufrieden geben und den sich aufdrängenden Fragen des Textes nicht ausweichen. Gerade im Kontext der Kultur- und Sprachvermittlung sollten auch solche Stellen im Text thematisiert werden, sollten mögliche Lösungen gefunden werden, um die Komplexität der Texte nicht zu vermindern. Das ist beispielsweise auch beim Übersetzen notwendig, wo es durch das Harmonisieren von Widersprüchen oder das Überlesen von Polysemie zu Linearisierungsprozessen kommen kann.

Fremdheit als Rezeptionsergebnis

Fremdheit als Rezeptionsergebnis entsteht durch die Lesesituation, wobei Fremdheit als außertextliche oder textliche Komponente erfahren werden kann. Einerseits geht es um Fremdheit aufgrund unterschiedlicher Produktions- und Rezeptionsbedingungen, andererseits um eine Fremdheit, die beim Leseprozess als Reaktion auf die dem Text immanente und strukturbedingte Fremdheit entsteht.

Fremdheit als außertextliche Komponente

Im Kontext der interkulturellen Literaturwissenschaft wird die Fremdheit zwischen Rezipienten und literarischem Text im Wesentlichen dadurch zu erklären versucht, dass Text und Rezipient unterschiedlichen kulturellen Kontexten angehören. Fremdheit ist hier also Ergebnis der Unvertrautheit mit der kulturhistorisch bedingten Andersheit des Textes; die Erfahrung der Inkompetenz gegenüber dem Text beruht auf mangelndem Vorwissen, der Vorbildung oder der „kulturellen Programmierung" (Krusche 2000a, 369). Begründet liegt diese Fremdheit unter anderem in der „Referenzstruktur" (ebd., 418) der Texte, d.h. in der Unkenntnis jener Bereiche der außertextlichen Wirklichkeit, auf die sich der Text bezieht. Diese Erkenntnisse spielen besonders im Umfeld der Rezeptionsforschung eine herausragende Rolle. Richtungsweisend ist hier die Annahme, dass ein „grundsätzlicher Unterschied zwischen der Sicht" (Scheiffele 2000, 30) des fremdkulturellen und des eigenkulturellen Lesers besteht, da beide Leser einem kulturell geprägten Vorverständnis verhaftet sind, das die Rezeption beeinflusst oder lenkt. In diesem Kontext wird Literatur als weitgehend historisch, sozial und kulturell bedingtes Phänomen betrachtet, wobei die jeweiligen Verflechtungen sichtbar gemacht werden, da ihre Unkenntnis die Rezeption erschweren. In diesem Zusammenhang spricht man auch von Rehistorisierung (vgl. Steinmetz 2000, 67).

Fremdheit als textliche Komponente

Da sich Bedeutung und Funktion von Literatur nicht in ihrem „historischen und soziokulturellen Bezugsrahmen erschöpfen" (ebd., 68), sondern Fremdheit auch ein Ergebnis der besonderen Eigenart und Struktur literarischer Texte sein kann, kann Fremdheit als Rezeptionsergebnis auch auf textlicher Ebene entstehen. Fremdheit ist dann als Ergebnis der unterschiedlichen Identitätsbereiche von Text und Rezipienten zu verstehen, was nicht

ausschließlich auf sozialhistorische und kulturelle Unterschiede zurückzuführen ist, sondern in der Relation von „Kunstwelt und Alltagswelt" (ebd.,
74) begründet liegt, in der „ästhetischen Identität" (ebd.) des literarischen
Textes. Diese lässt sich als ein sich immer wieder aktualisierendes Struktur-
verhältnis zur Wirklichkeit beschreiben, d.h. die innertextliche Wirklichkeit
erhält den Status einer stellvertretenden oder exemplarischen Wirklichkeit,
die immer wieder in eine neue Beziehung zur Wirklichkeit des Rezipienten
tritt. Die Fremdheit des literarischen Werkes ist also Ergebnis der Autonomie
des literarischen Textes, der eine andere Ordnung bildet. In der Auseinandersetzung mit der Fremdheit dieser anderen Ordnung kann so eine Relativierung der eigenen Sichtweise und der eigenen Identität erfolgen.

Die Relation zwischen Text und Rezipienten kann auch mit dem Termi- | Rezeptive Fremdheit
nus ‚rezeptive Fremdheit' (vgl. Šlibar 2009) beschrieben werden und bezeichnet die Andersgeartetheit der Rezeption aufgrund der strukturellen
Mehrdeutigkeit und Komplexität des literarischen Textes, die zu einer Ver-
langsamung der Rezeption führen. Der in der Regel auf Erfolg im Sinne von
Vereindeutigung und Sinnfindung ausgerichtete Rezeptionsvorgang verzö-
gert sich und fungiert so als Alternative zu eingebürgerten Lesegewohnhei-
ten und der Medienrezeption, wodurch etablierte Sichtweisen revidiert werden können.

Fremdheitsbegriff und Literaturvermittlung
Die Komplexität des literarischen Diskurses und des Fremdheitsbegriffes
macht deutlich, dass im Diskurs über Interkulturalität und Fremdheit ein
kulturwissenschaftlich ausgerichteter Fremdheitsbegriff zu kurz greift. Außerdem beschränkt sich die interkulturelle Literaturwissenschaft in ihren
bisherigen Ansätzen meist auf Texte, in denen kulturelle Fremdheit in irgendeiner Form dargestellt wird: Sei es thematisch in der Migranten-, Min-
derheiten- oder Reiseliteratur, sei es strukturell durch bestimmte Verfahren
oder Gattungen. Das Problem, das sich hierbei ergibt, betrifft die Kanonfra-
ge, denn es stellt sich die Frage, ob die Theorien und Methoden der interkulturellen Literaturwissenschaft nur auf einen bestimmten Teil der deutschsprachigen Literatur anwendbar sind, oder auch auf Kanontexte und Texte,
die sich nicht explizit mit kultureller Fremde auseinandersetzen. Das
scheint besonders im Kontext der Sprach- und Kulturvermittlung im Ausland
von Belang, deren Arbeitsmaterial häufig Texte sind, die aufgrund ihrer
Reichweite zum, wenn auch inoffiziellen, Kanon der deutschsprachigen Literatur gehören. Aus der Perspektive der konkreten Vermittlungsarbeit bedeutet interkulturelle Literaturwissenschaft nichts anderes als die Vermittlung deutschsprachiger Literatur im Ausland, wobei sowohl die Perspektive
des fremdkulturellen Lesers als auch die unterschiedlichen Fremdheiten im/
des literarischen Text/es zu berücksichtigen sind. Aus diesen Überlegungen
ergibt sich die Notwendigkeit einer Herangehensweise an das Fremde, die
den unterschiedlichen Aspekten gerecht wird. Es handelt sich hierbei, wie | Klassifizierung des
bereits erwähnt, um die Klassifizierung des Fremden nach Steigerungsgra- | Fremden nach
den, die nun auf den Bereich der Literatur übertragen werden soll. Fremd- | Steigerungsgraden/
heit kann hierbei zweifach entstehen: Einerseits kann sie dem Text als | Fremdheitsgraden in
sprachliche Abweichung oder als Inszenierung von Fremdheit immanent | der Literatur
sein, andererseits kann sie Rezeptionsergebnis sein, entsteht also zwischen

Text und Leser. Im Folgenden soll nun anhand einiger Beispiele gezeigt werden, in welcher Form Fremdheit in Erscheinung treten kann. Die Möglichkeiten einer Auflösung von Fremdheit bzw. einer Annäherung an Fremdheit sollen dann weiter unten diskutiert werden.

Alltägliche Fremdheit

Wortsinn
: Verständnisprobleme können auftreten, wenn Wörter und Ausdrücke im literarischen Text nicht geläufig sind, da sie beispielsweise vom alltäglichen Sprachgebrauch oder der Standardsprache des Lesers abweichen. Hierzu gehört auch Nichtverstehen aufgrund der Fremdsprachlichkeit des Textes oder aufgrund von historischem Sprachgebrauch, besonders bei älteren Texten.

Innertextliche Wirklichkeit
: Fremdheit entsteht durch fehlende Informationen über die in der Textwelt lebenden und handelnden Personen und den Handlungsverlauf, oder durch fehlendes Kontext- oder Faktenwissen zur innertextlichen Wirklichkeit, wozu geographische Namen oder Gegebenheiten, sozialhistorische Fakten/Hintergründe, kulturelle Codes sowie Themen und Motive gehören.

Außertextliche Wirklichkeit
: Fremdheit entsteht durch Unkenntnis der außertextlichen Situation, in der ein Text steht. Hierzu gehören Unkenntnisse über den Textproduzenten oder den Autor, wie z.B. Autobiographie, soziokulturelle Geprägtheit, Literaturprogramm, Überzeugungssystem (vgl. Tepe 2007), oder den sozialhistorischen und kulturellen Kontext des Werks.

Textmusterwissen
: Als Textmusterwissen bezeichnet man ein in der Regel während der Sozialisation erworbenes Wissen über Struktur und Funktion von Texten, das beim Rezipieren aktiviert wird. Dem Rezipienten erlaubt es ein schnelleres Verstehen und Einordnen von Texten und lenkt insofern auch die Interpretation des Textes bzw. die Lesererwartungen durch bestimmte Textsignale oder Indikatoren. Im Bereich von fiktionalen Texten können das bestimmte texteinleitende Strukturen sein, wie „Es war einmal…" bei Märchen, oder bestimmte strukturelle Merkmale wie die Versstruktur bei Gedichten, die narrative Struktur von Erzählungen und Romanen oder die spezifische Struktur von Novellen. Über Textmuster oder Textsorte werden demnach implizite Informationen zu Inhalt und Struktur der Texte transportiert.

Intersubjektive Fremdheit
: Literarische Texte können vorspielen, wie alltägliche Fremdheit zwischen Menschen funktioniert, indem sie zeigen, dass das Verhalten der Figuren zueinander durch die Wahrnehmung des Anderen gelenkt wird, die ihrerseits bestimmten Bildern und Vorstellungen unterworfen ist, was sich auf das Verhalten der Figuren auswirkt.

Textbeispiele
: Der Anfang des Romans *Am kürzeren Ende der Sonnenallee* (1999) von Thomas Brussig erzeugt alltägliche Fremdheit durch die zahlreichen Informationen zum historischen Kontext der deutschen Teilung, aber auch durch die Gestaltung. Erst wenn die spezifische Erzählperspektive und der ironische Schreibstil auffallen und geklärt werden, kann die Befremdung, die dadurch erzeugt wird, dass über weltpolitische und traumatische Begebenheiten in einer verniedlichenden Art und Weise erzählt wird, erklärt werden.

> Es gibt im Leben zahllose Gelegenheiten, die eigene Adresse preiszugeben, und Michael Kuppisch, der in Berlin in der Sonnenallee wohnte, erlebte immer wieder, daß die Sonnenallee friedfertige, ja sogar sentimen-

tale Regungen auszulösen vermochte. Nach Michael Kuppischs Erfahrung wirkt Sonnenallee gerade in unsicheren Momenten und sogar in gespannten Situationen. Selbst feindselige Sachsen wurden fast immer freundlich, wenn sie erfuhren, daß sie es hier mit einem Berliner zu tun hatten, der in der Sonnenallee wohnt. Michael Kuppisch konnte sich gut vorstellen, daß auch auf der Potsdamer Konferenz im Sommer 1945, als Josef Stalin, Harry S. Truman und Winston Churchill die ehemalige Reichshauptstadt in Sektoren aufteilten, die Erwähnung der Sonnenallee etwas bewirkte. Vor allem bei Stalin; Diktatoren und Despoten sind bekanntlich prädestiniert dafür, poetischem Raunen anheimzufallen. Die Straße mit dem so schönen Namen Sonnenallee wollte Stalin nicht den Amerikanern überlassen, zumindest nicht ganz. So hat er bei Harry S. Truman einen Anspruch auf die Sonnenallee erhoben, den der natürlich abwies. Doch Stalin ließ nicht locker, und schnell drohte es handgreiflich zu werden. Als sich Stalins und Trumans Nasenspitzen fast berührten, drängte sich der britische Premier zwischen die beiden, brachte sie auseinander und trat selbst vor die Berlin-Karte. Er sah auf den ersten Blick, daß die Sonnenallee über vier Kilometer lang ist. Churchill stand traditionell auf seiten der Amerikaner, und jeder im Raum hielt es für ausgeschlossen, daß er Stalin die Sonnenallee zusprechen würde. Und wie man Churchill kannte, würde er an seiner Zigarre ziehen, einen Moment nachdenken, dann den Rauch ausblasen, den Kopf schütteln und zum nächsten Verhandlungspunkt übergehen. Doch als Churchill an seinem Stumpen zog, bemerkte er zu seinem Mißvergnügen, daß der schon wieder kalt war. Stalin war so zuvorkommend, ihm Feuer zu geben, und während Churchill seinen ersten Zug auskostete und sich über die Berlin-Karte beugte, überlegte er, wie sich Stalins Geste adäquat erwidern ließe. Als Churchill den Rauch wieder ausblies, gab er Stalin einen Zipfel von sechzig Metern Sonnenallee und wechselte das Thema.
So muß es gewesen sein, dachte Michael Kuppisch. Wie sonst konnte eine so lange Straße so kurz vor dem Ende noch geteilt worden sein? Und manchmal dachte er auch: Wenn der blöde Churchill auf seine Zigarre aufgepasst hätte, würden wir heute im Westen leben. (Brussig 2001, 7f.)

Alltägliche Fremdheit entsteht auch über die Aktivierung von Denkweisen und Stereotypen und beeinträchtigt so die Wahrnehmung des Anderen und darüber zwischenmenschliche Beziehungen. So zeigt folgende Textstelle aus dem Roman *Efraim* von Alfred Andersch, wie die Wahrnehmung des Anderen durch vorgefasste Meinungen gelenkt wird, was hier allerdings ein ironisch gebrochener Vorgang ist, denn der Erzähler beobachtet sich selbst bei der Aktivierung der nun folgenden Klischeevorstellungen:

Die Tochter ist Mitte Zwanzig und aschblond […] Sie ist ein großes, hübsches, amerikanisches Mädchen. Die Mutter dürfte um die Fünfzig herum sein und ist keine von diesen Blumenhut- und Schleier-Scheuchen, die einen so wichtigen Beitrag Amerikas zur Zivilisation des 20. Jahrhunderts bilden, sondern der Typ der fortschrittlichen reichen Frau; sie ist nicht geschminkt, trägt ein einfaches, kostbares Jackenkleid und, als einziges Zugeständnis an den Geschmack von Providence, Rhode Island, die obligate Perlenkette. Die Damen sind neu in Rom und in Italien, wie ihr Verhalten vor der Speisekarte und im Verkehr mit dem Kellner zeigt. Es wäre eigentlich meine Pflicht einzugreifen und dafür zu sorgen, daß sie richtig zu essen bekommen und daß die Tochter im Verlauf ihres römischen Aufenthalts nicht unter die Räder kommt. Zweifellos ist sie zu klug, zu spöttisch und zu fröhlich, um auf den ersten besten papparazzo aus Tor Marancia oder Pietralata hereinzufallen, aber von irgendeinem Parioli-Beau, der sich im Excelsior oder bei Doneys an sie heranmachen wird, wird sie sich, schon aus purer Neugier, vernaschen lassen. [...] Nein, es soll seinen römischen Flirt haben und auch seinen römischen Ekel, eines Morgens, in einer Wohnung in der Via Archimede, vom Bett aus einen Liebhaber beobachtend, der plötzlich gelangweilt ist, ungeniert und gelangweilt, kein schuldbewußter und sentimentaler boyfriend, sondern ein italienischer Mann, der sie verachtet und allein sein möchte. (Andersch 1970, 109f.)

Strukturelle Fremdheit
Literarische Texte können strukturelle Fremdheit als Element der Handlung inszenieren, und zwar als Konfrontation zweier Wirklichkeitsordnungen, als Unsicherheit im Umgang miteinander, die aus einer Unvertrautheit mit den Realitätskonstrukten der jeweils anderen Ordnung entsteht. Das Verstehen, die Kommunikation zwischen Teilnehmern unterschiedlicher Ordnungen, ist aufgrund voneinander abweichender Wissensvorräte und Wert- bzw. Normbestände erschwert, die in einer Annäherung an das Fremde erst erarbeitet werden müssen. Strukturelle Fremdheit kann beispielsweise durch die Darstellung von kultureller Differenz, Geschlechterdifferenz, sozialer Unterschiede, Generationskonflikte oder der Außenseiterposition entstehen.

Ein Beispiel für die Inszenierung von Fremdheit zwischen den Geschlechtern findet sich in Robert Musils Erzählung *Die Portugiesin* (1924):

Er war vertraut wie ein Ding, das man schon lange an sich trägt. Wenn du lachst, lacht es auch hin und her, wenn du gehst, geht es mit, wenn deine Hand dich betastet, fühlst du es: aber wenn du es einmal hochhebst und ansiehst, schweigt es und sieht weg. Wäre er einmal länger geblieben, hätte er in Wahrheit sein müssen, wie er war. Aber er erinnerte sich, niemals gesagt zu haben, ich bin dies oder ich will jenes sein, sondern er hatte ihr von Jagd, Abenteuern und Dingen, die er tat, erzählt; und auch sie hatte nie, wie junge Menschen es sonst wohl zu tun pflegen, ihn gefragt, wie er über dies und jenes denke, oder davon gesprochen, wie sie sein möchte, wenn sie älter sei, sondern sie hatte sich schweigend geöffnet wie eine Rose, so lebhaft sie vordem gewesen war; [...] Er kannte seine zwei Kinder kaum [...]. Seltsam war die Erinnerung an den Abend, dem der zweite sein Leben dankte. Da war, als er kam, ein weiches hellgraues Kleid mit dunkelgrauen Blumen, der schwarze Zopf war zur Nacht geflochten, und die schöne Nase sprang scharf in das glatte Gelb eines beleuchteten Buchs mit geheimnisvollen Zeichen. Es war wie Zauberei. Ruhig saß, in ihrem reichen Gewand, mit dem Rock, der in unzähligen Faltenbächen herabfloß, die Gestalt, nur aus sich heraussteigend und in sich fallend; wie ein Brunnenstrahl; und kann ein Brunnenstrahl erlöst werden, außer durch Zauberei oder ein Wunder, und aus seinem sich selbst tragenden, schwankenden Dasein ganz heraustreten? Man mochte das Weib umarmen und plötzlich gegen den Schlag eines magischen Widerstands stoßen; es geschah nicht so; aber ist Zärtlichkeit nicht noch unheimlicher? Sie sah ihn an, der leise eingetreten war, wie man einen Mantel wiedererkennt, den man lange an sich getragen und lang nicht mehr gesehen hat, der etwas fremd bleibt und in den man hineinschlüpft. Traulich erschienen ihm dagegen Kriegslist, politische Lüge, Zorn und Töten! […] Befehlen ist klar; taghell, dingfest ist dieses Leben, der Stoß eines Speers unter den veschobenen Eisenkragen ist so einfach, wie wenn man mit dem Finger weist und sagen kann, das ist dies. Das andre aber ist fremd wie der Mond. Der Herr von Ketten liebte dieses andere heimlich. (Musil 1991, 156f.)

Abgesehen davon, dass in diesem Text gängige Stereotypisierungen der Frau als das Andere, das ganz Andere, den Gegendiskurs zum Männlichen, über den sich das männliche Prinzip erst konstruieren kann, referiert werden, geht es darüber hinaus um die Inszenierung von struktureller Fremdheit als Ergebnis unterschiedlicher Seinsordnungen. Strukturelle Fremdheit ist Ergebnis des Nichtverstehens der anderen Ordnung und von Missverständnissen, die auf einer stereotypischen Betrachtung des Anderen basieren. Sobald der Andere lediglich als Ergänzung des Eigenen verstanden wird, wird seine Fremdheit vereinnahmt, hat er keine Möglichkeiten, sich selbst, sein Selbst, zu artikulieren. Diese Textstelle demonstriert genau jenen aneignenden Umgang mit Fremdheit, bei dem der Andere zu einer Projektion des Eigenen und gleichzeitig auf bestimmte Attribute festgelegt wird, wodurch ihm jedoch seine Lebendigkeit genommen wird. Die Frau, die hier als das Geheimnisvolle, das Mythische, das Semiotische, das Andere der Vernunft, verstanden wird, wird in ihrem So-sein gar nicht wahrgenommen, eine wirkliche Fremderfahrung im Sinne von Veränderung der bestehenden Möglichkeiten scheint hier zunächst ausgeschlossen.

Strukturelle Fremdheit kann zum Beispiel auch durch die Außenseiterposition thematisiert werden. Es geht hierbei um die Darstellung der Ausgegrenztheit des Protagonisten aus der als verbindlich geltenden Ordnung der dargestellten Wirklichkeit. Ein Beispiel hierfür ist Herta Müllers Roman *Herztier* (1994), in dem die Protagonisten aufgrund ihres Aufbegehrens gegen die Unterdrückung durch den rumänischen Staat in den achtziger Jahren des 20. Jahrhunderts Außenseiter sind. Die Inszenierung von struktureller Fremdheit erfolgt in diesem Text über die Thematisierung der Unüberwindbarkeit von Differenzen zwischen zwei Ordnungen: der Ordnung des herrschenden Machtapparates und der Ordnung einzelner Figuren, die sich der Macht des herrschenden Diskurses nicht beugen wollen. Strukturelle Fremdheit wird als Bedrohung konkret und findet sich auf beiden Seiten: Für den diktatorischen Machtapparat sind die Aufbegehrer fremd im Sinne von bedrohlich, da sie die als universell geltende Ordnung der Diktatur in Frage stellen und dadurch zu erschüttern drohen. Für die Individuen stellt der Machtapparat eine Bedrohung dar, was schließlich zum Ausschluss aus der Gemeinschaft und zum Tod führt. Das Ausschlussverhältnis wird im Roman durch einen topographischen Aspekt dargestellt. Dem öffentlichen, bewachten Raum steht der private Raum gegenüber, der sich im Roman in die Sprache verschiebt, die als Gegendiskurs, als Gegenentwurf, als Freiraum und als eigentlicher privater Raum dient, in dem das Subjekt eine neue Ordnung konstituieren kann.

Christoph Heins Roman *Landnahme* (2004) ist die exemplarische Beschreibung eines Außenseiterschicksals, einer Figur, die die Ordnung der Gemeinschaft immer wieder in Frage stellt, ihr den Spiegel vorhält. Der Text zeigt, in welchem Maße strukturelle Fremdheit als Bedrohung empfunden und mit welchen Strategien versucht wird, sie auszuschalten. Er zeigt gleichzeitig, dass Assimilation und Integration von Fremdheit nur dann funktioniert, wenn der Fremde seine Fremdheit zu verleugnen beginnt. Die Hauptfigur des Romans, der Vertriebene Bernhard Haber, der nach dem Zweiten Weltkrieg mit seinen Eltern in die sächsische Kleinstadt Guldenberg kommt, ist in unterschiedlicher Hinsicht ein Außenseiter, dessen Schicksal durch die Erfahrung von Alterität geprägt ist. Dabei postuliert der Roman eine Opposition zwischen Eigenem und Fremdem, die sich durch die Anordnung der Figuren ergibt: Der Hauptfigur Bernhard steht als kollektives Wir die Guldenberger Gesellschaft gegenüber, die diesen wie einen Fremdkörper auszuschließen versucht. Dieses Kollektiv erscheint zunächst als homogene Gesellschaft und feiert einen „Heimatkult" (Waldenfels 1997, 42), eine pathetische Einheit, die sich bei genauem Hinsehen jedoch als brüchig erweist, da sie ihrerseits von Fremdheiten durchsetzt ist. Darauf verweist in erster Linie die Erzählstruktur: Der Roman ist aus der Perspektive von fünf Figuren erzählt, die alle ein durch die eigene Wahrnehmung geprägtes Bild Bernhards haben. Durch diese spezifische Wirklichkeitssicht, die „die Gesamtheit aller inneren Faktoren und äußeren Bedingungen einer fiktionalen Person" (Allrath/Surkamp 2004, 161) umfasst, entsteht ein heterogenes Bild der innertextlichen Wirklichkeit. Die Aufsplitterung der Erzählperspektive verdeutlicht, dass Gesellschaften „kein Ich im Großen" (Waldenfels 1997, 77) sind, denn „persönliche Erfahrung und kultureller Erfahrungsstil" (ebd.) schieben sich ineinander. Wahrnehmung ist immer ein subjektiver Prozess, da sie durch die jeweiligen biologischen, kognitiven, sozialen und kulturellen Bedingungen gesteuert wird (vgl. Schmidt 1992).

Strukturelle Fremdheit zeigt sich in Heins Roman an der Hauptfigur Bernhard Haber. Als Vertriebener, der in seiner ursprünglichen Heimat fremd ist, wird er in Guldenberg zu einer „Figur des Hasses" (Kristeva 1990, 11) und lebt aufgrund dessen in einer mehr oder weniger selbst gewählten Isolation. Fremd ist er, weil er aus einem anderen Land kommt und weil ihm als Vertriebener der Makel der Heimatlosigkeit anhaftet:

> Wir haben einen Platz zugewiesen bekommen, und der gehört zu uns und wir zu ihm. Und wenn man diesen Platz aufgibt, dann gehört man nirgendwo hin, so ist nun mal diese Welt. Und dieser Platz hat etwas mit Geburt zu tun. Wo du geboren wurdest, da ist deine Heimat, und nur dort bist du daheim. Und wenn du diesen Platz verlässt, dann gibst du deine Heimat auf. (Hein 2004, 316)

Als Heimatloser erscheint er suspekt, denn er bedroht die etablierte Ordnung der Stadt, die ihn deklassiert und ausschließt. Nach Julia Kristeva zieht der Makel der Heimatlosigkeit die Unterscheidung zwischen Bürger und Mensch nach sich:

> Die ganze Schwierigkeit, die die Frage des Fremden aufwirft, scheint bereits in der Sackgasse dieser Unterscheidung enthalten zu sein, die den *Bürger* vom *Menschen* trennt. [...] Dieser Weg bedeutet – das ist seine letzte Konsequenz –, daß man gerade in dem Maße Mensch sein darf, wie man Bürger ist, daß der, der kein Bürger ist, kein voller Mensch ist. Zwischen dem Menschen und dem Bürger klafft eine Wunde: der Fremde. (Kristeva 1990, 106; Hervorhebung im Original)

Bernhard ist fremd, weil er außerhalb einer bestimmten Ordnung steht, die er erschüttert, denn „das Gesicht des Fremden zwingt uns, die verborgene Art, wie wir die Welt betrachten, wie wir alle, bis hin zu den vertrautesten, abgeschlossensten Gemeinschaften anschauen, offenzulegen" (ebd. 13). Charakteristisch ist sein auffallend distanziertes und eigenwilliges Verhalten, mit dem er sich jeglichen Regeln widersetzt:

> In seinem Gesicht war nichts zu erkennen, kein Zeichen von Scham oder Reue, auch nicht die Andeutung eines Triumphes, obwohl er durchgehalten hatte. [...] Bernhard hatte vor der ganzen Klasse den Direktor besiegt, er hatte den Kampf gewonnen, und wir alle hatten es miterlebt. Trotzdem verzog Bernhard keine Miene, obwohl er eben sensationell gewonnen hatte. (Hein 2004, 62)

Diese Indifferenz katapultiert ihn in ein Abseits, in eine andere Ordnung, die Kristeva wie folgt beschreibt:

> Der Fremde verschanzt sich hinter diesem Abstand, der ihn von den anderen ebenso wie von sich selbst ablöst und ihm das stolze Gefühl gibt, zwar nicht im Besitz der Wahrheit zu sein, aber da zu relativieren und sich zu relativieren, wo die anderen in den Rastern der Einwertigkeit gefangen sind. Seine Distanz äußert sich in einem autonomen, respektlosen und teilweise egozentrischen Verhalten, das seine Verweigerungshaltung ausdrückt. Denn der Fremde – von der Höhe dieser Autonomie herab, die er allein gewählt hat, während die anderen vorsichtig ‚unter sich' bleiben – konfrontiert paradoxerweise alle Welt mit einer Agnosie, die Höflichkeit und gesellschaftliche Umgangsformen verweigert und zu einer nackten Gewalttätigkeit zurückführt. Das Sich-gegenüber-Treten von Bestien (Kristeva 1990, 16).

Was bei Kristeva theoretisch anklingt, wird im Roman durch das Verhalten der Figuren deutlich: Bernhard ist genauso gewaltbereit wie die Guldenberger Gesellschaft und sein weiterer Lebensweg ist allein von dem Wunsch nach Rache motiviert. Von Anfang an weist er Annäherung ab, gibt sich verstockt und stumm und lehnt jegliche freundschaftliche Geste ab:

> Seine Teilnahmslosigkeit führte dazu, dass unser Interesse an ihm rasch erlahmte, da es kaum Berührungspunkte zwischen uns gab und wir ihm aus dem Weg gingen, zumal er sich rabiat wehrte, wenn er sich angegriffen, bedrängt oder belästigt fühlte. (Hein 2004, 29)

Ignoranz und Ausschluss des Fremden treiben diesen in die Offensive und lassen Fanatismus entstehen, das Gefühl, Opfer zu sein und sich verteidigen zu müssen. Dann schließt der Fremde aus, „noch bevor er selbst ausgeschlossen wird, und mehr noch, wenn er nicht ausgeschlossen wird" (Kristeva 1990, 33), was wiederum zur Verfestigung von Ordnungsgrenzen führt und Verständigung unmöglich macht. In dieser Hinsicht exemplarisch ist das Verhalten Bernhards gegenüber seiner Freundin:

> Vielleicht lag es an schlimmen Geschichten, die in ihrer Heimat passiert waren oder bei der Vertreibung, denn auch die anderen Vertriebenen waren irgendwie seltsame Leute, oder der Argwohn lag ihnen im Blut, und sie schleppten ihn von den Urgroßeltern her immer weiter bis ans Ende der Welt. Ich weiß es nicht. Ich weiß, dass ich von seiner Familie nicht eben mit offenen Armen empfangen wurde, sondern eher wie ein Eindringling, den man vorsichtig beäugt und nie aus den Augen lässt. (Hein 2004, 116)

Bernhard haftet die Ambivalenz des Fremden an: Gleichermaßen gehen Bedrohung und Faszination von ihm aus, Eigenschaften, die bewirken, dass der Fremde „unsere Bleibe zunichte macht" (Kristeva 1990, 11), denn das Fremde verweist auf etwas, das „über die eigenen Möglichkeiten hinausgeht und an das Unmögliche rührt". (Waldenfels 1997, 142) Gerade dieser ambivalente Charakter aber provoziert Reaktionen auf das Fremde, Aneignungsbestrebungen, die das Fremde versuchen auszuschalten, indem es dem Eigenen einverleibt wird. Heins Roman thematisiert die besondere Form des Provinzialismus, der eine defensive Variante des Nationalismus darstellt und bei dem „die Geste der Abschirmung, der Abwehr und der Ausscheidung" (ebd., 151) überwiegt, was zu relativ geschlossenen Gesellschaften führt. Die Stadt Guldenberg empfindet das Fremde in erster Linie als Bedrohung und die Angst steigert sich bis zu einem *„horror alieni"* (ebd., 44; Hervorhebung im Original), weil das Fremde als Konkurrenz empfunden wird, das das Eigene zu überwältigen droht. Die Ambivalenz des Fremden kommt in der Haltung der fünf Erzählerfiguren gegenüber Bernhard zum Ausdruck, in der Bewunderung, dem Staunen und der Anziehungskraft, die die Erfahrung des Fremden in ihnen auslöst, die „die Grenzen zwischen Eigenem und Fremdem in Bewegung" (ebd., 44) bringt. So beschreibt ihn sein Schulkamerad Thomas Nicolas wie folgt:

> Ich sah zu Bernhard hoch, der gleichmütig neben unserer Bank stand. Ich bewunderte ihn. Ich war nicht so stark wie er, ich könnte nicht stundenlang neben der Bank stehen und irgendetwas verweigern, worauf die Lehrerin, der Direktor und die ganze Klasse nun schon eine Ewigkeit warteten. Ich wusste, ich hätte längst klein beigegeben und den verlangten Satz von mir gegeben, gleichgültig, ob ich es meinte oder nur dahinsagte. (Hein 2004, 61)

Bewundert er Bernhard gerade wegen seiner Unangepasstheit und Aufmüpfigkeit, so fühlen sich die beiden weiblichen Figuren gleichzeitig von ihm an- und abgestoßen. Marion Demutz, die sich eher zufällig in eine Beziehung mit Bernhard einlässt, bezeichnet ihn zwar als Bauern, doch ist sie davon fasziniert, dass sich ihr Bernhard immer wieder entzieht, was in ihr Verhaltens- und Denkweisen auslöst, die ihr bis dahin fremd waren.

> Da er keine Anstalten machte, mich zu küssen, konnte ich mir meinen schönen Plan sonstwohin stecken. […] Jedenfalls war alles, was ich mir vorgenommen hatte, falls er mich küssen wollte, für die Katz. Alles, was ich mir ausführlich ausgedacht und zurechtgelegt hatte, war nutzlos, weil ich es war, die ihn küssen musste, ich meine, richtig küssen. […] Ich glaubte, nun müsse er mich seinerseits küssen, denn schließlich war er der Junge, und ich wollte mich nicht zum Affen gemacht haben. […] Aber er küsste mich nicht, und auf dem Heimweg fasste er lediglich nach meiner Hand und hielt sie, bis die Häuser zu sehen waren. Das war alles damals, und daheim habe ich lange darüber nachgedacht, wieso und warum ich ihn geküsst habe und er mich nicht. Warum ich es getan hatte, dafür gab es mehrere Gründe, die alle glasklar waren, jedenfalls für mich, sein Verhalten dagegen konnte ich mir nicht erklären, denn das war etwas eigenartig. Andere Jungen hätten sich eine solche Gelegenheit kaum entgehen lassen. (ebd., 93 f.)

Auch auf Katharina Hollenbach übt Bernhard eine für sie unbegreifliche Anziehungskraft aus, die sie dazu treibt, ihn zu verführen, obwohl er der Freund ihrer Schwester ist.

> Er strahlte einen ganz bestimmten Geruch aus, würde ich sagen, wenn das nicht unsinnig wäre, weil ein Geruch nicht strahlen kann. Er konnte schweigen, und man hatte nicht das Gefühl, dass er einem nichts zu sagen hat. […] Wenn er mich minutenlang ansah, und dann meine Hand anfasste, bekam ich sofort ein Fell, denn alle Härchen auf meinem Arm standen augenblicklich aufrecht. (ebd., 265)

Die Bedrohung, die vom Fremden ausgeht, zeigt sich in Heins Roman insbesondere darin, dass es einen Prozess der Selbstbetrachtung auslöst, der das Eigene langsam zersetzt und auflöst und es in Frage stellt. Das zeigt sich beispielsweise an Thomas Nicolas, der den heimatlichen Kosmos, den „Heimatkult, der eine heile Welt des Eigenen suggeriert" (Waldenfels 1997, 42) als Farce entlarvt. Nach Jahren der Abwesenheit besucht Thomas seine Heimatstadt Guldenberg, was in den beiden Rahmenkapiteln geschildert wird. Es ist Faschingszeit und die Stadt feiert groß das Maskenfest, das zusätzlich die erzwungene Einigkeit, den pathetischen Heimatkult und die sich dahinter verbergende Verlogenheit repräsentiert, denn der Roman macht deutlich, dass Gemeinschaft hier nur durch Mechanismen wie Verschweigen, Verdrängung und Ausschluss des Fremden entstehen kann. So wird auch Thomas nicht als „verlorener Sohn" freudig empfangen, sondern als unliebsamer Gast abgewiesen, und besonders Bernhard, der ehemalige Fremde, der mittlerweile selbst Teil dieses Bollwerks geworden ist, will ihn nicht erkennen. Bernhards Integration verläuft über die Teilnahme an der kollektiven Schuld: dem gemeinsam geplanten und ausgeführten Mord an Bernhards Vater. Zwar ahnt Bernhard, wer sich hinter dem Mord an seinem Vater verbirgt, doch sind ihm seine gesellschaftliche Stellung und die Zugehörigkeit zu einem „Wir" wichtiger geworden. Dieser Prozess des Infragestellens zeigt sich auch an Sigurd Kitzerow, hoch angesehener Bürger der

Stadt, Bernhards Freund und Nachbar. Durch seine Unterstützung wird Bernhard Mitglied im Kegelclub der „Aufrechten", ein Club, in dem alle wohlhabenden und einflussreichen Bürger der Stadt vertreten sind. Dieser Club, der das bürgerliche Wertebewusstsein konserviert, fungiert als eine Art Ordnungshüter und bekämpft alle fremden Elemente, die die Ordnung Guldenbergs in Gefahr bringen könnten. Der Club der Aufrechten entscheidet darüber, was für Guldenberg gut ist und bedient sich dabei auch zweifelhafter Methoden. Symptomatisch ist auch hier eine Praxis des Verschweigens, wodurch eine fast hermetisch geschlossene Gesellschaft entsteht, die durch Mitwisserschaft und kollektive Schuld zusammengehalten wird. Der Text zeigt, dass über Mechanismen wie Mitwisserschaft, Verschweigen und Verdrängen ein Gefühl der kollektiven Schuld entsteht, worüber eine kollektive Identität konstruiert wird. Auf diese Weise entsteht eine nach außen homogen erscheinende Gemeinschaft, die das Fremde als Negativum ausschließen kann. Doch das Bild der geschlossenen Gesellschaft ist brüchig und der Roman macht deutlich, dass das Eigene ohne die Herausforderung durch das Fremde in einem Prozess der Selbstreproduktion gefangen bleibt: „Gäbe es nicht etwas, *worauf* wir als Person, Gruppe, Nation oder Kultur erfinderisch antworten, so gäbe es nichts als Reproduktion, Repetition, Simulation, das heißt, es gäbe nur Selbsterhaltung, Selbstwiederholung und Selbsterweiterung ohne eine Form der Selbststeigerung, die über die eigenen Möglichkeiten hinausgeht und an das Unmögliche rührt."(Waldenfels 1997, 142; Hervorhebung im Original) Ohne den Einfluss des Fremden kann es keine Entwicklung geben und Nationalismus bzw. jegliche Form von Zentrismus führt zu Wiederholung und Stillstand und damit zu Monotonie und Langeweile, die ihrerseits „monströse Wirkungen" (ebd., 165) haben können: Nämlich den Ausschluss des Fremden, der im extremsten Fall zur Exekution des Fremden und mittelbar auch des Eigenen führt, denn „die Risse der Fremdheit, die durch die Lebenswelt gehen und sie in Heim- und Fremdwelt zerteilen, sind somit keine Schäden, sie sind das, was die Lebenswelt aufsprengt, am Leben hält und sie vor dem Absinken in das Gleichmaß purer Normalität bewahren könnte" (ebd., 183), oder, so ließe sich ergänzen, vor der ständigen Wiederholung, vor Stillstand und Wahnsinn. Dazu heißt es im Roman:

> Eine Stadt ist zu allem fähig, mein Junge, da reicht eine kleine Dummheit aus, und dann findest du in einem so hübschen Nest wie dem unseren nicht mehr genug Sauerstoff, um zu atmen, mein Junge. Diese schönen Vorgärten, die entzückenden Blumenbeete vor den kleinen Häusern, sie verströmen den Geruch von Neuritis und Wahnsinn, denn sie werden mit Depressionen gedüngt. (Hein 2004, 49f.)

Strukturelle Fremdheit entwickelt sich auch durch die Tatsache, dass Literatur ein anderes Zeichensystem, also eine andere diskursive Ordnung ist, die nach anderen Regeln funktioniert und andere Funktionen übernimmt. Das betrifft zunächst die poetische Sprache: Strukturelle Fremdheit entsteht hier dadurch, dass ein bloßes „Übersetzen" in die Normalsprache oder gegebenenfalls in die Fremdsprache nicht ausreicht, um die Bedeutungsintensität bestimmter Wörter, Metaphern, Sprachbilder oder Ähnliches zu eruieren. Das liegt einerseits darin begründet, dass Wörtern Bedeutungen anhaften können, die sich nur vor dem Hintergrund einer bestimmten kulturellen Tradition, Denkrichtung oder eines bestimmten Diskurses erschließen, andererseits an der Poetizität der Sprache, die aufgrund ihrer Unbestimmtheit eine eindeutige Begriffsbestimmung oftmals nicht zulässt. Zu struktureller Fremdheit kommt es auch durch die Fiktionalität literarischer Texte. Indem Literatur andere Realitäten schafft, bringt sie andere Möglichkeiten zur Sprache, wodurch die eigene Realität zu einer von vielen möglichen wird. Durch die so bewusstgemachten Grenzen der eigenen Ordnung und durch die Konfrontation mit anderen Möglichkeitswelten, kann die eigene Ordnung relativiert werden, ihr Absolutheitsanspruch ist nicht mehr haltbar.

Folgender Auszug aus Herta Müllers Roman *Atemschaukel* (2009) veranschaulicht strukturelle Fremdheit als Verfremdung des Sprachmaterials:

> Mein Kellercompagnon Albert Gion hatte auf dem Heimweg von der Nachtschicht gesagt: Jetzt, wo es warm wird, kann man, wenn man nichts zu Essen hat, den Hunger wenigstens in der Sonne wärmen. Ich hatte nichts zu essen und ging in den Lagerhof, meinen Hunger wärmen. Das Gras war noch braun, niedergedrückt und vom Frost verbrannt. Die Märzsonne hatte bleiche Fransen. Überm Russendorf war der Himmel aus gewelltem Wasser, und die Sonne ließ sich treiben. Und mich trieb der Hungerengel zum Abfall hinter die Kantine. (Müller 2009, 179)

Auffallend ist zunächst einmal die Personifizierung des Hungers, was der Rolle, die dem Hunger in diesem Text zukommt, der auch mit der Metapher Hungerengel beschrieben wird, entspricht. Sie verweist auf die völlige Inbesitznahme und Entmenschlichung der Lagerhäftlinge durch den Hunger, der, hervorgehoben durch das Personalpronomen „mein", das Einzige zu sein scheint, worüber sich das Subjekt noch definiert, da ihm alles andere genommen wurde. Befremdlich erscheint jedoch auch die poetische Bildhaftigkeit, mit der die Natur beschrieben wird und die in einem eklatanten Gegensatz zur dargestellten Wirklichkeit, nämlich dem brutalen und trostlosen Alltag in einem sowjetischen Gefangenenlager, steht. Die Naturbeschreibungen evozieren ein klassisches Naturbild, in dem Natur als Refugium, als Rückzugs- und Schutzraum fungiert, als Gegensatz zu Kultur oder zu einem von Menschen besetzten, feindlichen Raum, der dem Subjekt als Freiraum dient, ein Naturbild, das in diesem Text durch die innertextliche Realität ad absurdum geführt wird. Es gibt keinen Schutzraum, in dem das Subjekt sich selbst leben könnte, die Möglichkeit eines Seins, eines Soseins, scheint damit aufgehoben. Andererseits lässt diese Textstelle auch die Vermutung zu, dass sich das Subjekt in die Sprache zurückzieht, in eben jene Realität, die durch Sprache geschaffen werden kann. Sprache wird für den Protagonisten also einerseits ein Mittel zur Erzeugung einer Möglichkeitswelt, Dichtung der Ort einer anderen möglichen Realität, andererseits ist sie die einzige Möglichkeit, eine Spur zu legen, eine Stimme zu erheben, Widerspruch zu leisten, um nicht völlig von dem System gebrochen zu werden. Das abschließende Wortspiel mit dem Verb „treiben", das durch die Kontextverschiebung eine andere Bedeutung bekommt, entlarvt jedoch die Möglichkeit einer realen oder irrealen Flucht als bloße Konstruktion, die sich dem Wunsch danach verdankt.

Radikale Fremdheit

Konstitutiv für radikale Fremdheit ist der Selbstentzug, also die Tatsache, dass sie sich einem definitiven Zugriff entzieht. Dieser Selbstentzug manifestiert sich auf den unterschiedlichen Ebenen des literarischen Diskurses in Figuren, in denen das Fremde als Abweichung, Verformung, Überschuss oder Verschiebung in Erscheinung tritt.

Figuren des radikal Fremden Hierbei handelt es sich um Figuren, die einerseits die Möglichkeiten der poetischen Sprache beschreiben und andererseits Beschreibungen von Grenzphänomenen sind, in denen sich das radikal Fremde als extraordinäre Fremdheit manifestiert. Hierzu gehören, wie bereits erwähnt, Eros, Rausch, Schlaf, Tod, Gewalt, Wahnsinn, Phantastisches oder Zufälliges, Phänomene, die auf Anomalien, Heterologien oder Pathologien verweisen und die häufig Thema oder Motiv literarischer Texte sind. Auch sie werden mit Hilfe der oben erwähnten Figuren dargestellt und sind Ausdruck des radikal Fremden, dem sie sich in unterschiedlicher Weise anzunähern versuchen. Eine deutliche Klassifizierung der Figuren ist aufgrund von Überschneidungen nicht möglich. Trotzdem lassen sie sich wie folgt beschreiben und unterscheiden.

Abweichung Die Figur der Abweichung kann sich auf das literarische Sprechen beziehen, also auf die Art und Weise, wie Literatur versucht, außerliterarische Realität, Eindrücke, Erfahrungen oder Ähnliches in Worten oder literarischen Strukturen wiederzugeben. Durch ein abweichendes, also von der Normalsprache oder generell von institutioneller Spache abweichendes Sprechen, schafft Literatur eine neue, alternative Sprachordnung, wodurch neue Gesichtspunkte ausgedrückt werden können. Abweichung kann aber auch im Sinne eines abweichenden Verhaltens oder Denkens verstanden werden, wie es sich beispielsweise im Wahnsinn manifestiert.

Klassisches Beispiel einer sprachlichen Abweichung ist die Metapher, die Paul Ricoeur als „Verletzung einer Ordnung" (Ricoeur 1986, 26) bezeichnet. Sie ist ein künstlerisches Verfahren, „das eine bestimmte logische Ordnung durcheinanderbringt und verschiebt" (ebd., 28), wodurch eine neue Ordnung entsteht. Die poetische Sprache macht also durch Abweichungen vom normalen Sprachgebrauch neue Aspekte sichtbar bzw. versucht, Unsagbares in Worte zu fassen und regt dadurch gleichzeitig eine Neuerfahrung der Welt an. Ein prominentes Beispiel für abweichenden Sprachgebrauch, durch den in gewisser Weise die Grenzen des Verstehens angedeutet werden, ist sicherlich Paul Celans berühmte „schwarze Milch der Frühe" aus dem Gedicht *Todesfuge*. Diese Metapher, die in Analogie zur individuellen Erfahrung des Holocaust dessen genereller Unverständlichkeit Ausdruck verleiht, drückt nicht nur die Grenzen des Verstehens in produktionsästhetischer Hinsicht aus, sondern überträgt diese Erfahrung auf den Leser. Das Unverständliche, Unfassbare des alltäglichen Mordens findet seine Entsprechung in einer Metapher, die auch den Leser an die Grenzen seiner Interpretationsfähigkeiten führt. Das bezeugt die Tatsache, dass es zu kaum einer anderen Gedichtzeile so viele Interpretationsauseinandersetzungen gegeben hat, was nicht zuletzt auf die Lebendigkeit absoluter Metaphern verweist, die ihr Potenzial eben aus dem Versuch erhalten, bestehende Sinngrenzen zu überschreiten. Ähnliches gilt für die Metapher Herztier, die in Herta Müllers gleichnamigem Roman (1994) eine zentrale Stellung einnimmt. Man kann sich der Bedeutung dieser Metapher zwar analysierend nähern, sie jedoch nicht gänzlich auflösen. Das Wort ist eine Übersetzung des rumänischen Wortes ,inimal', das seinerseits ein Neologismus und eine Zusammensetzung aus den beiden rumänischen Substantiven ,animal' (Tier) und ,inima' (Herz) ist. ,Inimal' kann sowohl Herz als auch Tier bedeuten (vgl. Bozzi 2005). Die Metapher taucht im Text in verschiedenen Zusammenhängen auf, die nun aufgelistet werden sollen, um zu zeigen, dass die Bedeutung des Wortes oszilliert, sich jedoch nur, wenn überhaupt, ansatzweise aus dem Gesamt des Textes erschließen lässt.

> Wenn das Lied zu Ende ist, glaubt sie [die Großmutter], das Kind liegt tief im Schlaf. Sie sagt: Ruh dein Herztier aus, du hast heute so viel gespielt. (Müller 2007, 40)

> Seit Lolas Tod lagen keine Zungen und Nieren im Kühlschrank. Aber ich sah und roch sie. Ich stellte mir vor dem offenen Kühlschrank einen durchsichtigen Mann vor. Der Durchsichtige war krank und hatte, um länger zu leben, die Eingeweide gesunder Tiere gestohlen. Ich sah sein Herztier. Es hing eingeschlossen in der Glühbirne. Es war gekrümmt und müde. Ich schlug den Kühlschrank zu, weil das Herztier nicht gestohlen war. Es konnte nur sein eigenes sein, es war häßlicher als die Eingeweide aller Tiere dieser Welt. (ebd., 70)

> Ich stand am Sarg. Die singende Großmutter kam mit einer Steppdecke ins Zimmer. Sie ging um den Sarg und legte die Decke auf das Schleiertuch. […] Die singende Großmutter kannte seit Jahren niemanden mehr im Haus. Jetzt erkannte sie den Vater wieder, weil sie irr, und weil er tot war. Jetzt hauste sein Herztier in ihr. (ebd., 75)

> Die singende Großmutter ist die Dunkle. Sie weiß, daß jeder ein Herztier hat. Sie nimmt einer anderen Frau den Mann weg. Dieser Mann liebt die andere Frau, die singende Großmutter liebt er nicht. Aber sie bekommt ihn, weil sie ihn haben will. Nicht ihn, sondern sein Feld. Und sie behält ihn. Er liebt sie nicht, aber sie kann ihn beherrschen, indem sie zu ihm sagt: Dein Herztier ist eine Maus. (ebd., 81)

> Aus jedem Mund kroch der Atem in die kalte Luft. Vor unseren Gesichtern zog ein Rudel fliehender Tiere. Ich sagte zu Georg: Schau, dein Herztier zieht aus. Georg hob mein Kinn mit dem Daumen hoch: Du mit deinem schwäbischen Herztier, lachte er. […] Seine Fingergelenke waren weiß und seine Finger blau vor Kälte. Ich wischte die Speicheltropfen von der Wange. […] Ich sagte, um mir zu helfen: Du bist aus Holz. Unsere Herztiere flohen wie Mäuse. Sie warfen das Fell hinter sich ab und verschwanden im Nichts. Wenn wir kurz nacheinander viel redeten, blieben sie länger in der Luft. (ebd., 89/90)

> Ein Buch aus dem Sommerhaus hieß: Hand an sich legen. Darin stand, daß nur eine Todesart in den Kopf paßt. Ich aber lief im kalten Kreis zwischen Fenster und Fluß hin und her. Der Tod pfiff mir von weitem, ich mußte Anlauf nehmen zu ihm. Ich hatte mich fast in der Hand, nur ein winziges Teil machte nicht mit. Vielleicht war es das Herztier. (ebd., 111)

Und ich streichelte, als wäre sie mir vertraut, einer fremden Frau das Haar. Sie verlor sich unter meiner Hand. Sie verzehrte sich in ihrer angebundenen Liebe, von der nichts mehr übrig war als zwei Kinder, Rauchgestank und eine ausgehängte Wohnungstür. Die Frau schluchzte, ich spürte ihr Herztier aus dem Bauch in meine Hand springen. Es sprang hin und her, wie ich sie streichelte, nur schneller. (ebd., 191)

Die Leichenstarre war eingetreten. […] Der Mund der Großmutter stand offen, obwohl um das Kinn ein Tuch gebunden war. Ruh dein Herztier aus, sagte ich zu ihr. (ebd., 244)

Diese Auflistung lässt nur Vermutungen über die Bedeutung der Metapher zu. Da sie immer in Verbindung mit Tod, Angst, Trauer, Verzweiflung oder Gewalt verwendet wird, mit emotional extrem belasteten Situationen also, könnte sie auf Animalisches, Instinktives, Irrationales, Unlenkbares im Menschen verweisen, auf etwas, das sich einer logischen Vereinnahmung sperrt und so einen individuellen Schutzraum darstellt, eine „wilde Region", ein „wildes Sein", das sich einem Zugriff durch Andere und dem Zugriff des Logos entzieht, so wie sich die Metapher einem definitiven Zugriff entzieht. In diesem Raum wird auch Verdrängtes oder Unterdrücktes aufbewahrt, das in bestimmten Situationen oder durch bestimmte Stimulationen erruptiv an die Oberfläche kommen kann. Er ist vom Außen bedroht, seine Autonomie gefährdet – daher möglicherweise der Vergleich mit einer Maus, oder auch mit dem Atem, mit fliehenden Tieren. Er könnte vielleicht auch ein Refugium des Selbst sein, das durch unterschiedliche physische und psychische Faktoren ständig durch Zerstörung und Verflüssigung gefährdet ist, das im wahrsten Sinne des Wortes flieht, auf der Flucht ist.

Auf inhaltlicher Ebene kann sich Abweichung z. B. als ein abweichendes Verhalten manifestieren, wie es für das Motiv des Wahnsinns typisch ist. Als Grenzphänomen verweist Wahnsinn auf das Fremde im Eigenen, auf das gleichzeitig An- und Abwesende, da der Wahnsinn immer Teil eines als bekannt vorausgesetzten Eigenen ist. Wahnsinn als Grenzphänomen überschreitet die Grenzen des Verstehens und Interpretierens und zeigt sich als etwas Unkontrollierbares, Unfassbares und Ungreifbares, als willkürlicher Ausbruch unkontrollierbarer Energien, was die folgende Textstelle aus der Novelle *Der Irre* (1911) von Georg Heym veranschaulicht:

Plötzlich bekam er vor der Sonne Angst, die auf seine Schläfe brannte. Er glaubte, sie wollte über ihn herfallen, und steckte sein Gesicht tief in das Gras hinein. Dann schlief er ein.
Kinderstimmen weckten ihn auf. Neben ihm standen ein kleiner Junge und ein kleines Mädchen. Als sie sahen, daß der Mann aufgewacht war, liefen sie weg.
Er bekam eine furchtbare Wut auf diese beiden Kinder, er wurde im Gesicht rot wie ein Krebs.
Mit einem Satze sprang er auf und lief den Kindern nach. Als die seine Schritte hörten, fingen sie an zu schreien und liefen schneller. Der kleine Junge zog sein Schwesterchen hinter sich her. Das stolperte, fiel hin und fing an zu weinen.
Und weinen konnte er überhaupt nicht vertragen.

Er holte die Kinder ein und riß das kleine Mädchen aus dem Sande auf. Es sah das verzerrte Gesicht über sich und schrie laut auf. Auch der Junge schrie und wollte fortlaufen. Da bekam er ihn mit der andern Hand zu packen. Er schlug die Köpfe der beiden Kinder gegeneinander. Eins, zwei, drei, eins, zwei, drei, zählte er, und bei drei krachten die beiden kleinen Schädel immer zusammen wie das reine Donnerwetter. Jetzt kam schon das Blut. Das berauschte ihn, machte ihn zu einem Gott. Er mußte singen. Ihm fiel ein Choral ein. Und er sang:

„Ein feste Burg ist unser Gott,
Ein gute Wehr und Waffen.
Er hilft uns frei aus aller Not,
Die uns jetzt hat betroffen.
Der alte, böse Feind,
Mit Ernst er's jetzt meint,
Groß Macht und viel List
Sein grausam Rüstung ist,
Auf Erd ist nicht sein'sgleichen."

Er akzentuierte die einzelnen Takte laut, und bei jedem ließ er die beiden kleinen Köpfe aufeinanderstoßen, wie ein Musiker, der seine Becken zusammenhaut.
Als der Choral zu Ende war, ließ er die beiden zerschmetterten Schädel aus seinen Händen fallen. Er begann wie in einer Verzückung um die beiden Leichen herumzutanzen. Dabei schwang er seine Arme wie ein großer Vogel, und das Blut daran sprang um ihn herum wie ein feuriger Regen. Mit einem Male schlug seine Stimmung um. Ein unbezwingliches Mitleid mit den beiden armen Kindern schnürte ihm von innen heraus fast den Hals ab. Er hob ihre Leichname aus dem Staub des Weges und schleppte sie in das Korn hinüber. Er wischte mit einer Handvoll Unkraut das Blut, das Gehirn und den Schmutz aus dem Gesicht und setzte sich zwischen die beiden kleinen Leichen. Dann nahm er ihre Händchen in seine Faust und streichelte sie mit blutigen Fingern.
Er mußte weinen, große Tränen liefen langsam über seine Backen hinunter. (Heym 2003, 144f.)

Der Wahnsinn der Hauptfigur entlädt sich in Form von Gewalt, die ihrerseits als ein Grenzphänomen zu deuten ist, in dem sich die Abgründe des radikal Fremden auftun. Der Gewaltausbruch verläuft jenseits des Kontrollierbaren, scheinbar ohne Grund und Intention. Opfer wie Täter sind der Gewalt ausgeliefert und besonders die Reaktion der Hauptfigur nach dem Mord wirft die Frage auf, ob der Gewaltausbruch als etwas Steuerbares geplant war, oder ob es sich nicht um ein Phänomen handelt, das die Sinngebungskompetenzen des Handelnden (und auch des Lesers) überschreitet. Der Gewaltausbruch scheint vielmehr Ergebnis eines gespaltenen Ichs zu sein, eines „von sich selbst abweichende[n] Subjekt[s]" (Staudigl 2005b, 57), das auf die grundsätzliche Unverfügbarkeit einer Sinnkonstitution von eigenem Handeln und Erfahren unberechenbar reagiert. Der Selbstentzug, der dieser Erfahrung zugrunde liegt, manifestiert sich als Aussetzen des Denk- und Fassungsvermögens und damit als Loch in der eigenen Erinnerung, als im wahrsten Sinne des Wortes unbewusstes und nicht erinnerbares Handeln, als Unverfügbarkeit eines vom Logos geleiteten Handelns und Denkens. In der hier geschilderten Gewaltszene als Ausdruck des Wahnsinns lässt sich nicht von kalkulierter Gewalt sprechen, sondern eher von einem Widerfahrnis, was bedeutet, dass *„uns* etwas an-getan wird, was *wir* nicht selbst initiieren",* (Waldenfels 2006, 73; Hervorhebung im Original) und dem eine Subjektivität ausgesetzt ist, „deren Intentionalität sich erschöpft, die das Spiel der Intention nicht mehr verarbeiten kann, die ohnmächtig wird, in Agonie verfällt" (Staudigl 2005, 391).

Verformung   Verformung bedeutet, dass bereits bestehende Formationen eine andere, neue Form erhalten, was über eine verzerrende oder verfremdende Darstellung des Gewohnten oder Gegebenen erfolgen kann. Dadurch wird dieses nicht nur in Frage gestellt, sondern auch erneut sichtbar gemacht, denn durch die Automatisierung der Wahrnehmung, die einher geht mit einem Selbstverständlichwerden dessen, was uns umgibt, geht ein kreativer und kritischer Zugang zu Literatur, Sprache und darüber auch zur Welt verloren. Ein Beispiel für sprachliche Verformungen sind Modifikationen von Sprichwörtern oder festen idiomatischen Wendungen, wodurch bestimmte ironische oder satirische Effekte erzielt werden sollen. Modifiziert werden können auch literarische Vorlagen. Ein Beispiel hierfür wäre die Kurzprosa *Dornröschen* von Günter Kunert, in der durch die Verformung des Grimmschen Märchens andere Wirklichkeitsaspekte zur Sprache gebracht werden und die Form des Märchens genutzt wird, um den herrschenden Diskurs in der damaligen DDR zu unterlaufen. Verformung kann sich aber darüber hinaus auch als andere Seinsform manifestieren, wie das bei Träumen der Fall ist. Träume sind eine Verformung des Eigenen, in ihnen manifestieren sich sowohl äußere Eindrücke als auch Verdrängtes in einer Form, die dem uns Gewohnten fremd ist.

Beispiele für sprachliche Verformung finden sich in dem Gedicht *Eine Gauner- und Ganovenweise, gesungen zu Paris emprés pontoise von Paul Celan aus Czernowitz bei Sadagora* aus dem Gedichtzyklus *Die Niemandsrose* (1963).

> *Manchmal nur, in dunkeln Zeiten*
> *Heinrich Heine,* An Edom
>
> Damals, als es noch Galgen gab,
> da, nicht wahr, gab es
> ein Oben.
>
> Wo bleibt mein Bart, Wind, wo
> mein Judenfleck, wo
> mein Bart, den du raufst?
>
> Krumm war der Weg, den ich ging,
> krumm war er, ja,
> denn, ja,
> er war gerade.
>
> Heia.

Krumm, so wird meine Nase.
Nase.

Und wir zogen auch nach *Friaul.*
Da hätten wir, da hätten wir.
Denn es blühte der Mandelbaum.
Mandelbaum, Bandelmaum.
Mandeltraum, Trandelmaum.
Und auch der Machandelbaum.
Chandelbaum.

Heia.
Aum.

Envoi

Aber,
aber er bäumt sich, der Baum. Er,
auch er
steht gegen
die Pest.

Selbst wenn man das Gedicht ohne Vorinformationen zum Autor und seiner Poetik rezipiert, fallen die sprachlichen Abweichungen im Text ins Auge. Bei den Variationen zum Wort „Mandelbaum" handelt es sich um Verformungen oder Modifikationen, durch die einer anderen Form der Wahrnehmung, der Erfahrung oder des Denkens eine Stimme verliehen wird. Durch die Variationen werden neue Aspekte sichtbar. Die neu entstandenen Worte sind der Verweis auf etwas, was jenseits der etablierten Sprach- und Denkordnung anzusiedeln ist.

Überschuss ist als „überschüssiges Reden" zu verstehen und ist generell ein Merkmal der poetischen Sprache, die, indem sie einen poetischen Mehrwert erzielt, ein Mehr an Bedeutung, die institutionalisierten Sprach- und Erfahrungsgrenzen überschreitet. Literarische Texte sind insofern immer auch eine Suche nach sprachlichen Mitteln, die das mitunter Unsagbare oder Unverständliche bestimmter Erfahrungen auszudrücken vermögen. Überschuss ist dann jener Mehrwert, den literarische Texte produzieren und auf den Leser übertragen, der seinerseits aufgefordert ist, diesen Überschuss zu artikulieren. Darüber hinaus wird Überschuss bei Phänomenen freigesetzt, deren überschüssige Energie das rationale Fassungsvermögen übersteigen. Beispiele hierfür wären Phänomene wie Gewalt oder Eros, die sich einer Intentionalität, einem Gerichtetsein entziehen und insofern eine Grenze der Reflexion bezeichnen. Überschuss bezeichnet dann nicht nur das Unsteuerbare, das Überbordernde, sondern auch das daraus resultierende Nichtverstehen und das Ausgeliefertsein des Subjekts.

Kehrt man zu Celans Gedicht zurück, so lässt sich die Figur des Überschusses als dasjenige an Mehr erklären, das durch die Verformung des Wortes Mandelbaum freigesetzt wird. Handelt es sich bei Verformung um eine poetologische Strategie, so ist Überschuss eher als Ergebnis dieser Strategie zu verstehen. Die Bedeutung der Variationen von Mandelbaum lässt sich nicht ohne Weiteres eruieren, dem Rezipienten bleibt lediglich der Ver-

Überschuss

such, sich dem Gesagten anzunähern. Dabei ist er in gewisser Weise dem Nichtverstehen ausgeliefert, das unseren institutionellen Wahrnehmungs- und Verstehensmodi zuwiderläuft, die ja an die Auflösbarkeit von Rätselhaftem, die Verstehbarkeit von Welt und die Bestimmung von Wahrheit gewohnt sind. Doch gerade durch die Figur des Überschusses werden diese Dinge in Frage gestellt, eine neue Wahrnehmung und damit neue Erfahrungen möglich: Hierzu gehören die Erfahrung der Unabschließbarkeit, Offenheit, Relativität, Heterogenität, der Verlorenheit und des Ausgeliefertseins. Das alles macht das Bedrohliche von Unabschließbarkeit und damit von Welt erfahrbar, andererseits wird die Notwendigkeit einer Änderung vermittelt: Nur eine veränderte Sichtweise und Interpretationshaltung, die sich auf Unabschließbarkeit einlässt, vermag diese auch auszuhalten.

Verschiebung   Der Begriff Verschiebung meint eine räumlich-zeitliche Verschiebung, die ein Zuspätkommen impliziert. Gemeint ist damit eine existenzielle Verschiebung, eine Uneinholbarkeit des Ichs, die bereits mit der Geburt einsetzt, an der man zwar Teil hatte, die man jedoch nur unbewusst erlebt hat und die insofern uneinholbar und damit fremd bleibt. Erzählungen darüber bleiben Konstrukte und das erzählende Ich ist mit dem erzählten Ich nicht identisch. Diese Uneinholbarkeit des Ich manifestiert sich auch in Phänomenen wie dem Schlaf oder dem Wahnsinn, an denen das Ich zwar beteiligt ist, aber vom bewussten Ich niemals gänzlich eingeholt werden kann. Das Ich des Schlafes entzieht sich konsequent dem Ich des Wachzustandes, was in der Literatur oftmals mit dem Motiv des Doppelgängers darzustellen versucht wird. Der Begriff Verschiebung spielt auch im Zusammenhang mit Träumen eine zentrale Rolle. So unterscheidet Freud zwischen manifestem und latentem Trauminhalt, die insofern gegeneinander verschoben sind, als im Mittelpunkt des manifesten Trauminhalts andere Dinge stehen als im Mittelpunkt des latenten Trauminhalts. Zwar besteht ein Zusammenhang, doch dieser ist nicht offensichtlich.

Andererseits kann der Begriff Verschiebung eine Verschiebung auf der syntagmatischen Ebene der Sprache bezeichnen. Am häufigsten wird er mit der rhetorischen Figur der Metonymie in Verbindung gebracht und insofern bereits von den russischen Formalisten als künstlerisches Verfahren des „Fremd-Machens" auf der Ebene der Wortwahl beschrieben. Dadurch, dass ein Wort für ein anderes steht, kann etwas anderes ausgedrückt werden, als eigentlich erwartet wird. Die berühmte Fomulierung Rimbauds „je est un autre" also „ich ist ein anderer" spiegelt die Uneinholbarkeit des Ichs auf der Ebene der Syntax wider, wodurch Mechanismen des Unbewussten, die Verschiebung von Ich und Anderer, artikulierbar werden. Nach Lacan bietet gerade die metonymische Wort-für-Wort-Verknüpfung dem Subjekt die Möglichkeit, etwas ganz anderes zu sagen, als eigentlich der Fall ist. Im Gleiten der Bedeutung, die das metonymische Sprechen evoziert, erkennt Lacan den Mechanismus der Verschiebung von bewussten Inhalten in unbewusste. Den Begriff des ‚Anderen' charakterisiert Lacan nämlich als das Unbewusste, das „der Diskurs des Anderen" (Becker 2007, 136) ist. Geht man also davon aus, dass radikale Fremdheit auch Verdrängtes, d.h. in das Unbewusste Verschobene ist, das jederzeit hervorbrechen kann, dann lässt sich Verschiebung als ein Mechanismus des Unbewussten verstehen, wodurch unbewusste, d.h. nicht beabsichtigte Handlungen in einer scheinbar intendierten Handlung zum Ausdruck kommen. Unter diesem Aspekt lässt sich folgende Textstelle aus der Erzählung *Die Ermordung einer Butterblume* (1913) von Alfred Döblin als Verschiebung unbewusster Aggressionen und eines unbewussten Begehrens verstehen, das sich in einer Ersatzhandlung der Hauptfigur artikuliert.

> Er ging ruhig. Warum keuchte er? Er lächelte verschämt. Vor die Blumen war er gesprungen und hatte mit dem Spazierstöckchen gemetzelt, ja, mit jenen heftigen aber wohlgezielten Handbewegungen geschlagen, mit denen er seine Lehrlinge zu ohrfeigen gewohnt war […].
> Nach kurzer Zeit war er wieder dabei, seine Schritte zu zählen, eins, zwei, drei. Fuß trat vor Fuß, die Arme schlenkerten an den Schultern. Plötzlich sah Herr Michael Fischer, während sein Blick leer über den Wegrand strich, wie eine untersetzte Gestalt, er selbst, von dem Rasen zurücktrat, auf die Blumen stürzte und einer Butterblume den Kopf glatt abschlug. Greifbar geschah vor ihm, was sich vorhin begeben hatte an dem dunklen Weg. Diese Blume dort glich den anderen auf ein Haar. Diese eine lockte seinen Blick, seine Hand, seinen Stock. Sein Arm hob sich, das Stöckchen sauste, wupp, flog der Kopf ab. Der Kopf überstürzte sich in der Luft, verschwand im Gras. Wild schlug das Herz des Kaufmanns. Plump sank jetzt der gelöste Pflanzenkopf und wühlte sich in das Gras. Tiefer, immer tiefer, durch die Grasdecke hindurch, in den Boden hinein. Jetzt fing er an zu sausen, in das Erdinnere, daß keine Hände ihn mehr halten konnten. Und von oben, aus dem Körperstumpf, tropfte es, quoll aus dem Halse weißes Blut, nach in das Loch, erst wenig, wie einem Gelähmten, dem der Speichel aus dem Mundwinkel läuft, dann in dickem Strom, rann schleimig, mit gelbem Schaum auf Herrn Michael zu, der vergeblich zu entfliehen suchte, nach rechts hüpfte, nach links hüpfte, der drüber wegspringen wollte, gegen dessen Füße es schon anbrandete.
> Mechanisch setzte Herr Michael den Hut auf den schweißbedeckten Kopf, preßte die Hände mit dem Stöckchen gegen die Brust. „Was ist geschehen?" fragte er nach einer Weile. „Ich bin nicht berauscht. Der Kopf darf nicht fallen, er muß liegen bleiben, er muß im Gras liegen bleiben. Ich bin überzeugt, daß er jetzt ruhig im Gras liegt. Und das Blut – –. Ich erinnere mich dieser Blume nicht, ich bin mir absolut nichts bewußt." (Döblin 2003, 103 f.)

Die Textbeispiele machen deutlich, dass ein rein kulturwissenschaftlicher Fremdheitsbegriff das Fremdheitspotenzial literarischer Texte nicht erfassen kann. Die wenigen Textbeispiele zeigen nicht nur die Mehrdimensionalität und Omnipräsenz von Fremdheit in literarischen Texten, sondern inszenieren gleichzeitig die unterschiedlichen Auflösungs- und Annäherungsmechanismen im Umgang mit dem Fremden: Literatur macht also gleichsam vor, wie wir mit Fremdheit umgehen, ein Aspekt, auf den im Zusammenhang des nun folgenden Kapitels näher eingegangen werden soll.

IV. (Fremd)verstehen: Interkulturelle Hermeneutik – Ansätze und Ausblicke

1. Interkulturelle Hermeneutik

Die interkulturelle Hermeneutik versucht Verfahren für eine interkulturelle Kommunikation zu entwickeln. Es geht also allgemein um das Verstehen „fremder Handlungen, Äußerungen und Sinngebilde" (Mecklenburg 2008, 157). Der Begriff interkulturelle Hermeneutik wird meist interdiszliplinär verwendet, im Allgemeinen geht es um einen Teilbereich der philosophischen Hermeneutik, der von der Reflexion allgemeiner Verstehensprozesse und vom Problem des Fremdverstehens als Verstehen aus interkultureller Perspektive ausgeht. Als Hermeneutik der Fremde ist sie Teil der Xenologie, ein Wissenschaftsbereich, der sich im Kontext der interkulturellen Germanistik als kulturwissenschaftliche Disziplin herausgebildet hat. Zentraler Gegenstand der Xenologie ist der Begriff Fremdheit, wobei der Fokus auf kultureller Fremdheit oder Alterität liegt. Insofern versteht sich die Xenologie als „kulturhermeneutische Fortschreibung der philosophischen Hermeneutik" (Wierlacher/Albrecht 2003, 293) und problematisiert hermeneutische Begriffe wie den Verstehensbegriff, den Begriff der Aneignung und den Begriff des Blickwinkels (vgl. Wierlacher/Albrecht 2003, 280–306; Mecklenburg 2008, 153–185). Der Begriff interkulturelle Hermeneutik wird auch in der Komparatistik für die Imagologie verwendet, für jenen Bereich, der das Bild des Anderen oder des Eigenen in der jeweils anderen Kultur untersucht. Es geht also um Fremd- und Selbstwahrnehmung, Fremd- und Selbstverständnis und Fremd- und Selbstreflexion im Medium der Literatur. Hierzu gehören sowohl die Problematik der Stereotypisierungen als auch eine Reflexion der unterschiedlichen Strategien im Umgang mit dem Fremden. Ein anschauliches Beispiel hierfür ist der Beitrag *Afrika aus deutscher postkolonialer Perspektive: Uwe Timms Morenga* (vgl. Hofmann 2006, 170f.).

Interkulturelle literarische Hermeneutik

Die Diskussion um eine interkulturelle literarische Hermeneutik wurde und wird ebenfalls besonders im Umfeld der interkulturellen Germanistik geführt. Sie entwickelte sich aus der literarischen Hermeneutik (Schleiermacher, Dilthey, Gadamer) und der Rezeptionsästhetik (Wolfgang Iser, Hans Robert Jauß), in deren Mittelpunkt der Leser steht. Die interkulturelle literarische Hermeneutik beschäftigt sich einerseits mit dem Alteritätspotenzial der Literatur selbst und andererseits mit der Rolle des Lesers, dem bei der Rezeption eine aktive Rolle zukommt. Da er sich in einem bestimmten Verstehenskontext bewegt, der seinen Erwartungshorizont und damit das Verstehen literarischer Texte bestimmt, bemüht sich die interkulturelle literarische Hermeneutik um die Thematisierung der Verstehensvoraussetzungen. Dabei geht sie der Frage nach, ob literarische Texte in einer anderen Kultur anders verstanden werden und inwiefern sich andere Kulturen mit Hilfe von literarischen Texten besser verstehen lassen. Im Folgenden sollen nun einige Grundbegriffe der interkulturellen Hermeneutik diskutiert werden.

Aufgabe der interkulturellen literarischen Hermeneutik ist die Problematisierung hermeneutischer Begriffe oder Konzepte für den speziellen Bereich des transkulturellen Verstehens literarischer Texte. Die Grundbegriffe sind Empathie und Dialog sowie Verstehen und Blickwinkel, die auf die Überbrückung der interkulturellen hermeneutischen Distanz, d.h. auf die Verständigung in interkulturellen Prozessen abzielen.

Grundbegriffe der interkulturellen literarischen Hermeneutik

Der Begriff Empathie (Einfühlung) bezeichnet die Bereitschaft und den Vorgang, sich in den Anderen einzufühlen, sich in ihn hineinzuversetzen, hineinzudenken, einzuleben und sich in die Sinnbestände des Anderen einzuarbeiten. Empathie beruht auf emotionalen und kognitiven Fähigkeiten, auf Perspektivenwechsel und -übernahme, was dazu führen kann, dass wir den Anderen, sein Verhalten und seine Motivationen, besser verstehen können. Insofern kommt dem Begriff in der interkulturellen Hermeneutik eine zentrale Stellung zu, da er auf das Erfassen einer „fremden Erfahrungswelt" (Plé 2003, 227) abzielt. Prozesse der Perspektivenübernahme oder der Einfühlung in Fremdes setzen Reflexionsarbeit voraus, da die eigenen Verstehensvoraussetzungen in diesem Prozess nicht einfach „ausgeschaltet" werden können. Es geht also nicht um eine naive Übernahme fremder Perspektiven, sondern vielmehr um eine Annäherung an die Sinnbestände des Anderen, die sowohl auf der Erarbeitung dieser Sinnbestände als auch auf einer emotionalen Annäherung beruhen. Erst die Klärung jener Voraussetzungen, die zu einem bestimmten Verhalten führen, kann zu einer Annäherung an den Anderen beitragen, was jedoch nicht bedeuten muss, dass wir ihn auch verstehen. Fraglich wird das Konzept der Empathie allerdings bei Phänomenen, die das Verstehen als solches in Frage stellen. Hierzu gehören beispielsweise Gewaltverbrechen, sexueller Missbrauch, Kindesmisshandlungen, aber auch Phänomene wie Tod oder Wahnsinn.

Empathie

Eines der Ziele interkultureller Kommunikation ist der Dialog zwischen verschiedenen Kulturen, politischen Positionen oder unterschiedlichen Kommunikationsgemeinschaften. Gleichzeitig gilt der Dialog auch als hermeneutische Methode bei der Analyse literarischer Texte. Als Element der interkulturellen Kommunikation versteht die interkulturelle Germanistik den Dialog als Wechselbeziehung oder als gemeinschaftliches Handeln, wobei von einer Gleichberechtigung der Gesprächspartner ausgegangen wird. Ausgangspunkt des Dialogbegriffs in der interkulturellen literarischen Hermeneutik ist der Dialogbegriff Gadamers, der Verstehen als sprachlichen und dialogischen Vorgang, als Dialektik, versteht. Ziel dieses dialogischen oder dialektischen Vorgangs ist „die Kunst der Begriffsbildung als Herausarbeitung des gemeinsam Gemeinten" (Gadamer 1965, 305); es geht also weniger um einen Moment der Verhandlung, sondern eher um ein Einverständnis, dessen Ziel eine störungsfreie und damit harmonische Kommunikation ist, ein Ankommen in einer „gemeinsamen Mitte" (Scheiffele 2000, 39), die gleichzeitig Voraussetzung des Gadamerschen Dialogmodells ist. Vorhanden sein sollte demnach ein gemeinsames Interesse. Das Problem dieses Dialogmodells liegt darin begründet, dass es Konflikte, die in der Kommunikation auftreten können, zu ignorieren scheint. Hierzu gehören beispielsweise das Ignorieren von Dialogregeln, das Auseinanderklaffen

Dialog

von Interessen, ein Unverständnis der Sache, wenn Phänomene z. B. nicht durch eine deskriptive Beschreibung erklärt werden können, oder völlig unterschiedliche Verstehensvoraussetzungen oder Ordnungen. Angesichts solcher Probleme ist der Erfolg eines auf Konsens ausgerichteten Dialogmodells fragwürdig. Daher müsste es durch einen „handlungs- und prozessorientierten, nicht präskriptiven" (Esselborn 2003a, 220) Dialog erweitert werden, der der Pluralität von Standpunkten gerecht wird und Missverständnisse und Verunsicherungen miteinschließt. Ein interkulturell konzipierter Dialog müsste demnach zwei Forderungen erfüllen: Einerseits müsste er deskriptiv sein, d. h. er müsste Wissen und Informationen über seinen Sachverhalt vermitteln, wodurch der gemeinsame Code der Kommunikationsteilnehmer vergrößert und die Kommunikation erleichtert wird. In diesem Fall spricht man von einem reproduktiven Dialog, der institutionalisiertes, bereits vorhandenes Wissen, weitergibt. Andererseits müsste ein interkultureller Dialog als ein Ereignis verstanden werden, als ein Prozess, der auch konfliktreiche Momente von Nichtverstehen, Uneinholbarkeit und Schweigen aufweisen kann, was allerdings nicht unbedingt zu einem Zusammenbruch führen muss, sondern Anreiz für die Erarbeitung eines gemeinsamen Sinnbestandes und plausibler Lösungen sein kann. Solch ein produktiver Dialog lässt sich vom Fremden leiten, d. h. Ausgangspunkt des Dialogs ist nicht das Bekannte, wodurch es aufgrund der superioren Stellung des jeweiligen Dialogteilnehmers zu Belehrungen kommen kann, sondern das Fremde, das aufgrund seiner Fremdheit zwingend Fragen aufwirft, die beantwortet werden wollen. Das Innovative an einem produktiven Dialog liegt darin, dass man dem Fremden nicht ausweicht, es umgeht, es harmonisiert, sondern dass man es zum Ausgangspunkt von gemeinsamen Überlegungen, Diskussionen, Lösungsversuchen macht, die u. U. auch jenseits des bereits Erprobten liegen können.

Dialog als hermeneutische Methode

Als hermeneutische Methode kann der Dialog unterschiedliche Ausgangspunkte haben: Es kann sich um einen Dialog unterschiedlicher Leser/ Interpreten über einen literarischen Text handeln. Das kann ein Gespräch im Klassenzimmer oder Seminarraum sein, oder aber auch Diskussionen in einem wissenschaftlichen Rahmen, Situationen, in denen über (kultur)differente Lektüren gesprochen wird. Diesbezüglich hat sich in der interkulturellen Germanistik das „interkulturelle Lesergespräch" (vgl. Krusche 2000a) durchgesetzt, das unterschiedliche kulturspezifische Lektüren, deren Voraussetzungen und Bedingungen reflektiert und sich dadurch neue Dimensionen des Textverständnisses verspricht. Das Problem solcher Gespräche ist, dass immer ein Ungleichgewicht zwischen den Gesprächsteilnehmern herrscht, da manche den Gesprächsgegenstand aufgrund ihrer kulturellen Zugehörigkeit besser kennen. Wird beispielsweise ein Gespräch über einen deutschsprachigen Text in einer Gruppe von Deutschen und Nichtdeutschen geführt, kann man davon ausgehen, dass die Kulturspezifika und kulturellen Codes des Textes im Vorverständnis der Deutschen bereits vorhanden sind, was die Rezeption entsprechend lenkt. Das kann von Vorteil sein, kann aber auch andere Sichtweisen auf den Text verstellen, wenn man davon ausgeht, dass es zwar Unterschiede zwischen „auto- und heterokulturellem Lesen" (Mecklenburg 2008, 182) gibt, die kulturelle Fremdheit allerdings nur ein Aspekt im Verstehensprozess von Literatur ist.

Der Dialog als hermeneutische Methode kann aber auch als Dialog zwischen Text und Leser verstanden werden, wobei der Ausgangspunkt also der Text mit seinen vielfachen Fremdheiten ist.

Auch und gerade im Bereich der interkulturellen literarischen Hermeneutik bietet sich eine Verknüpfung von reproduktivem und produktivem Dialog an. Durch einen reproduktiven Dialog mit dem Text kann fehlendes Wissen ergänzt werden, indem sich der Rezipient reproduktiv mit dem Text auseinandersetzt, d.h. sich Wissen über den Text, den Kontext usw. aneignet, wobei bereits vorhandenes Wissen in die Rezeption miteinbezogen wird. Dabei können Hilfsmittel wie Lexika, Internet, Literaturgeschichten, Fachaufsätze, Lehrkörper und anderes in Anspruch genommen werden. „Trainiert" wird hierbei nicht nur die Recherchearbeit, sondern Wissen wird produktiv erarbeitet und gegebenenfalls im Gespräch mit anderen problematisiert. Ziel eines reproduktiven Dialogs ist Wissenserweiterung, Erweiterung gemeinsamer Codes, Informationsfluss. Die Grenzen des reproduktiven Dialogs zeigen sich jedoch dort, wo der Rezipient auf Vieldeutigkeiten, Sinnverschiebungen, Überschuss an Bedeutung stößt, Textverfahren, die das Verstehen behindern. Gerade solche Stellen werden gerne überlesen, weil sie als zu schwer empfunden werden und weil es keine einfachen Erklärungen dafür gibt. Solche Stellen könnten jedoch zum Anlass für die Methode des produktiven Dialogs genommen werden, mit dem sich der Rezipient versucht, dem Fremden im Text zu nähern, indem Unsicherheiten artikuliert und mögliche Lösungen diskutiert werden. Ausgangspunkt dabei sind diejenigen Stellen im Text, die aufgrund ihrer Fremdheit die Aufmerksamkeit des Rezipienten auf sich ziehen, über die er in der Rezeption stolpert.

Als Unterrichtsmethode lassen sich die beiden Methoden miteinander verbinden, wobei freilich nicht von einem geordneten Nacheinander beider Annäherungsweisen an den Text ausgegangen werden kann; eine Rolle spielen hier sicherlich auch die jeweiligen Lernziele. Ziel eines reproduktiv ausgerichteten Unterrichts ist Wissenserweiterung und Informationsvermittlung über literarische Texte, Ziel eines produktiv ausgerichteten Unterrichts dagegen eher die Entwicklung interkultureller Fertigkeiten wie Aufmerksamkeit, produktives Handeln, Problemlösungskompetenz, Aushandelskompetenz, Erkennen von Zentrismen und Ambiguitätstoleranz.

Es zeigt sich also, dass bereits Lesen ein interkultureller Prozess sein kann, wenn es als Begegnung mit Fremdheit verstanden wird. Doch meistens ist gerade das nicht der Fall, weil der Rezipient dem Text häufig unreflektiert seine Erwartungen und Sinnentwürfe überstülpt, von einem gleichberechtigten Dialog also kaum die Rede sein kann. Ziel einer „erfolgreichen" Rezeption scheint immer noch die völlige Einordnung des Fremden, des Textes in den eigenen Erwartungshorizont zu sein, denn eine Lektüre, die auf Unverständliches trifft, in der mitunter bestimmte Potenziale des Textes nicht begriffen werden, wird als unbefriedigend, frustrierend empfunden, der auf Harmonisierung und Konsenbildung angelegte Dialog wird als gescheitert betrachtet. Ein interkulturell ausgerichtetes Literaturgespräch müsste gerade solche Rezeptionserfahrungen thematisieren, damit auch Nichtgelingen, Frustrationen, Konflikte und Hemmschwellen ins Bewusstsein gehoben und als Teil von (interkulturellen) Kommunikationsprozessen erkannt und problematisiert werden.

Reproduktiver und produktiver Dialog

Verstehen

Der Begriff ‚Verstehen', wie er im Bereich der Hermeneutik gebräuchlich ist, lässt sich in kommunikatives und kognitives Verstehen differenzieren (vgl. Mecklenburg 2008, 156f.). Kommunikatives Verstehen bezieht sich auf die Interaktion zwischen Kommunikationsteilnehmern, beschreibt also einen intersubjektiven Prozess zwischen einem Ich und einem Anderen. Verstehen als kognitiver Akt, als wissenschaftliche Methode, bezieht sich auf das Auslegen oder Interpretieren fremden Sinns. Die Differenz zwischen dem Eigenen und dem Anderen, aufgrund derer es zu Verstehensproblemen kommen kann, bezeichnet man als hermeneutische Differenz, die also *überall* dort entstehen kann, wo ein Eigenes mit einem Fremden/Anderen kommuniziert oder wo Eigenes auf Fremdes stößt.

Verstehen bei Gadamer

Der Verstehensbegriff der interkulturellen Hermeneutik orientiert sich an Gadamers Horizontverschmelzung: Verstehen erfolgt dann, wenn der ‚Bedeutungshorizont' des Rezipienten mit dem Horizont des literarischen Textes verschmilzt. Beim Verstehen eines Textes tritt der Rezipient quasi in die fremde Welt des Textes ein und ordnet ihn gleichzeitig in den eigenen Verstehenshorizont ein. Beim literarischen Verstehen geht es also um eine Verschmelzung von Text und Rezipienten insofern, als Verstehen nur dann erreicht wird, wenn der Text vollkommen in den eigenen Verstehenshorizont integriert wird. Ziel jeglichen Verstehens ist somit die völlige Auflösung und Auslegbarkeit des Fremden, also die Einordnung des Fremden ins Eigene. Man spricht dann von einem affirmativen Verstehen, da durch die Beseitigung des Fremden die eigene Weltsicht, das eigene Vorverständnis bestätigt wird. Geht man davon aus, dass Fremdheit eine relative Kategorie ist, sich also durch bestimmte Strategien beseitigen lässt, dann ist Gadamers Verstehensbegriff sicherlich zuzustimmen: Wir versuchen beim Lesen Fremdes zu beseitigen, indem wir uns darüber informieren, indem wir versuchen, Handlung, Figuren und Motivationen entweder durch Perspektivenübernahme oder durch Vergleich mit unseren eigenen Erfahrungen zu „verstehen", oder wir ignorieren Fremdes, da es uns durch unaufmerksames Lesen nicht auffällt oder wir eine tiefer gehende Auseinandersetzung damit als zu anstrengend empfinden. Ziel dieser Anstrengungen ist eine Harmonisierung des Fremden und vor allem auch der Lektüre, da wir uns auf das Fremdheitspotenzial des Textes nicht einlassen. Übertragen auf die gesellschaftliche Realität würde das bedeuten, dass es unser Anliegen ist, den Anderen mit unseren eigenen Maßstäben zu beurteilen und ihn in unseren gesellschaftlichen Kontext einzugliedern. Das funktioniert allerdings nur dann, wenn der Fremde die eigene Identität verleugnet, sich versteckt, sich ‚integriert' oder ‚assimiliert'.

Postmoderne Verstehenskonzepte

Die Frage ist, ob dieser Verstehensprozess auch bei Phänomenen des radikal Fremden funktioniert, die sich einem verstehenden Zugriff ja weitgehend entziehen. Hier bleibt häufig ein Rest, der nicht verstanden werden kann, der jedoch trotzdem existiert und kommuniziert werden will. Ignoriert man diese Dimension von Fremdheit, dann sind beispielsweise Autoren wie Celan, Kafka, Musil oder Rilke als Gegenstand einer interkulturellen Textanalyse ausgeschlossen. Für die Textinterpretation ergibt sich daraus, dass Fremdes und Sinn nur teilweise auflösbar sind, der Interpret sich also mit Unauflösbarkeit und Unabschließbarkeit der Interpretation zufrieden geben muss. Die Sinnpräsenz wird nicht nur durch das radikal Fremde infrage stellt, sondern auch durch die Tatsache, dass der Text in verschiedenen Kontexten rezipiert werden kann. Daraus ergibt sich eine Aktualisierung der Lektüre, wobei jedoch diese Aktualisierung reflektiert werden muss, was zu einer Bewusstmachung eigener Verstehensvoraussetzungen und Erkenntnisse führt. Gerade das Bewusstsein über die Brüchigkeit von Sinn und die Tatsache, dass Verstehen immer auch die Relativität von Erkenntnissen miteinschließt, es ein unabschließbarer Prozess ist, führt die hermeneutische Methode an ihre Grenzen. Sie könnte daher mit poststrukturalistischen Methoden, die die Unabschließbarkeit von Sinnentwürfen reflektieren, kombiniert werden und ihre Ziele neu definieren: Natürlich geht es in interkulturellen Prozessen im Allgemeinen und in der Interpretation von literarischen Texten im Besonderen um Verstehen. Allerdings müsste der Begriff des Verstehens hier differenziert werden. Einerseits geht es um das Erklären oder Beschreiben von Tatsachen und Sachverhalten, die den Bezug einer Äußerung zu ihrem Kontext klärt, wodurch Missverständnisse aufgrund von Nichtwissen vermieden werden können. Hierbei geht es darum, das Fremde in Gestalt von fehlendem Wissen so zu reduzieren, dass es ein Verstehen der fremden Äußerung nicht mehr behindert. Paul Ricoeur spricht in diesem Zusammenhang von einer reduzierenden Interpretation, die die fremde Äußerung in einen verfügbaren und beherrschbaren Horizont einfügt (vgl. Ricoeur 1986). Die reduzierende Interpretation ist vergleichbar mit dem Erklären von Fakten und greift auf bereits vorhandenes Wissen zurück. Demgegenüber geht Verstehen als kommunikativer und kognitiver Akt des Interpretierens einer fremden Äußerung über eine reduzierende Interpretation hinaus, denn es ist einerseits als produktiver Akt zu verstehen, in dem (neue) Deutungen entstehen und schließt andererseits auch die Möglichkeit des Nichtverstehens mit ein. Es geht hierbei also nicht um Wissenserweiterung, sondern vielmehr darum, fremde Äußerungen durch eine reflektierende Annäherung zur Entfaltung zu bringen, indem ihre Vielschichtigkeit, Widersprüchlichkeit und Singularität sichtbar gemacht wird. Während reduzierbares Interpretieren ein Einordnen des Fremden in vorhandene Strukturen vornimmt, impliziert eine entfaltende oder produktive Interpretation ein Auseinanderlegen oder Ausbreiten von Phänomenen, wobei dieser Prozess der Aneignung reflektiert werden muss.

Reduzierende Interpretation

Produktive Interpretation

Der Begriff Blickwinkel bezieht sich auf die Perspektivität von Interpretation und impliziert einerseits die individuell wie kulturell unterschiedlichen Sichtweisen, andererseits die Konstruktivität der Wahrnehmung als solcher (vgl. Wiedemann/Wierlacher 2003). Diese hermeneutische Grundvoraussetzung geht auf den Historiker und Hermeneut Johann Martin Chladenius zurück, der vom „Sehepunckt" spricht, ein Begriff, mit dem er die Situiertheit von Verstehen bezeichnet (vgl. Mecklenburg 2008, 180/181). In der interkulturellen Literaturwissenschaft wird auch mit dem Begriff Standpunkt operiert, der einerseits einen „dritten Standpunkt" oder „dritten Ort" bezeichnet, an dem sich die jeweilige Sichtweise auf Eigenes wie Fremdes relativieren oder neutralisieren kann (vgl. Steinmetz 2003). Ein weiterer Begriff ist der Begriff der „Abhebung" (vgl. Scheiffele 2000), der sich ebenfalls auf eine dritte Ordnung oder einen dritten Standpunkt bezieht, von dem aus Eigenes und Fremdes mehr oder weniger unvoreingenommen betrachtet werden können. Beide Begriffe problematisieren die Vorurteilshaftigkeit

Blickwinkel

jeglichen Verstehens, allerdings scheint auch hier eine Präferenz kultureller Prägungen vorzuherrschen, da immer wieder von kollektiven Blickwinkeln oder kulturbedingten Verstehensunterschieden/Referenzrahmen die Rede ist. Eine solche Vorgehensweise ist fraglich, denn sie führt zu einer ungerechtfertigten und unüberpüfbaren Vereinheitlichung von Verstehen über das Paradigma der Kultur oder des Kollektivs. So könnte man dann von *der* türkischen Rezeption deutschsprachiger Literatur oder Ähnlichem reden, was in dieser Form sicherlich nicht unproblematisch sein dürfte. Das Problem dieser Konzepte liegt einerseits darin begründet, dass sie Verstehen kollektivieren, wobei die Grenzen des Kollektivs mit denjenigen der Nation zusammenfallen. Andererseits wird der Blickwinkel auf kulturelle Prägungen reduziert, was sich als unzulänglich erweist, da sich der individuelle Standort aus unterschiedlichen Faktoren bestimmt. Hierbei ist der kulturelle lediglich ein Faktor und steht gleichberechtigt neben anderen Faktoren, die die Individualität eines Menschen ausmachen. Der Begriff des Standpunktes/Blickwinkels oder der Standortgebundenheit sollte aber auch die Tatsache problematisieren, dass die eigene Position oder Ordnung stets favorisiert wird, ein neutrales Schauen daher ausgeschlossen ist. Hierzu gehört auch die Bewusstmachung der Pluralität von Standpunkten, d.h. ein Bewusstsein darüber, dass der eigene Standpunkt lediglich einer unter vielen ist.

Der Standpunktbegriff könnte durch die Theorie des Beobachters zweiter Ordnung (vgl. Schmidt 1992, 19f.), die auf den Radikalen Konstruktivismus zurückgeht, ergänzt werden, wonach jede Beobachtung eine Selbstbeobachtung miteinschließt und die folgenden Aspekte thematisieren sollte: den individuellen Standpunkt, der sich aus den kulturellen, sozialen, kognitiven und biologischen Prägungen des Individuums ergibt, die Präferenz des eigenen Standpunktes/der eigenen Ordnung und die Pluralität von Standpunkten/Ordnungen.

2. Methoden der interkulturellen literarischen Hermeneutik – Ausblicke

Bei hermeneutischen Ansätzen geht es immer auch um die Frage der Auslegbarkeit, der Interpretation des jeweiligen Gegenstandes. Gegenstand einer literaturwissenschaftlich ausgerichteten interkulturellen Literaturwissenschaft ist in erster Linie der literarische Text und die Frage, inwiefern und wie sich Fremdes in literarischen Texten erkennen und besprechen lässt. Forschungsinteresse ist demnach das Erkennen, Sichtbarmachen und Bewusstmachen von Fremdheiten in literarischen Texten. Fremdheit als mehrdimensionales Phänomen generiert unterschiedliche Analysemethoden, wobei sich reproduzierende und produzierende Analyse unterscheiden lassen.

Methoden der Auslegung: Reproduktion und Produktion

Die Analyse literarischer Texte unter dem Aspekt der Interkulturalität vollzieht sich demnach unter reproduktiven und produktiven Prämissen. Bei der reproduktiven Analyse steht die Frage nach den unterschiedlichen Kontexten des literarischen Textes im Vordergrund, der Text wird in bekannte

Ordnungen eingeordnet. Bei der produktiven Analyse geht es dagegen um eine produktive Auseinandersetzung mit jenen Fremdheitsaspekten des Textes, die sich mit Hilfe von Kontextualisierung nicht auflösen/beseitigen lassen. Die reproduktive Analyse bemüht sich um die Beseitigung von Wissenslücken, die sich aus der Unkenntnis von Wörtern/Ausdrücken oder Elementen der außer- und innertextlichen Wirklichkeit ergeben. Die reproduktive Analyse bietet sich vor allem im Bereich der alltäglichen und strukturellen Fremdheit an, die sich mit Hilfe von Faktenwissen oder erweitertem kulturwissenschaftlichen Wissen und einem reflektierten Annäherungsprozess zumindest teilweise beseitigen lassen.

Die Erschließung des Wortsinns ist Vorbedingung zur Erfassung des Textes. Daher ist Ausgangspunkt jeglicher Textanalyse die Klärung der Wortbedeutung und des Handlungsverlaufs. Nichtverstehen entsteht durch Unvertrautheit mit der Lexik, was auf unterschiedliche Faktoren zurückzuführen ist: historischer Sprachgebrauch, Fremdsprache, Fachtermini oder poetische Sprache. Auflösen lässt sich diese Art der Fremdheit durch den Gebrauch von sprachwissenschaftlichen Hilfsmitteln wie Wörterbücher, Fremdwörterbücher o. Ä. Gerade für die Bereiche Fremdsprache und poetischer Sprachgebrauch, die beide aus der Perspektive des Rezipienten ein anderes Zeichensystem darstellen und damit strukturell fremd sind, reichen oben genannte Hilfsmittel oft nicht aus, um Nichtverstehen zu beseitigen. Wörtern haften Konnotationen an, die oftmals auf ein Wissen zurückgreifen, das weder homogen noch als abrufbarer Bestand vorhanden ist, da Kommunikationsgemeinschaften auf Archive zurückgreifen, in denen sehr heterogenes Wissen gespeichert ist. Für Fremdsprachler ist es schwierig, diese Konnotationen überhaupt zu erkennen, insofern sie nicht transkulturell oder transnational verfügbar sind, wodurch es zu einem anderen Verstehen von Texten kommen kann. In dieser Hinsicht weniger problematisch ist der poetische Sprachgebrauch als Abweichung von der Normalsprache, was in der Regel auch von Fremdsprachlern leichter zu erkennen ist. Auflösen lässt sich diese Art der Fremdheit durch Rückübersetzen in die Normalsprache, wodurch der Wortsinn gesichert werden kann.

Auf der Ebene der außer- und innertextlichen Wirklichkeit entsteht Fremdheit durch fehlendes Hintergrundwissen. Hierbei handelt es sich um Faktenwissen, kulturelle Codes und kulturwissenschaftliches Wissen, das in der Regel durch Rekontextualisierung erarbeitet werden kann. Rekontextualisierung gehört zu den grundlegenden Aufgaben der interkulturellen Literaturwissenschaft, gewährleistet sie doch durch eine Erweiterung des Weltwissens Orientierung und Annäherung an die Sinnbestände des Anderen und damit eine optimierte Kommunikationsgrundlage.

Hintergrund- oder Kontextwissen betrifft jene Kontexte, in denen der Text eingebettet ist. Zu unterscheiden ist hierbei Faktenwissen, das in der Regel relativ problemlos zugänglich ist, und Wissen über die Sinnbestände des Anderen, bzw. über die „Voraussetzungssituation der Kommunikationspartner" (S. J. Schmidt, zitiert nach Nord 1991, 74), das sich nicht allein durch zusätzliche Fakten, sondern über eine reflektierte Annäherung erschließen lässt.

Bei der Textanalyse kann fehlendes Hintergrundwissen in der pädagogischen Praxis durch den Lehrkörper ergänzt, oder aber, was sicherlich von

Marginalien:
Reproduktive Analyse

Wortsinn

Außer- und innertextliche Wirklichkeit

Annäherung an alltägliche Fremdheit

Hintergrundwissen

Vorteil und der Idealfall ist, von Schülern und Studierenden selbst erarbeitet werden, was Recherchekompetenzen fördert. Hierzu stehen zumindest für bereits etablierte Texte ausreichend Hilfsmittel zur Recherchearbeit zur Verfügung. Bei weniger etablierten oder neueren Texten müssen andere Wege der Informationsermittlung gefunden werden. Hier bietet sich möglicherweise sogar eine erste Annäherung an literaturhistorische, literatursoziologische und kontextualisierende kulturwissenschaftliche Methoden an, mit deren Hilfe sich Informationen zu den unterschiedlichen Kontexten von Literatur ermitteln lassen. Textexterne Methoden betrachten Literatur im Zusammenhang mit ihrer Umwelt, sie analysieren die Situation, in der der Text steht. Hierzu gehören der Produktionskontext und die außertextliche Wirklichkeit, auf die der Text explizit oder implizit Bezug nimmt.

Zu den Kontexten, die mit diesen Methoden erarbeitet werden können, gehören:

– biographischer Kontext: Hierzu zählen Autobiographie, die soziokulturelle Geprägtheit des Autors, sein Literaturprogramm und sein Überzeugungssystem
– literaturhistorischer Kontext
– historischer Kontext
– sozialgeschichtlicher Kontext
– kulturspezifischer Kontext

Kulturwissenschaft-
liches Wissen

Alltägliche Fremdheit kommt auch durch fehlendes kulturwissenschaftliches Wissen zustande. Darunter versteht man kulturelle Codes oder kulturelle Elemente, die „Träger von symbolischen Ordnungen" (Blioumi 2009a, 36) sind und erst in einem bestimmten kulturellen Kontext wirken. Sie sind aufgrund der Tatsache kommunikationsfähig, als ihre semantische Funktion den Kommunikationsteilnehmern in der Regel bekannt ist. Es kann sich hierbei um ganz banale Dinge der Alltagskultur handeln (Alltagsästhetik), die in der jeweiligen Ausgangskultur eine ganz bestimmte Konnotation haben, wie bestimmte Einrichtungs- oder Gebrauchsgegenstände, Kleidungsstil, Frisuren, Automarken, Modelabel, Nahrungsmittel, Getränke und vieles mehr. Sie verweisen auf einen bestimmten Lebensstil und dienen zur Charakterisierung, wobei es sich natürlich um Zuordnungen und Stereotype handelt. In literarischen Texten werden sie ganz gezielt verwendet, haben also eine bestimmte Funktion und werden beim Lesen in der Regel semantisiert. Für fremdkulturelle Leser ist es allerdings fast unmöglich, diese kulturellen Elemente als Fremdheiten im Text zu erkennen, wodurch sie meist überlesen oder aber im eigenen kulturellen Kontext semantisiert werden, wodurch Texte eine andere Deutungsdimension erhalten können. Es stellt sich die Frage, wie man in einer interkulturellen Textanalyse mit diesen mehrfach kodierten kulturellen Elementen verfahren soll. Je nachdem, welches Forschungsinteresse oder welches Unterrichtsziel verfolgt wird, lassen sie sich entweder im Vorfeld klären, oder aber ihre Kulturabhängigkeit und Vieldeutigkeit lassen sich im Anschluss an die Lektüre thematisieren. Eine reflexive Annäherung an die kulturellen Codes einer anderen Kultur erfolgt über die Thematisierung ihrer Funktion im eigen- und fremdkulturellen Kontext. Die Auseinandersetzung mit kulturellen Codes kann außerdem für das Problem der Stereotypisierung und festgefügter Wahrnehmungsmuster sensibilisieren und die Bewusstmachung der Konstruiertheit von Wirklichkeitsmodellen über die Bewusstmachung der Kontextabhängigkeit von Wahrnehmung und Deutung fördern.

Zu den kulturellen Codes gehören aber nicht nur Alltagscodes, sondern auch Symbole, Bilder, Riten, Texte, Tänze, Mythen, Überlieferungen, Erinnerungen, Traditionen, d. h. jene kulturellen Elemente, die das kommunikative und kollektive Gedächtnis oder kulturelle Wissensordnungen im Sinne von Gruppenidentität bilden und damit jene Rahmen oder ‚frames‘, die die Erinnerung des Subjekts organisieren (vgl. J. Assmann 2005). Bestimmte Symbole, Bilder, Mythen oder Ähnliches sind mit mehr oder weniger institutionalisierten Gedächtniskonstellationen verknüpft, was ihre Semantisierung relativ einfach macht. Das gilt beispielsweise für die ideologische Vereinnahmung einiger germanischer Runen durch die Nationalsozialisten, wobei allerdings auch hier der generellen Vieldeutigkeit von Zeichen Rechnung getragen werden sollte. So steht die Doppel-Sigrune beispielsweise „für die Dämonie und zugleich für die – weitgehend tabuisierte und ungeschriebene – Faszinationsgeschichte des Nationalsozialismus" (Braun 2009, 104/105). Sie ist gleichzeitig Teil einer mit dem „aktuellen kulturellen Wertekanon" (Kormann 2009, 56) harmonierenden kollektiv-kulturellen Gedächtniskonstellation und einer kollektiv-kulturellen Gedächtniskonstellation, die Widersprüchliches speichert. Insofern impliziert dieses Zeichen einerseits die Dämonie und die Ablehnung des Nationalsozialismus, andererseits aber auch die Faszination durch den Nationalsozialismus. Lässt sich die Bedeutung bestimmter Elemente für das offizielle kulturelle oder kollektive Gedächtnis meist relativ problemlos eruieren, so entzieht sie sich gleichzeitig, wenn diese Elemente in ihrer Mehrschichtigkeit wahrgenommen werden bzw. wenn ihre Rolle in der inoffiziellen Geschichte thematisiert wird. So ist die Funktion des Nibelungenmythos als Nationalmythos relativ eindeutig, problematisiert sich jedoch, wenn seine Ideologisierung durch die Nationalsozialisten zusätzlich thematisiert wird. Erst wenn die den Dingen und Elementen anhaftende Heterogenität sichtbar gemacht wird, wenn auch das inoffizielle Wissen thematisiert wird, kann ein komplexeres Bild einer Kultur oder einer Kommunikationsgemeinschaft entstehen. Hierzu gehört auch Vergessenes oder Verdrängtes, Nichtbewusstes oder aus dem öffentlichen Diskurs oder der offiziellen Gedenkkultur Ausgeschlossenes, sog. Brüche in der Oberfläche, die das homogene Bild von Kulturen oder Gesellschaften unterlaufen. Gerade Literatur ist ein Medium, das die Fragmentierung des kollektiven Gedächtnisses darstellt, da Erinnerung in ihr durch bestimmte Erzähl- und Schreibstrategien inszeniert wird: Literatur kann „kulturelle, familiäre und individuelle Erinnerungspraktiken abbilden und bestätigen, aber auch problematisieren und durch künstlerische Imaginationen von Alternativen konterkarieren" (ebd., 57). Darüber hinaus kann sie über die Bewusstmachung der eigenen Konstruiertheit Erinnerung als Konstruktion von Geschichte sichtbar machen. Die Thematisierung des Erinnerungsprozesses in der Literatur kann demnach insbesondere dazu beitragen, die Pluralisierung des kollektiven Gedächtnisses in Gesellschaften zu veranschaulichen. Dadurch werden sowohl stereotypisierende Vereinfachungen als auch die Annahme kultureller Homogenität unterlaufen. Andererseits stellt Literatur den Wirklichkeitsanspruch von Erinnerung und damit von Wirklichkeit an sich durch bestimmte autoreflexive Strategien immer wieder in Frage. Ein prominentes Beispiel aus der deutschsprachigen Gegenwartsliteratur ist Günter Grass, der in seiner 2002 erschienenen Novelle *Im Krebsgang* nicht nur über ein bislang tabuisiertes Segment der deutschen Vergangenheit reflektiert (die Deutschen als Opfer), sondern auch über den Prozess des Erinnerns und des Schreibens darüber, den der Text durch unterschiedliche strukturelle Merkmale problematisiert, worauf bereits der Textanfang hinweist.

> „Warum erst jetzt?" sagte jemand, der nicht ich bin. Weil Mutter mir immer wieder … Weil ich wie damals, als der Schrei überm Wasser lag, schreien wollte, aber nicht konnte … Weil die Wahrheit kaum mehr als drei Zeilen … Weil jetzt erst …
> Noch haben die Wörter Schwierigkeiten mit mir. Jemand, der keine Ausreden mag, nagelt mich auf meinen Beruf fest. Schon als junger Spund hätte ich, fix mit Worten, bei einer Springer-Zeitung volontiert, bald gekonnt die Kurve gekriegt, später für die „taz" Zeilen gegen Springer geschunden, mich dann als Söldner von Nachrichtenagenturen kurz gefaßt und lange Zeit freiberuflich all das zu Artikeln verknappt, was frisch vom Messer gesprungen sei: Täglich Neues. Neues vom Tage.
> Mag schon sein, sagte ich. Aber nichts anderes hat unsereins gelernt. Wenn ich jetzt beginnen muß, mich selber abzuwickeln, wird alles, was mir schiefgegangen ist, dem Untergang eines Schiffes eingeschrieben sein, weil nämlich, weil Mutter damals hochschwanger war, weil ich überhaupt nur zufällig lebe.
> Und schon bin ich abermals jemand zu Diensten, darf aber vorerst von meinem bißchen Ich absehen, denn diese Geschichte fing lange vor mir, vor mehr als hundert Jahren an, und zwar in der mecklenburgischen Residenzstadt Schwerin […]. (Grass 2002, 7 f.)

Durch die Figur des Erzählers wird die Fiktionalität von Erinnerung im Medium der Literatur thematisiert. Auf die imaginäre Dimension der Erinnerung verweisen einerseits die Figur des Ich-Erzählers, der sich als unzuverlässiger Erzähler erweist, da er von einer Begebenheit erzählt, an der er nicht als Augenzeuge, sondern als Neugeborener beteiligt war. Die Fiktionalität der Erinnerung wird andererseits durch intertextuelle Verweise hervorgehoben, da die Figur der Mutter, deren Erinnerungen erzählt werden, eine fiktive Figur aus dem Roman *Hundejahre* (1963) von Günter Grass ist, wodurch die fiktive Struktur des Textes betont und seine vermeintliche Faktenorientierung in Frage gestellt wird. Darüber hinaus erfahren die Erinnerungen an den Untergang des Flüchtlingsschiffes Gustloff und dessen Vorgeschichte eine weitere Fiktionalisierung, da sie sich im Medium Internet durch den Sohn des Erzählers verselbstständigen, wodurch die generelle Konstruktion von Erinnerung reflektiert wird. Deutlich wird, dass Erinnerung sich nicht „auf Wahrheit und Wirklichkeitsbezug ausrichtet, sondern vielmehr den Regeln der Imagination folgt" (Klinger/Wolf 2009, 3). Auf diesen Aspekt sollte auch im Kontext der interkulturellen Literaturwissenschaft ausdrücklich hingewiesen werden, da der Konstruktcharakter von Literatur aufgrund der Fokussierung auf die Kulturalität von Texten häufig unterbelichtet bleibt. Literatur bezieht sich zwar häufig auf kulturelle oder kollektive Gedächtniskonstellationen, sollte jedoch nicht mit diesen gleichgesetzt werden, da Literatur sowohl Affirmation als auch Revision kultureller Formationen und Gedächtnisstrukturen sein kann. Insofern problematisieren gerade Fiktionalität und Autonomie des literarischen Diskurses das „Hybridgedächtnis" (Oesterle 2009, 12) von Gesellschaften, Kulturen oder Nationen und unterlaufen damit die Vorstellung von homogenen kulturellen oder gesellschaftlichen Strukturen.

Geht man davon aus, dass Fremdheit durch generelle Unkenntnis der Sinnbestände des Anderen, durch Abweichungen von der eigenen Ordnung entsteht, so gehört zur reproduzierenden Analyse auch die Annäherung an den Sinnbestand des Anderen, wodurch intersubjektive Fremdheit zumindest teilweise beseitigt werden kann. Zu den Sinnbeständen des Anderen gehören neben dem kollektiv-kulturellen Kontext, der sich aus den Werten, Normen, Vorstellungen, Ideen, Wünschen, Sehnsüchten, Emotionen, Wirklichkeitsmodellen und dem Selbst- und Fremdverständnis, die ein Kollektiv prägen, zusammensetzt, auch sozio-ökonomische Voraussetzungen (Rolle, Status, wirschaftliche Lage), kognitiv-intellektuelle Bedingungen (Weltkenntnis, Bildung, Erfahrung, Wirklichkeitsmodelle), biographisch-psychische Bedingungen (persönliche Kompetenzen und Dispositionen, biographische Situation, Pläne, Absichten, Vorstellungen, individuelle Sehnsüchte etc.) und biologische Dispositionen (Geschlecht, Alter). Bei der intersubjektiven Fremdheit geht es um die Frage, warum bestimmte Deutungen und Reaktionen entstehen, welche Voraussetzungen dafür verantwortlich gemacht werden können. Um die Voraussetzungssituation des Anderen wenigstens annähernd erfassen zu können, müssen die unterschiedlichen Dispositionen erarbeitet und reflektiert werden, wodurch eine Bewusstmachung der jeweiligen Voraussetzungssituation erfolgen kann. So können die Motivationen, Reaktionen und Deutungen des Anderen nachvollziehbar und idealerweise auch verständlich werden, was natürlich nicht bedeutet, dass man sie auch unbedingt akzepieren oder rechtfertigen kann, denn eine unreflektierte Übernahme anderer Deutungsmuster ist allenfalls ein Zeichen falsch verstandener Toleranz, bei der man sich der Verantwortung zum Handeln entzieht. Allerdings erfolgt durch die Reproduktion der Sinnbestände des Anderen, seiner Überzeugungssysteme, eine Erweiterung der gemeinsamen Kommunikationsbasis einerseits, und andererseits werden vorgefasste Meinungen und Stereotypisierungen, die Überzeugungssystemen generell eigen sind, ins Bewusstsein gehoben.

In diesem Zusammenhang lassen sich literarische Texte unterschiedlich funktionalisieren, denn indem sie Fremdheit inszenieren, machen sie Fremdheit gleichzeitig erfahrbar und besprechbar. Andererseits thematisieren sie Fremderfahrungen, sie zeigen die unterschiedlichen Formen des Umgangs mit Fremdheit. Annäherung durch Reflexion bedeutet hier, dass Texte bewusst auf die Inszenierung von Fremdheit und Fremderfahrung hin gelesen werden. Dadurch kann gezeigt werden, wie Fremdheit zwischen Ordnungen funktioniert, wie sie entsteht und was sie anrichtet, andererseits können die verschiedenen Arten des Umgangs mit dem Fremden ins Bewusstsein gehoben werden.

Im Bereich der strukturellen Fremdheit durchläuft die Wahrnehmung des Fremden, die den Umgang mit dem Fremden bestimmt, unterschiedliche

Annäherung durch Reflexion: Strukturelle Fremdheit

Der Umgang mit
struktureller
Fremdheit –
Beobachtung –
Selbstbeobachtung

Stadien: Vereinnahmung und Aneignung, Instrumentalisierung zur Erweiterung des Eigenen, Ablehnung, Ausschluss oder Vernichtung. Aufgrund der Aneignungsbestrebungen müssen die Reaktionen auf das Fremde durch (Selbst)beobachtung bewusst gemacht werden, die Art der Reaktion und die Gründe dafür, was über die Bewusstmachung der eigenen Verstehensvoraussetzungen erfolgen kann. Das Beobachten der Fremderfahrung kann über das Lesen ‚trainiert' werden, indem Reaktionen auf Fremdheit im Text erfasst und die Gründe dafür eruiert werden, was sich an Jenny Erpenbecks Roman *Geschichte vom alten Kind* (1999) demonstrieren lässt.

Der Roman erzählt die Geschichte eines Mädchens in einem Kinderheim. Die Herkunft des Kindes bleibt ungeklärt und auch der historische Hintergrund der dargestellten Wirklichkeit bleibt unterbelichtet. Im Mittelpunkt steht der Mikrokosmos Kinderheim, in dem das Kind aufgrund physischer Merkmale und psychischer Besonderheiten eine Außenseiterposition einnimmt. Das Mädchen erfährt eine zweifache Fremdheit: Einerseits ist es sich selbst entfremdet, da es zu seiner Erinnerung und dadurch zu Teilen seines Selbst keinen Zugang hat, andererseits entsteht Fremdheit durch die besondere Position, die das Mädchen im Umfeld seiner Heimgenossen besetzt. Der Text zeigt unterschiedliche Strategien des Umgangs mit der Fremdheit des Mädchens auf der Seite der Anderen, sowie auch die Bemühungen des Mädchens, durch ein bestimmtes Verhalten seine Fremdheit zu überwinden und Teil der Gemeinschaft zu werden. Die Umwelt reagiert auf das Mädchen abwehrend, es wird aus der Gemeinschaft ausgeschlossen. Auf den psychischen Druck, den der Ausschluss aus der Gemeinschaft mit sich bringt, reagiert das Mädchen mit Krankheit, die ihm einen Schutzraum bietet und seine Isolierung in gewisser Weise legitimiert. Folgende Textstelle zeigt, wie der Umgang mit Fremdheit im Text inszeniert wird:

> In dieser Hinsicht also ist das Mädchen einer Widersprüchlichkeit unterworfen, der zu entweichen es um so dringlicher sucht, sobald es einmal nicht krank ist. So schließt es sich beispielsweise sehr gern, gekleidet wie alle anderen, gewaschen wie alle anderen, der Gruppe von Mitschülern an, die nach Unterrichtsschluß das Schulgebäude verlassen, um zum Speiseraum hinüberzugehen. Und es gelingt ihm, obgleich alle anderen paarweise oder in kleineren Gruppen gehen und dabei untereinander schwatzen, und es selbst aber allein geht, weil niemand ein Interesse daran hat, mit ihm zu reden, es gelingt ihm dennoch, als zu dieser Gruppe gehörig aus der Schule ins Freie zu drängen, es trägt dennoch seinen Anteil zu dem Gewimmel und zu dessen Duft bei, Gewimmel und Duft von Schülern einer achten Klasse, die nach Schulschluß zum Speisesaal hinübergehen. Dieses bleiche, riesige Geschöpf setzt sich dann zu den anderen an den bekleckerten Eßtisch, an den Achte-Klasse Tisch, mitten unter seine Klassenkameraden, niemand darf etwas dagegen sagen, und wenn doch jemand etwas dagegen sagt, so handelt es sich allenfalls um Hohn innerhalb des Tisches, des Achte-Klasse-Tisches, um Klarstellung der internen Tisch-Fronten, um die schwarze Variante der Anerkennung, aber um Anerkennung, womöglich wird es sogar johlend willkommen geheißen, das Vielfraß. Es kann passieren, daß man ihm in sein Essen spuckt, aber allein muß es nicht sitzen, muß kein Eigenbrötler, muß nichts Beson-

deres sein. Die anderen sehen, wie es stumm das Essen in sich hinein-schaufelt, an manchen Tagen entblödet es sich nicht einmal zu fragen, ob es von ihren Tellern die Reste abessen dürfe, falls etwas übrigbleibe, die Knochen abnagen, die Soße ablecken, die Puddingnäpfe mit dem Finger ausputzen, aus abgestandenen Büchsen die letzten Tropfen saugen. [...] Sonst eher farblos bis an die Grenzen der Unsichtbarkeit, verleiht die Konzentration, die es auf das Essen wendet, ihm einen Anschein von Cha-rakter. So erregt das Mädchen zwar den Unwillen und den Ekel derer, vor deren Blicken es so unmäßig viel ißt, hat aber auch teil an der allgemei-nen Geselligkeit, und der Unwillen und der Ekel sind ganz gewöhnlicher Unwillen und Ekel, sind ganz alltäglich, die Grausamkeit, der das Mäd-chen beim Essen besonders gern ausgesetzt wird, ist eine ganz normale Grausamkeit, auf die das Mädchen rechnen kann, ist die Grausamkeit, die ihm zusteht, und ist vor allem nicht nichts. (Erpenbeck 2001, 62–64)

Das Mädchen bemüht sich um die Anerkennung der Anderen, auch wenn diese lediglich in Hohn und Ablehnung besteht. Obwohl negativ, sind Hohn und Ablehnung wenigstens Reaktionen, auf die das Mädchen reagie-ren kann, zu denen es sich verhalten kann, und in diesem Fall leichter zu ertragen, als die Ignoranz der Umwelt, die dem Mädchen eine Daseinsbe-rechtigung absprechen würde. Diese Textstelle demonstriert zwei Arten von Vereinnahmungsstrategien, Ablehnung und Assimilation. Zu einem ableh-nenden Umgang mit Fremdheit kommt es aufgrund anderer Verhaltenswei-sen und physischer Dispositionen, was zur Bestätigung bereits vorhandener Stereotype führt. Bezeichnenderweise und im Unterschied zu anderen Figu-ren im Text hat das Mädchen keinen Eigennamen, es ist als Fremdes gewis-sermaßen entindividualisiert und wird durch Stereotypisierung klassifiziert, was einerseits den Umgang mit Fremdheit erleichtert, anderseits Stereotype und vorgefasste Wahrnehmungsmuster leichter überleben lässt. Bereits der Soziologe Georg Simmel verweist darauf, dass Fremde nicht als Individuen wahrgenommen werden, sondern als Fremde eines bestimmten Typus, was den Umgang mit ihnen „erleichtert" (vgl. Simmel 1992, 770). Zum anderen zeigt die Textstelle das Bestreben des aus der Gemeinschaft Ausgeschlosse-nen, durch Anpassung bzw. durch Erfüllung der an ihn gestellten Erwartun-gen Teil der Umgebung zu werden. Der im Text inszenierte Umgang mit Fremdheit basiert nicht nur auf der Grausamkeit der Umwelt, sondern auch auf dem Sklaventum des Mädchens, das sich seiner Fremdheit bewusst ist, diese jedoch nicht als Teil seiner selbst akzeptieren kann und sie den Maß-stäben der Anderen opfert.

Auch anhand des bereits erwähnten Romans *Herztier* von Herta Müller lässt sich der Umgang mit struktureller Fremdheit thematisieren. Der Roman erzählt die Geschichte von vier Freunden, die gegen das Ceaușescu-Regime im Rumänien der achtziger Jahre des 20. Jahrhunderts Widerstand leisten und dadurch Opfer der Verfolgung durch den rumänischen Geheimdienst werden. Der in diesem Text beschriebene aneignende Umgang mit Fremd-heit endet schließlich in Ausgrenzung und Vernichtung des Fremden. Die vier Protagonisten leben in der Diktatur, Sinnbild der Zerstörung des Indivi-duums, und leisten Widerstand gegen die Vergesellschaftung, Verdingli-chung, Entindividualisierung und totale Vereinnahmung des Menschen in totalitären Systemen. Diesen Widerstand bezahlen sie mit Verfolgung, Unterdrückung, Flucht und (Selbst)mord, wovon auch diejenigen betroffen sind, die sich ihrer oppositionellen Haltung nicht einmal bewusst sind, wie das Mädchen Lola. Sie scheint zwar eine angepasste Studentin zu sein, die Parteibroschüren liest und sich den Mächtigen willenlos ausliefert, trotzdem treiben gerade diese sie zum Selbstmord, da sie vor der inneren Welt Lolas, die sich einerseits als individueller Glaube und andererseits in ihrem Tagebuch manifestiert, kapitulieren müssen. Der Glaube und die Sprache des Tagebuchs schaffen einen Rückzugsort, der sich dem Zugriff der Macht entzieht, verweigert, wofür das Mädchen mit dem totalen Ausschluss bezahlen muss. Fremdheit, die sich hier als Diskurs der Sprache manifestiert, stellt eine Bedrohung für die herrschende Ordnung dar, die sich ihrerseits durch die Vernichtung des Fremden schützt.

Lola ging immer öfter zum Lehrstuhl, und das Wort gefiel ihr noch immer so gut. Und sie sagte es immer öfter und wußte immer noch nicht, wie gut dieses Wort ihr gefiel. Sie redete immer öfter über Bewußtsein und Angleichung von Stadt und Dorf. Lola war seit einer Woche Mitglied in der Partei und zeigte ihr rotes Buch. Auf der ersten Seite war Lolas Bild. […] Jemand sagte, du gehst doch in die Kirche. Und Lola sagte, das tun die anderen auch. Man darf es nur nicht zeigen, daß man den anderen kennt. […]
Neben Lolas Bett stapelten sich die Parteibroschüren. Jemand flüsterte im kleinen Viereck, und jemand schwieg. Die Mädchen flüsterten und schwiegen schon lange, wenn Lola im Viereck war.
Lola schreibt in ihr Heft: Die Mutter geht mit mir in die Kirche. Es ist kalt, doch vom Weihrauch des Pfarrers scheint es warm. Alle ziehen die Handschuhe aus und halten sie zwischen den gefalteten Händen. Ich sitze in der Kinderbank. Ich habe mich ganz an den Rand gesetzt, damit ich die Mutter sehen kann.
Schon seitdem Lola den Glaskasten putzte, machten die Mädchen sich mit den Augen und Händen Zeichen, wenn sie etwas vor Lola nicht sagen wollten.
Die Mutter sagt, sie betet auch für mich, schreibt Lola. Mein Handschuh hat ein Loch an der Daumenspitze, das Loch hat einen Kranz aus spitzen Maschen. Für mich ist es ein Dornenkranz.
Lola saß auf dem Bett und las eine Broschüre über die Verbesserung der ideologischen Parteiarbeit.
Ich ziehe am Faden, schreibt Lola, der Dornenkranz dreht sich nach unten. Die Mutter singt, Gott erbarme dich unser, und ich ziehe am Handschuh den Daumen auf.
Lola unterstrich so viele Sätze in der dünnen Broschüre, als nähme ihr die Hand den Überblick. […] Beim Unterstreichen dachte Lola zwischen einem Satz und dem anderen lange nach.
Ich werfe die Wolle nicht weg, schreibt Lola, auch wenn sie ganz verworren ist.
Lola machte Klammern um die Sätze der Broschüren. Neben jede Klammer malte Lola ein dickes Kreuz an den Rand.
Die Mutter strickt mir den Daumen wieder, schreibt Lola, für die Daumenspitze nimmt sie neue Wolle. (Müller 2009, 27–29)

Allein durch die Anordnung der Sätze, die abwechselnd Lolas Parteimit-
gliedschaft und ihre Flucht in das Schreiben schildern, wird die Funktion
des Schreibens als Gegendiskurs deutlich. Die poetische Sprache übernimmt hier die Funktion des Eindringlings, des Fremden, der das Gegebene
stets in Frage stellt und eine andere Wahrheit zur Sprache bringen will. Bezeichnenderweise bringt ein Kind diesen Sachverhalt im Text zum Ausdruck, denn gerade die Figur des Kindes fungiert per se als Gegenordnung
zum herrschenden Diskurs der Erwachsenen:

> Das Kind redet weiter. Beim Reden bleibt etwas auf der Zunge liegen.
> Das Kind denkt sich, es kann nur die Wahrheit sein, die sich auf die Zun-
> ge legt wie ein Kirschkern, der nicht in den Hals fallen will. Solange die
> Stimme beim Reden ins Ohr steigt, wartet sie auf die Wahrheit. Aber
> gleich nach dem Schweigen, denkt sich das Kind, ist alles gelogen, weil
> die Wahrheit in den Hals gefallen ist. Weil der Mund das Wort *gegessen*
> nicht gesagt hat. (ebd., 15; Hervorhebung im Original)

Die Bewusstmachung eines aneignenden Umgangs mit Fremdheit kann
auch über die Bewusstmachung von Lektürestrategien erfolgen. Aufgrund
ihrer systembedingten Fremdheit und der Fremdheit des literarischen Diskurses, der poetischen Alterität, kann Literatur für den Rezipienten strukturell oder auch radikal fremd sein. Das Lesen und Interpretieren literarischer
Texte ist in gewisser Weise immer ein aneignender Akt, denn der Leser bezieht den Text „unmittelbar auf sich und interessiert sich für die Relevanz,
die der Text für ihn heute hat oder haben könnte" (Tepe 2007, 98), wodurch
das Fremde aus dem Blick geraten kann. Zur aneignenden Lektüre gehört
nicht nur die Einordnung des Dargestellten in den eigenen Erfahrungshori-
zont, wie das bei Aktualisierungen der Fall ist, sondern auch die Gleichsetzung der Textwirklichkeit mit der außertextlichen Wirklichkeit, was dazu
führt, dass die literarische Fiktion mit Kriterien der eigenen Ordnung überprüft und die Autonomie der Textwelt ignoriert wird. Aneignung vollzieht
sich gleichermaßen auf der Diskursebene, wenn sprachliche oder inhaltliche Abweichungen oder Brüche überlesen oder harmonisiert werden.

Eine aneignende Lektüre lässt sich sicherlich nicht vermeiden und ist
auch durchaus legitim (vgl. Tepe 2007, 97–123), allerdings ist es gerade für
den Bereich der interkulturellen Literaturwissenschaft notwendig, dass die
aneignenden Strategien beim Lesen ins Bewusstsein gehoben werden, um
den Umgang mit Fremdheit zusätzlich zu problematisieren. Das kann durch
Selbstbeobachtung erfolgen, durch die Artikulation des eigenen Standpunktes. Hierzu gehören neben den bereits erwähnten Standortfaktoren auch die
Leseerwartungen, die eigenen Interessen und der durch Sozialisation erwor-
bene Umgang mit Kunst.

Erster Schritt einer reflexiven Annäherung an strukturelle Fremdheit ist die
Bewusstmachung der jeweiligen Verstehensvoraussetzungen. Idealerweise
versucht sich der Leser mit der Fremdheit des Textes auch produktiv auseinanderzusetzen, indem er eine Antwort auf diejenigen Fragen findet, die
der Text aufwirft und zunächst möglicherweise unbeantwortet lässt. Hilf-
reich ist hierbei eine textzentrierte oder textnahe Lektüretechnik, die sich
gerade mit denjenigen Textstellen auseinandersetzt, die den Leseprozess

Bewusstmachung von Lektürestrategien

Textnahe Lektüretechnik

stören und, wiederum idealerweise, unterbrechen. Hierzu zählen Textstellen, die z. B.:
- die Gemachtheit, die Konstruiertheit des literarischen Textes explizieren,
- von einem normativen Sprachgebrauch abweichen,
- inhaltliche Inkohärenzen aufweisen,
- die Erzählstruktur unterbrechen.

Strukturelle Fremdheit auf der Ebene des literarischen Diskurses wird durch Abweichungen oder durch Verfremdung des Materials erzeugt. Aufgelöst werden kann sie nur insofern, als sie semantisiert, also in unterschiedliche Kontexte eingeordnet wird, wobei diese dann am Text überprüft werden müssen. Eine sehr subtile Abweichung von normativen Erzählstrukturen weist folgende Textstelle aus der Erzählung *Lewkin* (2006) von Thomas Palzhoff auf. Der Bruch mit den Leseerwartungen erfolgt über einen Konventionsbruch auf der narrativen Ebene durch die Einführung eines unzuverlässigen Erzählers, wodurch nicht nur die Authentizität der Erinnerung und des Erinnerungprozesses in Frage gestellt wird, sondern auch die Objektivität von Wirklichkeitskonstruktionen im Allgemeinen.

> Nachdem er einige Bretter des zerkleinerten Lattenrosts in die Restglut des Ofens geworfen hatte, zog er sich so ziemlich alles an, was er an Kleidung besaß; mit drei Pullovern am Leibe zwängte er sich in einen zottigen Pelzmantel, den er sich im November in einem passenden Moment von seiner Hauswirtin geliehen hatte (der passende Moment war gekommen, als sie nicht zum ersten Mal mit abwesend gläsernen Augen in irrer Erwartung der Rückkehr ihres verstorbenen Gatten durchs Treppenhaus geisterte; erst Ende März **sollte** ihr der Verlust dieser kostbaren Reliquie ihres Mannes **bewusst werden**, aber da **werden** der Mantel und Lewkin schon längst spurlos verschwunden sein.) Er zog sich einen dicken Wollschal bis über den Mund, setzte sich eine große, weit über die Ohren reichende Fellmütze auf den Kopf und versank augenblicklich in eine wattierte, lautlose Welt.
> Angesichts des Kälte **wird** er **wohl** die großen, zugigen Prospekte **gemieden** und den kürzesten Weg zum vereinbarten Treffpunkt **genommen haben**. (Palzhoff 2006, 9; Hervorhebung d. Autorin).

Der Text beginnt mit einer retrospektiven Schilderung und wechselt dann fast unmerklich in eine vorausdeutende Erzählung, was die Leseerwartungen irritiert. Darüber hinaus handelt es sich hierbei um eine zukunftsungewisse Vorausdeutung, worauf der Konjunktiv II des Modalverbs ‚sollen‘ ebenso verweist wie das Futur II, denn beide grammatische Strukturen drücken Vermutung und Behauptung aus, verdeutlichen also die Ungewissheit, in der sich Erzähler und damit auch Leser befinden. Diese Erzählstruktur, für die eine unzuverlässige narrative Instanz charakteristisch ist, weist nicht nur auf die Konstruiertheit der Erzählung und dabei auf die Konstruiertheit von Wahrnehmung und Wirklichkeit hin, sondern auch auf die Subjektivität von Wahrnehmung und Deutung. Mit Hilfe eines unzuverlässigen oder unglaubwürdigen Erzählers wird nicht nur die Relativität von Konzepten wie Subjektivität und Objektivität deutlich, sondern auch die Subjektivität und die damit einhergehende Variabilität von Deutung und Wertung, was im Kontext des interkulturellen Paradigmas besonders hervorgehoben werden sollte, wo es durch die Aktivierung von vorgefügten Meinungen zu Festschreibungen des Anderen kommen kann. Bewusst gemacht werden kann dadurch auch die Heterogenität, die Individuen, Kulturen und ähnlichen Konzepten anhaftet.

Annäherung an die strukturelle Fremdheit des Textes bedeutet auf dieser Ebene eine Einarbeitung in den Textbestand und ein Erfassen des Textsinns (vgl. Tepe 2007, 160f.), wozu folgende Ebenen zählen:

Textbestand und Textsinn

– Textwelt-Sinn, der sich aus dem Erfassen der Textwelt ergibt.
– Prägungs-Sinn, wobei die textprägenden Instanzen wie Textkonzept, Literaturprogramm und Überzeugungssystem erfasst werden.
– Kontext-Sinn, der sich aus dem Erfassen der Kontexte ergibt.
– Relevanz-Sinn, der als Erfassen der aktuellen Relevanz des Textes zu verstehen ist.

Mit Hilfe dieser Differenzierung lässt sich strukturelle Fremdheit in Texten auflösen, wobei die Beschäftigung mit den jeweiligen Kontexten eine Einarbeitung in die Voraussetzungen der anderen Kultur gewährleistet – und zwar sehr differenziert. Die Erschließung der anderen Kultur, des anderen Geschlechts oder der anderen Generation über die jeweils individuelle Darstellung in literarischen Texten wird der Heterogenität von Kulturen, Gruppen und Individuen eher gerecht als die Reproduktion bereits vorhandener Vorstellungen und Bilder des Anderen, was Stereotype allenfalls bestätigt.

Im Gegensatz zur reproduktiven Analyse, die darum bemüht ist, zunächst Unbekanntes in Bekanntes zu überführen, beschäftigt sich die produktive Analyse mit denjenigen Aspekten des Textes, die sich einer definitiven Einordnung entziehen. Ihr entspricht eine aufmerksame Lesehaltung, die ein Hinsehen erforderlich macht, ein Anhalten oder Stehenbleiben vor den Phänomenen, wie sie sich zunächst zeigen. Das bedeutet, der Leser reagiert auf die Fremdheit im Text, und zwar ohne „Absicherung" durch vorgefasste Meinungen und Annahmen. Anhalten bedeutet hier im Sinne der phänomenologischen Methode der Epoché ein bewusstes Ausschalten solcher Annahmen und Meinungen, um Fremdheit nicht im vornherein zu klassifizieren und zu berurteilen. Man könnte diese Lesehaltung als „interesseloses Lesen" (Leskovec 2009, 264) oder als „interesselose Hingabe" (Mecklenburg 2008, 54) bezeichnen, wobei die Affizierung, das Getroffensein durch das Fremde, im Mittelpunkt steht, und nicht diejenigen Annahmen, die die Rezeption im Vorfeld lenken. Die Textanalyse geht in diesem Fall vom Appell des Fremden aus und versucht auf diejenigen Phänomen im Text zu reagieren, die die Rezeption stören, da sie die Verstehensfähigkeiten überbeanspruchen, sich gewissermaßen außerhalb des Horizontes des Verstehens und des Verstehenkönnens bewegen. Solche Textstellen fungieren als Stolpersteine oder als Chaosstellen, die die Ordnung zum Kippen bringen und das Fremde akzentuiert ins Auge rücken (vgl. Hammer 2009, 99). Der einfachste Umgang mit solchen Stellen ist Ignoranz, ein Überlesen, obwohl das aufgrund ihrer Dringlichkeit nur schwer zu leisten ist. Es bietet sich ein Herantasten an, das möglicherweise keine allgemeingültigen Antworten liefert, wohl aber die Erfahrung der Ambiguität vermittelt: Mehrdeutigkeit

Produktive Analyse

Interesseloses Lesen

Stolpersteine

kann als etwas Produktives erfahren werden, weil sie einerseits ganz individuelle Disambiguierungsprozesse auslöst und andererseits Bedeutungspro-
zesse generiert, die einen Gegenstand oder Sachverhalt in immer größerer
Komplexität vor Augen führen. Eine produktive Analyse, deren Ziel nicht
unbedingt das Verstehen des Anderen oder des radikal Fremden ist, das ja
per definitionem in seinem Wesen unverständlich bleibt, dient also einerseits einer Bewusstmachung von Mehrdeutigkeiten, andererseits aber ist sie
durchaus als Aufforderung zu verstehen, sich der Bedeutungsfindung, der
Antwortfindung zu stellen. Grundlegend ist das Sichtbarmachen des Fremden, eine reflektierte Annäherung, ein Nachgehen und Nachspüren in Bereiche, in die man nicht so ohne Weiteres bereit ist zu folgen. Radikale
Fremdheit existiert ja nicht nur auf der Ebene des Diskurses als abweichende Darstellung, die zwar schwer zu ertragen ist, jedoch relativ harmlos
bleibt. Zu einer Gefahr wird radikale Fremdheit erst dann, wenn sie das Innere affiziert und gleichzeitig bedroht, es betroffen macht und den Rezipienten emotional und intellektuell hilflos zurück lässt. Dies kann auch
eine Wirkung von Kunst sein, denn sie arbeitet ja auf eine spezifische Weise
Erfahrungen durch und überträgt diese auf den Rezipienten, erprobt sozusa-
gen einen Erfahrungswandel.

Umgang mit radikaler Fremdheit Dann erst stellt sich die Frage, wie man mit so (auf)dringlichen Phänomenen wie beispielsweise Gewalt oder Tod umgehen soll, die insofern univer-
sell sind, als sie Teil des menschlichen Daseins sind, allerdings individuell
unterschiedlich gedeutet werden. Insofern lässt sich Literatur als Erpro-
bungsfeld funktionalisieren, bietet im Idealfall sogar Lösungen an, nicht für
das Verstehen des radikal Fremden, sondern für einen Umgang damit. Allerdings gibt es weder einen institutionalisierten noch einfachen Umgang mit
Phänomenen des radikal Fremden, einfach in dem Sinne, dass sich eine be-
friedigende oder verstehbare (Auf)Lösung ergeben würde, was sich aus der
Singularität der Fremderfahrung ergibt. Die Erfahrung des Fremden ist eine
individuelle Erfahrung, insofern ist auch der jeweilige Umgang damit eine
individuelle Reaktion auf den unausweichlichen Appell des Fremden, das
sich insofern als pathisches Ereignis bezeichnen lässt. Pathische Ereignisse
beunruhigen und stören die Erfahrung und die Wahrnehmung, indem sie
den Rezipienten betroffen machen. Genau dieses Getroffensein provoziert
eine Reaktion, ein Antworten, was in der Phänomenologie als ‚Responsivität‘ bezeichnet wird. Nach Bernhard Waldenfels ist Responsivität Voraussetzung für einen kreativen und produktiven Umgang mit Fremdheit.

Im Folgenden soll nun auf zwei Texte eingegangen werden, die Fremdwahrnehmung und Fremderfahrung auf unterschiedliche Weise darstellen.
Geht es in Katharina Hackers Roman *Die Habenichtse* (2006) um einen res-
ponsiven Umgang mit Fremdheit, so zeigt der Roman *Hundert Tage* (2008)
von Lukas Bärfuss Fremdheit als Erfahrungsschock, auf den das Subjekt mit
Aneignungsbestrebungen in Form unterschiedlicher Zentrismen reagiert.

Der im Jahre 2008 erschienene Roman *Hundert Tage* von Lukas Bärfuss
erzählt die Geschichte von David Hohl, der Anfang der neunziger Jahre als
Entwicklungshelfer nach Ruanda kommt. Aus der Retrospektive schildert
der Roman die Arbeit Davids als Mitglied der Schweizer Entwicklungshilfe,
sein Liebesverhältnis zu Agathe, einer jungen, „europäisierten" Hutu, und
versucht, die Gründe für den sich abzeichnenden Bürgerkrieg zu eruieren.

Davids Kollegen verlassen Ruanda kurz vor dem Ausbruch der Gewalt, doch David verschanzt sich hundert Tage in seinem Haus, jene hundert Tage, in denen Ruanda vom Genozid heimgesucht wird. In dieser Zeit lässt er die hinter ihm liegenden vier Jahre an sich vorüberziehen und entschließt sich, nachdem er aus reinem Überlebenstrieb zum Verbündeten der Mörder wird, seine ehemalige Geliebte Agathe zu suchen. Er findet sie schließlich in einem Flüchtlingslager, kurz vor ihrem Tod.

In den Rezensionen wird in erster Linie auf das politische Engagement des Autors hingewiesen, auf seine Bemühungen, „Bilder zu finden, eine Sprache für die Realität dieses Krieges" (Böttiger 2008), aber auch auf die „kritische Auseinandersetzung mit den Fehlern der Schweizer Entwicklungshilfe" (Bucheli 2008). Es gehe, so die Frankfurter Allgemeine Zeitung, auch um einen Roman über den Westen, der angesichts dieses Völkermordes versagt habe, um einen Roman über die Schweiz, die sich von ihren exportierten und durch das Morden ins Absurde verkehrten Werten und Vorstellungen verabschieden müsse. Im Roman werde „Afrika zu einem Zerrspiegel des sich selbst unsicher werdenden Europa. Es spiegelt undeutlich, verschwommen so etwas wie die Dekadenz westlicher Werte." (Böttiger 2008) Dieses Zitat verweist deutlich auf eine zentrale Problematik im Kontext von Fremdwahrnehmung, Fremderfahrung und Fremdverstehen: Es geht immer wieder um eine Instrumentalisierung des Fremden, darum, das Eigene durch die Erfahrung des Fremden besser verstehen zu wollen. Vor diesem Hintergrund liest sich die Rezensionsnotiz wie der Versuch einer „Technologisierung der Erfahrung" (Waldenfels 2002, 31), bei der es darum geht, die Störungen und Schocks, die Fremdes auslösen kann, zu linearisieren, die Fremderfahrung abzuschwächen. Insofern wundert es nicht, dass die Rezensionen mit Klischees aufwarten, um das Verstörende des Romans in ein ordentliches Raster einzuordnen. Afrika, das „Herz der Finsternis" (Magenau 2008), wird in den Rezensionen immer noch als Gegenstück des europäischen Kontinents wahrgenommen, auch wenn es, politisch ganz korrekt, diesmal zur Projektionsfläche von Schuldgefühlen und Selbstanschuldigungen wird. Dass es in diesem Roman aber auch um Fremdheit, um die Erfahrung von Fremdheit und den Umgang damit geht – und zwar um eine Form der existenziellen Fremdheit –, wird nicht wahrgenommen. Fremdheit erscheint allenfalls als „kulturelle Fremdheit" (ebd.) zwischen David und seiner „afrikanischen" Geliebten, wobei unklar bleibt, was eigentlich damit gemeint ist.

Der Blick auf die Rezensionen zeigt, dass Fremdheit, sofern sie überhaupt wahrgenommen wird, häufig als Projektionsfläche des Eigenen dient und dass das Schockierende der Fremderfahrung durch Einordnung in bestehende kognitive Muster geschlossen wird. Dazu gehören Zuordnungen und Stereotypisierungen, die eine Differenzierung von vornherein ausschließen und so bestehende Klischeevorstellungen nur vertiefen. Der Text ist eine kritische Auseinandersetzung mit der europäischen Wahrnehmung Afrikas, dem Abtrünnigen und Unbegreiflichen, das der Blick der Europäer sehen möchte. Der Text dekonstruiert in der Retrospektive (der intradiegetische Ich-Erzähler, der gleichzeitig der Protagonist ist, erzählt einem extradiegetischen Ich-Erzähler seine Geschichte) das ego- und eurozentrische Verhalten seiner Handlungsträger. Es handelt sich um einen Roman über Zerstörung und Gewalt, ein Text über den Verlust des Glaubens an Moral und Vernunft, über das Auseinanderklaffen zwischen den eigenen Wertvorstellungen und der Wirklichkeit. Bärfuss' Text ist aber auch ein Text über Fremdheit, die Davids Welt durchfurchtet, über ihr verstörendes Potenzial, über die (Nicht) Wahrnehmung des Fremden und über die Unsicherheit, die Fremdes im Subjekt auslöst. Es ist ein Roman, der den Umgang mit Fremdheit thematisiert und Formen von Ego-, Euro- und Logozentrismus inszeniert. Und schließlich ist der Roman ein Text über Nicht-Indifferenz, über die Erschütterungen und Abweichungen vom Gleichmaß der Normativität, über den Schock, dem sich das Individuum ausgesetzt sieht und über die Zerstörungen, die Fremdheit zurücklässt.

Der Protagonist erfährt Fremdheit in unterschiedlichen Abstufungen: als Fremdheit innerhalb der eigenen Ordnung (das Unvertrautsein mit den anderen Europäern, Davids ablehnende Haltung gegenüber den Regeln und Verordnungen der Organisation), als Fremdheit der anderen Kultur, deren Andersheit ihn fasziniert und teilweise unverständlich bleibt, und als Widerfahrnis, als ein „Sichangerührtfühlen und als ein Ergriffenwerden" (Waldenfels 2002, 91), durch das er aus dem Gleichgewicht gerät. Mittelpunkt der folgenden Betrachtungen werden genau diese Art der Fremderfahrung und Davids Reaktionen darauf sein.

In einem besonderen Maße aufmerksamkeitserregend sind jene Stellen im Roman, die sich auf die Beziehung zwischen David und Agathe beziehen. Beide steigern sich in eine seltsame sexuelle Raserei hinein, die dazu führt, dass ihr Verhältnis auf Obszönitäten und Gewaltsamkeiten hinauszulaufen scheint. Jedoch geht es hierbei weniger um den Versuch des Autors, „Affinitäten zwischen dem sexuellen Begehren seiner Hauptperson und der Erfahrung von Gewalt herzustellen" (Kuhn 2008), sondern eher um die Inszenierung einer Fremderfahrung – der Erfahrung des Anderen als ein ständiger Entzug, als Uneinholbarkeit, eine Erfahrung, die sowohl das Verhältnis zu Agathe als auch zu Ruanda prägt. David reagiert auf den Entzug zunächst verunsichert, schließlich jedoch mit dem Versuch, erneut Ordnungen zu etablieren. Insofern kann die sexuelle Beziehung zwischen David und Agathe exemplarisch für die unterschiedlichen Fremdheitserfahrungen gelesen werden, denen David ausgesetzt ist.

Im sexuellen Akt, in der Berührung des Anderen, wird Fremdes erfahrbar, denn „Berühren ist der Augenblick der Berührung und der Erfahrung der Fremdheit" (Waldenfels 2002, 80), gleichzeitig jedoch auch die Erfahrung der Unüberwindbarkeit des Fremden, denn auch in der Berührung wird der „Gegensatz von Nähe und Ferne" (ebd., 81) nicht ausgelöscht. Auf die Erfahrung der Unüberwindbarkeit reagiert David meines Erachtens durch den Versuch der totalen Vereinnahmung des Fremden – seiner Geliebten und des fremden Landes. Er kann sich der Fremdheit nicht aussetzen, er kann ihre Irritationen nicht aushalten, sondern ist stets darum bemüht, die Störung, die sein Bewusstsein durch die Wahrnehmung des Fremden erfährt, zu beseitigen, indem er versucht, das Fremde zu verstehen. Insofern sind die Berührungen zwischen David und Agathe nicht nur wortwörtlich zu verstehen, sondern auch als „Eindringen in jemanden" (ebd., 83), als die Bemühung um „Einsicht, um Erschließung, Aufdeckung, Vertiefung" (ebd.), um eine gewaltsame Überwindung des Fremden also, einem fast kolonialis-

tisch anmutenden Akt, denn „Berühren bedeutet nicht nur Betasten und Ein-
wirken, es bedeutet auch ein Betreten fremder Räume" (ebd.), in denen sich
der Protagonist von Anfang an nicht zurechtfindet: Bereits als er Agathe am
Brüsseler Flughafen kennenlernt, löst sie in ihm eine Flut von stereotypen
Denk- und Verhaltensweise aus, denn er versteht sich – und zwar ohne,
dass ihr Verhalten dazu Anlass gegeben hätte – als Retter, als Gutmensch,
als Antikolonialist und als Verfechter der Menschenrechte und spult dementsprechend eine ganze Reihe einstudierter und unreflektierter Verhaltens-
mechanismen ab, was allerdings völlig unbewusst, fast automatisch geschieht. Ihrer überheblichen und abweisenden Reaktion steht er dagegen
zunächst einmal völlig ratlos gegenüber. Bereits bei diesem ersten Treffen
muss er sich damit abfinden, dass er die Frau mit seinen Vorstellungen und
Erwartungen nicht (be)greifen kann, eine Erfahrung, die sich im Folgenden
immer mehr verschärft. Insofern lässt sich die exzessive und intensiv ge-
schilderte Sexualität im Roman zweifach verstehen: Einerseits als Aneignungsbestrebungen Davids, als Besitzergreifen, andererseits als Phänomen,
das gerade diese Ansprüche ad absurdum führt, das jeden Versuch des Ord-
nens in Frage stellt, als Grenzsituation, die zeigt, dass eine Vereinnahmung
des Fremden nicht möglich ist, da es sich einem Zugriff entzieht.

Darauf, dass sich die Sexualität im Roman exemplarisch als Aneignungs-
bestrebung lesen lässt, lassen u. a. Davids Versuche schließen, das, was sich
zwischen Agathe und ihm ereignet, zu benennen. Dazu bedient er sich
einer obszönen, gewaltsamen Sprache, die seine Irritation gleichermaßen
auf den Rezipienten überträgt, die jedoch sein Fühlen, sein eigentliches Begehren, nicht bezeichnen kann. Dafür, so scheint es, findet er keine Worte,
es entzieht sich ihm, übrig bleibt nur das dumpfe Gefühl, nicht am Ziel zu
sein. Dieses scheint die totale Inbesitznahme der Frau als dem Fremden zu
sein, was ihm aber nicht gelingt, da er die Frau gerade in den Augenblicken
größter körperlicher Nähe nicht zu fassen bekommt. Sein Wunsch nach totaler Entblößung, nach totaler Annäherung, erfüllt sich nicht.

> Aber wenn ich Agathe sah, den Silberglanz auf ihrer Haut, ihre Lippen,
> und das kalbsfleischfarbene Zahnfleisch, dann musste ich meine Zunge
> darüber fahren lassen, und wenn ich sie dann küsste, dann wollte ich sie
> anfassen, und wenn ich dann ihre Brüste, den Hintern, den Nacken be-
> rührte, dann wollte ich sie vögeln, mein Ding in Agathe pflanzen, was
> immer sie mir anbot, und wenn ich dann hinter ihr oder unter Agathe lag,
> dort wo meine Lust mich hingebracht hatte, dann wusste ich nicht mehr,
> was ich noch hätte wollen können, aber ich spürte, dass ich nicht am Ziel
> war. (Bärfuss 2008, 107)

Diese Benennung kommt dem Versuch einer Beherrschung gleich, denn
nach Foucault zeigt sich die Aneignung des Eros beispielsweise in dem Bestreben, ihn zu zerreden, ihn in bestimmte offizielle Diskurse einzuordnen,
um das Unverständliche zu glätten, an „die Oberfläche" (Waldenfels 2008,
156) zu zerren. Durch das Bezeichnen wird der Andere greifbar, verstehbar,
kategorisierbar; doch dieser Versuch scheitert letztendlich, da es David
nicht möglich ist, die Unmittelbarkeit der Erfahrung durch Sprache einzu-
fangen, so wie es ihm nicht möglich ist, Agathe zu bezeichnen, besprechbar
und damit für sich verstehbar zu machen.

Die Sexualität steigert sich zum Vereinigungswahn, begleitet von einem diffusen Bewusstsein, dass „die Nähe zum Nächsten mit einer genuinen Fremdheit durchsetzt ist" (Waldenfels 2002, 86), was David jedoch nicht verinnerlichen kann, da er genau diese genuine Fremdheit, das nicht zu schließende Loch in der Erfahrung des Anderen, nicht aushalten kann.

Agathe wird zu einem Anderswo, zu einem Ort, an dem das Ich nie war und nie sein kann. In ihr inszeniert sich die Erfahrung der Verschiebung – eine Erfahrung der Nicht-Koinzidenz als Erfahrung genuiner Fremdheit. Durch die Konfrontation mit Fremdheit in der Sexualität erfährt David also eine Erschütterung seines Selbst, der Überzeugung von der Stabilität des Ich, verstärkt noch durch die Erfahrung der Ekstase, die ihn verändert, von sich selbst wegschiebt. Diese Selbstverschiebung, die nach Waldenfels konstitutiv für ekstatische Fremdheit ist, nimmt David zwar wahr, er kann sich jedoch weder in ihr lokalisieren noch findet er eine Erklärung dafür. Insofern lassen sich die zahlreichen Hinweise auf sein Nichtverstehen im Text als Störungen des Bewusstseins durch die Fremderfahrung lesen. „Ich hatte keine Ahnung", „Ich ahnte" (Bärfuss 2008, 127), „Ich weiß nicht", „Ich hatte das Gefühl, […], wusste nicht", „ich wusste nicht" (ebd., 129). Die Ekstase ist keine freigewählte Möglichkeit, sie ist ein Grenzphänomen, in dem das Subjekt „der Möglichkeit der wissenden, überwältigenden, besitzenden Aneignung beraubt [ist] und sogar seiner zuvor behaupteten Identität verlustig" (Rauscher 2011) geht.

Die sexuelle Beziehung zwischen Agathe und David, die den Protagonisten verwirrt, da er Agathes Sexualität als „tierhaft, als einfache Bedürfnisbefriedigung" (Böttiger 2008) wahrnimmt, könnte, wie das in manchen Rezensionen der Fall ist, als Darstellung kultureller Fremdheit oder als Abgrund „der ganz allgemein die Schweizer Wahrnehmung von Afrika trennt" (ebd.) gedeutet werden. Meines Erachtens geht es um die Inszenierung einer Fremderfahrung und der Reaktion darauf: Einerseits um den Wunsch nach einer gewaltsamen Integration oder Inbesitznahme des Fremden, andererseits um die Erschütterungen, denen das Ich in der Fremderfahrung ausgeliefert ist.

Auch der Schluss des Romans liest sich wie der Versuch einer endgültigen Vereinnahmung und deren Scheitern. David findet Agathe in einem Flüchtlingslager, wo sie im Sterben liegt. Im Augenblick des Sterbens ist er davon überzeugt, ihr wahres Wesen endlich zu erkennen. Doch auch hier geht es um eine Fehldeutung, um den kläglichen Versuch, die Frau, seine Beziehung zu ihr und zu dem Land in eine vernünftige Ordnung zu bringen:

Solange ich bei ihr war, würde sie nicht sterben. Ich nahm ihre Hand, die schwer war, weil der ganze Arm daran hing, und ich wusste, dass an einem Sterbebett kein Triumphgefühl aufkommen sollte, und trotzdem befiel mich eine große Befriedigung, als ich in ihren Augen einen letzten Rest Erstaunen zu erkennen glaubte, eine Verwunderung, dass ich es war, der in ihren letzten Momenten bei ihr war. Ich habe es dir immer gesagt, murmelte ich, immer habe ich es dir gesagt, und eine Stimme in meinem Innern begann zu frohlocken, denn unzweifelhaft breitete sich so etwas wie Überraschung auf ihrem Gesicht aus, und zum ersten Mal erkannte ich Agathe, sah hinter die Maske, hinter den Spiegel ihrer Augen, in dem ich immer nur mich gesehen hatte, meine Eitelkeit, Vergnügungssucht, meinen Zorn auf dieses Land, und jetzt war da so etwas wie eine Seele, ein Mensch, ein Leben. Ich hätte mich in jenem Moment abwenden und gehen sollen, dann würde ich mich heute als Sieger fühlen, dann hätte ich niemals erfahren, wie ich auch dieses Mal alle Zeichen missdeutet hatte. Nicht ich war der Grund für ihre letzte Verblüffung, es war der Tod selbst, der sie überraschte […]. (Bärfuss 2008, 195/196)

Diese Textstelle verdeutlicht, worum es David eigentlich geht: Das Fremde, nicht nur seine Geliebte, sondern auch Ruanda, sind nichts anderes als die Projektionsfläche seines Selbst, er instrumentalisiert sie in einem infantilen Narzissmus als Spiegelbild seiner eigenen Sehnsüchte und seines Begehrens. Es geht einerseits um bloßen Exotismus, um die egozentrische Erfahrung des Fremden als Erweiterung des Eigenen, andererseits irritiert ihn die Eigendynamik des Fremden, die er nicht beherrschen kann. So sucht er zunächst das Fremde bzw. das, was er sich darunter vorstellt, und reagiert enttäuscht auf die offensichtliche Ordnung, die in Ruanda herrscht:

Wir genossen zwar die Annehmlichkeiten, die Ordnung, das gesunde Klima, aber gleichzeitig wünschten wir uns manchmal, wir hätten uns der Urmutter näher gefühlt, dem dunklen Ursprung, der nicht weit entfernt pulsieren musste. Wir hätten gern öfter geschwitzt, häufiger das Weiße in den Augen der Menschen gesehen, den Wahnsinn zum Frühstück begrüßt. […] Wir saßen im Herzen des schwarzen Kontinents, aber es war einfach nicht heiß genug, um den metaphysischen Schreck zu fühlen. Wir hätten uns gern ein wenig in das Vorzeitliche verstrickt, aber keiner von uns hatte eine Ahnung, wo oder wie er suchen musste. (Bärfuss 2008, 53)

Vereinnahmung von Fremdheit erfolgt hier über die Aktivierung von klassischen Stereotypen über den afrikanischen Kontinent, der in der Vorstellung der Europäer als das genuin Fremde lebt, das jedoch – paradoxerweise – im vornherein gerade durch stereotypisierte Bezeichnungen gezähmt wird. Fremdheit darf faszinieren, darf erregen, darf einen Einblick gewähren in Abgründe, die aus dem eigenen Selbstbild verdrängt sind, doch Fremdheit darf nicht unbezähmbar sein, sie darf keine unkontrollierbare Eigendynamik entwickeln, darf nicht auf die Abgründe des Chaos in der eigenen Ordnung hinweisen. Fremdheit darf keine eigene Ordnung etablieren oder – noch schlimmer – als Teil der eigenen Ordnung erfahrbar werden. Fremdheit wird von vornherein als solche definiert und mit den eigenen Maßstäben gemessen – eine typisch eurozentrische Haltung. Nicht nur David ist in seinem Umgang mit Fremdheit narzisstisch, auch die Bestrebungen der Schweizer Entwicklungshilfe scheinen nichts anderes als bloßer Eigennutz zu sein, geprägt von einem eurozentrischen Blick auf Afrika:

Dieses Land hatte sich an die Entwicklungshilfe verkauft, und deshalb verachteten viele von uns diese Leute. Sie waren nicht wild geblieben. Sie schwitzten nicht. Sie tanzten nicht. Sie kochten keine Kräuter aus, tranken keine psychedelischen Säfte. Alles, was wir nicht verstanden, verstanden wir nur deshalb nicht, weil keiner von uns ihre Sprache verstand. (Bärfuss 2008, 53)

Die Enttäuschung ist Ergebnis der unerfüllten Erwartungen: Der Europäer legt die Gestalt des Fremden fest und reagiert frustriert, wenn sich Afrika nicht als das berüchtigte „Herz der Finsternis" zu erkennen gibt. Ein derartiger Umgang mit Fremdheit verkennt die andere Ordnung, nimmt das Andere nicht als Anderes wahr, sondern lediglich als einen Teil des Eigenen, wodurch sich auch die Ignoranz dem eigenen Nichtverstehen gegenüber erklären lässt: Das Nichtverstehen des Anderen ist lediglich Ergebnis der kulturellen Fremdheit, der anderen Sprache, eine leicht abzubauende Fremdheit also, die sich mit Hilfe von logischen Sprachstrukturen schnell erklären lässt, die „erlernbar" ist.

Eurozentrismus zeigt sich im Roman nicht nur als eine europäische Wahrnehmung des Anderen, sondern auch in einem kolonialistischen Akt, in dem der fremden Ordnung die eigenen Ordnungsmuster einfach übergestülpt werden. Das Bestreben der Schweizer Entwicklungshilfe ist die Erschaffung eines Schweizer Ruanda, die Etablierung der eigenen Ordnungsmuster und Vorstellungen, was der Roman letztendlich dekonstruiert: Er zeigt nicht nur das Scheitern der Entwicklungshilfe als Idee, sondern auch das löchrige Fundament von Ordnungen, die Brüchigkeit und Ordnungsüberschreitungen, die auf die Erschütterungen durch das Fremde zurückzuführen sind. Dabei bleibt der Roman keinesfalls auf die eurozentrischen Ordnungsbestrebungen beschränkt. Er zeigt vielmehr, dass jegliche Ordnungskonstitution auf Ausschlussverfahren beruht, und dass jede Ordnung durch Chaos erschüttert werden kann. So schildert der Text die Geschichte Ruandas als ein Entstehen von verschiedenen Ordnungen – der Ordnung der Langen und der Ordnung der Kurzen – und als einen Prozess des Wechselns dieser beiden Ordnungsgefüge, wobei der jeweilige Akt der Ordnungskonstitution ein gewaltsamer ist, begleitet von Krieg und Vertreibung.

Die Tatsache, dass Eigenes mit Fremden verflochten ist und dass dadurch mit der Illusion „von vollständiger Deckung oder völliger Fusion einerseits und vollständiger Disparatheit andererseits" (Waldenfels 1997, 67) gebrochen wird, zeigt sich im Roman vor allem auch auf der Ebene der Intrasubjektivität, der Anderheit des Ich oder Selbst. Intrasubjektivität verweist auf den Sachverhalt, dass man nicht von einem originären Eigenbereich ausgehen kann, von einer Integrität oder Ganzheit des Ich, wodurch normative Identitätsentwürfe, die auf ein stabiles oder kohärentes Selbstbild abzielen, obsolet werden, Grenzziehungen nicht mehr funktionieren. So gerät der Protagonist immer mehr in den Strudel des Völkermordes, er paktiert mit den Mördern, verabschiedet sich vom Humanitären und Ethischen seiner ursprünglichen Mission. Auch sein Kollege Paul, ein nach außen absolut ordnungskonformer Mensch, erlebt durch die Konfrontation mit dem Fremden die Verschiebung seiner Ich-Grenzen. Nach einem Abend in einem ruandischen Dorf erzählt er David von seinen Erlebnissen dort, wobei viele Fremdheitsmotive auffallen, die „den Sog und die Anziehungskraft des Abgründigen, den Verlust des Gleichgewichts, die Fesselung an das ‚Verhängnisvolle' (Waldenfels 2002, 279) ankündigen.

Der kleine Paul erwartete überhaupt keine Antwort und fuhr unbeirrt mit seiner Erzählung fort, und ich sah die Angst in seinen Augen, als er von den Sümpfen sprach, in die hinab er in jener Nacht gestiegen war. Aber da war noch etwas anderes, ein Flackern, das die Freude an der Katastrophe verriet, am Mutwillen, die Leitplanken niederzureißen, die Pauls Leben in der Bahn gehalten hatten. [...] Paul hörte entfernt Gesang, und er wiederholte, dass er spätestens jetzt nach Hause hätte gehen sollen, zu Ines, zum Nachtessen, das bestimmt schon auf ihn wartete, aber es war die erste Stunde des Abends, es war zu früh und gleichzeitig war es zu spät. (Bärfuss 2008, 152/153)

Der Text beschreibt nicht nur den Sog, den das Andere auf Paul ausübt, sondern auch das Unausweichliche dieser Erfahrung, die ihn und seine Sicht auf seine Umgebung verändert. Er hat den Eindruck, endlich sehend zu werden, erst durch diese Erfahrung verstehen zu können.

Ich war endlich angekommen, zum ersten Mal in all den Jahren hatte ich das Gefühl, die echte, stinkende, fröhliche Wirklichkeit zu sehen. [...] Er habe vorher und nachher nie dieses Zeug angerührt, beteuerte Paul, er wollte sich fernhalten von allem, was ihn verderben und korrumpieren könnte, und jetzt wusste er, dass genau dies sein Vergehen war. Er wollte sauber bleiben, unberührt vom Chaos, weil er geglaubt hatte, Ruhe und Beständigkeit würden sich von ihm über die Welt ausbreiten. Und dabei war er jener Fremdkörper, um das sich das Chaos versammelte, so wie Schwefellösung einen Fremdkörper benötigt, um Kristalle auszubilden." (Ebd., 154/155)

Pauls Umgang mit Fremdheit könnte als responsiv bezeichnet werden, da er durch die Konfrontation mit ihr eine tiefgreifende Veränderung durchlebt. Allerdings bleibt diese Veränderung nur auf ihn beschränkt, das Fremde in Gestalt der fremden Umgebung und Menschen, mit denen er diese Nacht verbringt, bleiben dadurch unberührt. Sie amüsieren sich über Paul, weiden sich an seiner Verlorenheit, nutzen ihn aus. Insofern bleibt die Fremderfahrung einseitig, die Konstitution einer neuen Ordnung, an der Eigenes und Fremdes gleichermaßen beteiligt wären, bleibt aus.

Responsivität, also die Affizierung durch das Fremde und die dadurch aktivierte Handlungsbereitschaft, inszeniert Katharina Hackers Roman *Die Habenichtse* (2006). In diesem Roman wird das fünfjährige Mädchen Sara Opfer von Gewalt, was in eindringlichen Szenen beschrieben wird, die den Rezipienten betroffen und hilflos machen. Im Roman lassen sich zwei Formen des Umgangs mit dem Fremden unterscheiden: Ignoranz als Reaktion auf strukturelle, Respons als Reaktion auf radikale Fremdheit. Strukturelle Fremdheit zeigt sich als Bedrohung durch 9/11, radikale Fremdheit dagegen als Gewalt in actu: als verübte oder erlittene Gewalt, die jeglicher Intentionalität entbehrt. Gewalt, und darin eben ist sie dem radikal Fremden verwandt, „bezeichnet eine Grenze der Reflexion [...], sie überbordet jede Intention, versperrt sich also den Bedeutungen." (Staudigl 2005a, 394) Der Text beginnt mit den Reaktionen auf den 11. September, der die Figuren zwar kurzfristig betroffen macht, ihr Unbeteiligtsein jedoch nicht längerfristig aufbricht, allenfalls ihre melancholische Tristesse bestimmt, das Gefühl, „daß es nie mehr sein würde wie bisher, die ganze Welt, das Leben" (Hacker 2006, 23). Allerdings, und hier klaffen Impakt und tatsächliche Reaktionen auseinander, ist die Betroffenheit nur eine indirekte; ein wirkliches

Affiziertsein bleibt aus, was einerseits in der „Anonymisierung der Gewalt" (Waldenfels 2000, 19) und deren „Normalisierung" (ebd.) begründet liegt, andererseits aber eine Konsequenz ihrer medialen Vermittlung ist. Die Haltung einer Verkäuferin, die „die aufgeschlagene Zeitung vom Tresen [schob], um sie achtlos zu Boden fallen zu lassen, unbekümmert um den weiteren Sturz derer, die auf dem Foto wie in der Luft festgefroren waren" (Hacker 2006, 12), zeigt, dass 9/11 nur mittelbar präsent ist und lediglich eine kurzfristige Verunsicherung verursacht.

Responsivität Die passive Haltung der Protagonistin wird allerdings durch eine Radikalisierung der Gewalt, die sich als Gewaltakt gegen Sara manifestiert, aufgebrochen. Unterlaufen wird sie durch direkt erlebte körperliche und seelische Gewalt, die die „klassische Trennung von Teilnehmer- und Beobachterperspektive" (Waldenfels 2000, 10) auflöst, Opfer und Beobachter also gleichermaßen angeht und den für die Hauptfigur charakteristischen Voyeurismus unmöglich macht, kalkulierte Reaktionen nicht mehr zulässt. Der Roman zeigt, wie Fremdes affiziert und zur Reaktion zwingt: Die Protagonistin wird von einem undefinierbaren Geräusch gestört, das in seiner Unausweichlichkeit jedoch eine Reaktion fordert. Indem sie auf die Verstörung reagiert, beginnt sie Fragen zu stellen, die dem Fremden, das sie auslöst, nachspüren, und die schließlich zum Handeln führen. Hier wird der Prozess der Responsivität beschrieben, deren ethische Dimension in der Verantwortung des Einzelnen für sein eigenes Tun und in der Entwicklung von Aufmerksamkeit liegt, ohne die Fremdes nicht wahrgenommen werden kann. Diese Eigenschaft ist der Protagonistin völlig abhanden gekommen, die nichts in ihrer Gefühlswelt wirklich zu berühren scheint, nicht der Krieg, nicht der Terroranschlag, nicht die unaufhaltsame Entfremdung vom Ehemann. „Die Tage paßten wie Handschuhe" (Hacker 2006, 163), heißt es lakonisch, nichts stört sie wirklich. Auch der Erzählstil korrespondiert mit dieser Gleichmütigkeit: Wohl geordnete Sätze unterstreichen die Gefühlslage der Protagonistin. Diese Gleichmütigkeit wird erst durch die Konfrontation mit Gewalt gestört. Gelingt es ihrem Ehemann Jakob weiterhin die Gewalt zu ignorieren, so wird Isabell davon in einer Weise affiziert, die sie die Brüchigkeit ihrer Welt spüren lässt. „War da nicht ein winziger Riß, eine Verschiebung, die Unruhe und Neugier hervorrief und Enttäuschung?" (Hacker 2006, 171) Isabells Aufmerken erweist sich hierbei als ein Geschehen, „an dem wir beteiligt sind, aber nicht als Urheber oder Gesetzgeber" (Waldenfels 2006, 99), als ein Überqueren einer Schwelle, „die Vertrautes von Fremdem [...], trennt" (ebd.). Erst durch die Geräusche aus der Nachbarwohnung, in der Sara misshandelt wird, wird Isabell zu einer wirklich Wahrnehmenden, ihre Passivität und ihr Unbeteiligtsein weichen allmählich einer Haltung des Mitgefühls. Das Fremde in Gestalt der überbordenden Gewalt überkommt Isabell wie ein Leiden, das jemandem zustößt und ihn aus dem Gewohnten herausreißt. Das Wahrnehmen ist hier kein gesteuerter Akt des Beobachtens, sondern es hebt an „mit einem Aufmerken, das geweckt und hervorgerufen wird durch das, was uns auffällt" (ebd., 72). Die anschließende Handlung ist als Reaktion auf das Affiziertsein durch das Fremde zu verstehen, das Isabell dazu zwingt, an dem Schicksal Saras teilzunehmen – Anteil zu nehmen. Obwohl Isabell es ablehnt, sich „in diese Gegenseite ihres eigenen Lebens" (Hacker 2006, 230) einzumischen, auf die andere Seite der Schwelle zu treten, ist ihr Leben ab dem Moment des erruptiven Gewaltausbruchs Saras, dieser unmittelbaren Entäußerung, mit dem Schicksal des Mädchens verflochten. „Sie fühlte sich, als wäre der Abstand zwischen ihnen ausgelöscht, als schmeckte sie in ihrem eigenen Mund den bitteren, sauren Geschmack von Erbrochenem, in ihrem Hirn Angst und Schuld" (ebd., 228). Es ist schließlich der Dealer Jim, der sie gewaltsam dazu zwingt, hinzuschauen und zu handeln. „Ich werde es dir beibringen, du wirst sehen, ich bringe dir bei, wie man etwas nicht vergißt" (ebd., 274). Vor ihren Augen schlägt er Sara brutal nieder, bis das unerträgliche Leiden des Mädchens Isabell schließlich zum Handeln zwingt, ein ungesteuertes Handeln, das sich als etwas Unkontrolliertes aus ihrem Innern löst:

> „[…] wollte rufen, aber es gab nur ein kleines, ängstliches Ausatmen, sie hielt die Hand vor die Augen, preßte sie gegen die Stirn, als hätte irgend etwas in ihrem Innern sich gelöst, als zerbreche es, etwas, das man nie aufsammeln und kleben würde, weil man zu müde oder zu ratlos war, weil man wußte, daß ein Stück noch fehlte, daß es sich nie zu dem zusammenfügen würde, was man gewollt hatte" (ebd., 304).

Die Konfrontation mit Gewalt führt auch zum Verlust der Unschuld, sie hinterlässt Zerstörung und Verstörung und die Unmöglichkeit eines Unbeteiligtseins.

An Hackers Roman lässt sich nachvollziehen, was Responsivität bedeutet – nämlich eine Art und Weise des Handelns, die von dem ausgeht, „was uns auf befremdende, erschreckende oder erstaunliche Weise herausfordert, herauslockt, herausruft und unsere eigenen Möglichkeiten in Frage stellt, bevor wir uns auf ein fragendes Wissen- und Verstehenwollen einlassen" (Waldenfels 2006, 58). Ohne diese Form der Antwortlogik bliebe das Handeln in einer fruchtlosen Wiederholung stecken, wäre durch Normalisierungsprozesse geleitet und liefe letztendlich ins Leere.

V. Aspekte einer interkulturellen Textanalyse

Interkulturelle Literaturwissenschaft umfasst, wie dargelegt, zahlreiche Aspekte. Eine literaturwissenschaftlich ausgerichtete interkulturelle Literaturwissenschaft geht jedoch in erster Linie vom literarischen Text und seinem interkulturellen Potenzial aus, von der Frage, was literarische Texte für den Umgang mit Fremdheit prädestiniert. Anders formuliert: Was leisten literarische Texte im Interkulturalitätsdiskurs und wie lassen sich interkulturelle Kompetenzen durch die Beschäftigung mit literarischen Texten einüben?

Im Folgenden sollen nun unterschiedliche Aspekte einer interkulturellen Textanalyse vorgestellt werden. Ausgangspunkt der Textanalyse ist der jeweilige literarische Text und dessen interkulturelles Potenzial. Die Analyse lässt sich von der Frage leiten, welche interkulturellen Aspekte der Text aufweist und wie diese sichtbar gemacht werden können. Die Hauptschritte der Textanalyse sind Basisanalyse, Erfahren-Erkennen, Sichtbarmachen und Reflexion. Voraussetzung ist ein aufmerksames Lesen, denn es hängt in gewisser Weise vom Leser ab, von seiner Sensibilität und seinen individuellen Voraussetzungen, inwiefern das interkulturelle Potenzial überhaupt erkannt wird. In der didaktischen Praxis eignet sich diese Methode besonders für die Sensibilisierung des Lesers, da Fähigkeiten wie Wahrnehmung und Genauigkeit geschult werden können. Es hängt außerdem vom jeweiligen Text, dem Ermessen des Lehrenden oder dem Forschungsinteresse ab, welche Aspekte besonders hervortreten und dann thematisiert werden. Der Fokus kann dabei auf der Fremdheit des Textes liegen, herausgearbeitet werden können die unterschiedlichen Dimensionen von Fremdheit. In diesem Zusammenhang kann besprochen werden, wie Fremdheit inszeniert wird, wie und warum Fremdheit im Text entsteht und wie sie aufgelöst werden kann. Außerdem kann der Umgang mit Fremdheit thematisiert werden, die Art und Weise, wie der Text den Umgang mit Fremdheit inszeniert, oder wie der jeweilige Rezipient auf die Fremdheit im Text oder die Fremdheit des Textes reagiert. Eine andere Möglichkeit wäre zu zeigen, wie Texte Wirklichkeit konstruieren, wobei dann auf die Konstruiertheit von Wahrnehmung und Wirklichkeitsentwürfen allgemein verwiesen werden kann. Darüber hinaus kann auch die Problematik der Konstruiertheit von Homogenität analysiert werden. Gezeigt werden kann dabei, wie der Text eine angenommene Homogenität unterläuft, indem er die Verflechtung von Eigenem und Fremdem mit unterschiedlichen sprachlichen und narrativen Verfahren inszeniert. Der Textanalyse kann eine zielgerichtete Rezeptionshaltung zu Grunde liegen, der Lehrende bestimmt im Voraus diejenigen Punkte, auf die die Aufmerksamkeit der Lesenden gerichtet sein soll. Eine andere Art der Annäherung an den Text ist eine interesselose Rezeptionshaltung, bei der sich der Leser idealerweise allein vom Text leiten lässt, von den Stolpersteinen oder Chaosstellen, die die Aufmerksamkeit affizieren. Erst diese Rezeptionshaltung entspricht der bereits erwähnten phänomenologischen Haltung der Epoché, dem Ausschalten von Annahmen, die den

Rezeptionsprozess von vornherein lenken und beeinflussen. Vergleichen könnte man diese Rezeptionshaltung mit einem Innehalten, einer Haltung der Besinnung, die sich unterschiedlich verstehen lässt: als Ich-Reflexion, als Reflexion auf die unterschiedlichen Kontexte, in denen sich das Ich bewegt, und schließlich als Methode der Besinnung, d.h. der Rückfrage nach dem Sinn von Phänomenen, die eine Art und Weise darstellen, wie uns etwas in der Welt begegnet. Diese Methode setzt beim Rezipienten auch die Bereitschaft voraus, sich auf schwierige Texte einzulassen, die die Unabschließbarkeit der Sinnfindung und -artikulierung evozieren. Das soll nicht bedeuten, dass der Rezipient schwierige Stellen unreflektiert als unverständlich oder ‚sinnlos' hinnimmt. Es geht vielmehr um einen Reflexionsprozess, der sich gerade mit den auffälligen Stellen auseinandersetzt und versucht in der Auseinandersetzung mit dem Text und den eigenen Verstehensvoraussetzungen Lösungen zu artikulieren, die zu einer Annäherung an Fremdheit führen können. Dabei muss es nicht zu Letztbegründungen kommen, es geht vielmehr um die Entwicklung von Ambiguitätstoleranz, um die Bereitschaft, sich auf Mehrdeutigkeit einzulassen und diese aushalten zu können. Besonders im Paradigma der Interkulturalität kommt diesem Aspekt des Anhaltens, der Besinnung und des produktiven Antwortens im Sinne eines Verhandelns ein ethischer Aspekt zu, da nur eine reflexive Haltung dem Fremden gegenüber zu einem Umgang mit Fremdheit führt, der diese nicht von vornherein ausschaltet, d.h. in die eigenen Wahrnehmungs- und Kognitionsmuster einordnet. Kunst und Literatur sind in diesem Sinne als Grenzerfahrungen zu verstehen, die die Grenzen des Rezipienten sichtbar und erweiterbar machen. In diesem Zusammenhang sind Grenzen als die standortbestimmenden Faktoren zu verstehen, die die Rezeption lenken und beeinflussen.

Am Anfang der Analysearbeit sollte eine Basisanalyse (vgl. Tepe 2007) stehen, eine pointierte Zusammenfassung des Textweltgeschehens und die Herausarbeitung der formalen und ästhetischen Besonderheiten des Textes, um ein elementares Textverstehen auf lexikalischer und inhaltlicher Ebene zu sichern. Es können gleichzeitig erste sprachliche und inhaltliche Unklarheiten thematisiert werden, wobei auch eruiert werden sollte, warum es zu einem Nichtverstehen kommt. Durch die Artikulation und Reflexion des Nichtverstehens wird die Reflexion des eigenen Standpunktes eingeleitet; der Leser wird zum Beobachter zweiter Ordnung, indem er den eigenen Verstehensprozess beobachtet und artikuliert. *Basisanalyse*

Bei diesem Schritt geht es darum, das interkulturelle Potenzial des Textes zu erfahren. Erfahrung ist hier phänomenologisch als unmittelbare Erfahrung zu verstehen, die sich auf die aktuellen Gegebenheiten des Textes beschränkt und erst dann versucht, die Erfahrung in bestimmte außerliterarische Kontexte einzuordnen. Die Erfahrung basiert auf einer Affizierung des Rezipienten durch bestimmte Textstellen, Zusammenhänge, Formulierungen, stilistische oder formale Eigenschaften des Textes, die den Leser anziehen, verwirren, stören, ihm unverständlich sind oder an sich widersprüchlich. Diese Textstellen zwingen den Leser in der Regel zu einem Anhalten. Bei diesem Schritt wird also nicht von dem ausgegangen, was verständlich ist, sondern das Nichtverstehen oder die Störungen, Irritationen und Widersprüche werden hervorgehoben, was bestimmte literarische Kompetenzen *Erfahren – Erkennen*

voraussetzt und gleichzeitig trainiert. Dazu gehören Realitäts- und Fiktions-
unterscheidung, Kenntnisse über literarische Konventionen, narratives
Grundwissen und Kompetenzen im Bereich des poetischen Sprachgebrauchs.

Sichtbarmachen –
Beschreiben

Bei diesem Punkt geht es um das Sichtbarmachen derjenigen Textelemente, die die Aufmerksamkeit des Rezipienten auf sich gezogen haben. Beschrieben werden soll die Leseerfahrung, was genaue Beobachtungsgabe
und Artikulationsfähigkeit notwendig macht. Das Sichtbarmachen erfordert
ein Grundinstrumentarium an literaturwissenschaftlichen Begriffen und Verfahren, das dem Rezipienten ein Beschreiben der Irritationen ermöglicht.
Zu solchen Irritationen können beispielsweise Abweichungen von der Normalsprache oder andere Verfremdungsverfahren zählen, die für den literarischen Diskurs konstitutiv sind: Verwendung ungebräuchlicher Ausdrucksformen, Umschreibungen mit Symbolen, Metaphern oder Metonymien,
außerdem Umkehrprozesse, bei denen eine Umkehr von Werten und Normen stattfindet. Dazu gehören auch überraschende Veränderungen auf der
Handlungsebene oder Abweichungen auf der Ebene der Narration, die
durch Brüche in der Erzählstruktur hervorgerufen werden. Solche Brüche
entstehen durch anachronisches, szenisches, zeitdehnendes, summarisches,
repetetives Erzählen oder Ellipsen und durch Brüche in der Perspektivierung
der dargestellten Welt, die durch die Beziehung zwischen Erzähler und Figuren näher beschrieben werden können. Zu den Abweichungen gehören
auch metafiktionale Elemente, wie die Reflexion von Schreibstrategien oder
Sprache, oder intertextuelle Bezüge, wie Variationen literarischer Stoffe,
Motive, Themen oder anderer literarischer Texte.

Reflexion

Dieser Punkt meint eine reflexive Annäherung an den Text, die wiederum
unterschiedliche Schritte umfasst. Dazu gehört zunächst die Klärung der
Verstehensvoraussetzungen. Hierzu zählen die Verstehensvoraussetzungen
des Lesers, der Standort, von dem aus der Text rezipiert wird, und die Überzeugungssysteme des Textes, d.h. die Voraussetzungen, auf denen ein literarischer Text beruht.

Der eigene Standpunkt kann durch die Bewusstmachung der eigenen
Sicht auf den Text näher bestimmt werden. Diese ist geprägt von individueller Bildung und Fähigkeiten, von individuellen Erfahrungen, von biologischen Voraussetzungen, der Lebenssituation, den Überzeugungen, Werten,
Normen und Vorstellungen, der historischen, kulturellen, religiösen, gesellschaftlichen, beruflichen Umwelt, dem Leseinteresse und dem diskursiven
Kontext, von dem aus argumentiert wird.

Die Überzeugungssysteme, auf denen der Text beruht, können zunächst
mit Hilfe von historischem, gesellschaftlichem, kulturellem oder biographi-
schem Hintergrundwissen eruiert werden. Darüber erfolgt eine Erklärung
der unterschiedlichen Kontexte, in denen der Text entstanden ist. Danach
sollte erfasst werden, in welchem „kognitiv relevanten Kontext" (Tepe 2007,
160) der Text betrachtet werden kann. Dazu gehören unter anderem litera-
turgeschichtliche, philosophische oder andere diskursive Kontexte, auf die
der Text bezogen ist.

Nach der Klärung der Verstehensvoraussetzungen von Text und Rezipienten kann der Versuch einer Annäherung an den Text und an jene Stellen erfolgen, die beim Lesen in besonderem Maße die Aufmerksamkeit erregt ha-

ben. Hierbei kann, gemäß dem vorliegenden Forschungsinteresse – das Sichtbarmachen der Funktion von literarischen Texten im Paradigma der Interkulturalität – als Matrix das interkulturelle Potenzial literarischer Texte dienen.

Ausgangspunkt der Analyse oder Richtlinie für die Reflexionsarbeit könnten also folgende Punkte sein, die sich bei der Textanalyse natürlich nicht voneinander trennen lassen, sondern immer wieder miteinander verwoben sind.

Orientierungsfragen für die Textanalyse

- Wie/wodurch erregt der Text Aufmerksamkeit oder stört die Wahrnehmung?
- Verweist der Text oder die Textstelle auf die Problematik der Konstruiertheit von Wirklichkeit, Wahrnehmung, Fremd- und Eigenbildern?
- Inwiefern thematisiert der Text Fremdheit?
  - Fremdheit auf der außertextlichen Ebene
  - Fremdheit auf der Textebene
  - Fremdheit als Thema/Motiv oder als Strukturelement
  - Umgang mit Fremdheit
  - Auflösung oder Annäherung an Fremdheit – alltägliche, strukturelle, radikale Fremdheit
- Inszenieren der Text oder die Textstelle die Auflösung von Homogenität?

Im Folgenden sollen nun anhand einiger Textbeispiele aus der Literatur einige Aspekte ausgeführt werden.

Als Leitfaden beim Lesen könnte ein Zitat von Viktor Šklovskij, einem der theoretischen Mitbegründer des russischen Formalismus, dienen, das die Funktion der Aufmerksamkeit auch im Kontext der Interkulturalität erhellt: „Und gerade, um das Empfinden des Lebens wiederherzustellen, um die Dinge zu fühlen, um den Stein steinern zu machen, existiert das, was man Kunst nennt. Ziel der Kunst ist es, ein Empfinden des Gegenstandes zu vermitteln, als Sehen, und nicht als Wiedererkennen." (Šklovskij 1981, 15) Der Aufmerksamkeit, die durch Kunst trainiert wird, kommt eine wichtige Funktion zu, wenn man sie als ein ethisches Konzept in Verbindung mit Bernhard Waldenfels' Begriff der Achtung denkt, die man jemandem schenkt oder verweigert (vgl. Waldenfels 2004, 2006). Insofern ist Aufmerksamkeit als interkulturelle Kompetenz zu denken, die sich durch Lesen einüben lässt. Die Aufmerksamkeit kann beim Rezipienten ganz unterschiedlich geweckt werden. Hierzu gehören nicht nur die bereits erwähnten Verfremdungsverfahren oder Abweichungen, sondern auch der Einfall des Fremden in die Normalität der dargestellten Wirklichkeit, wobei es nicht immer um extreme Abweichungen von der dargestellten Normalität gehen muss, wie der folgende Ausschnitt aus dem Roman *Der fremde Freund* (1982) von Christoph Hein zeigt:

Aufmerksamkeit/ Wahrnehmung

> Sie stand so dicht neben mir, daß ich ihren rosa Wangenpuder roch. Ein Gemisch aus Schamhaftigkeit und Armut. Und ich stellte mir vor, wie ich in dreißig Jahren mit gepuderten Wangen durch die Korridore dieses Hauses lief, begierig die Geräusche aus fremden Wohnungen aufsaugte und jede überstandene Nacht als einen Sieg feierte. Frau Luban berührte meinen Arm. Sie hielt den Kopf gesenkt, als sie flüsterte: Sehen Sie. Ich drehte

mich um. Den Korridor entlang kam ein Mann mit einem Filzhut auf uns zu. Das ist er, zischelte Frau Luban und wandte sich ab. Der Mann stieß mit dem Fuß die Glastür auf und stellte sich neben uns vor den Fahrstuhl. Er betrachtete mich eingehend. Ich starrte ihn ebenso schweigend an. Sein Gesicht war unregelmäßig, als wäre es aus zwei verschiedenen Hälften zusammengesetzt. Der Filzhut wirkte lächerlich. Vielleicht aber war es nur die herausfordernde Art, wie er ihn trug. (Hein 1995, 27)

Diese Textstelle zeigt zweierlei: Einerseits inszeniert sie den Einfall des Fremden in die Normalität und die Affizierung der Hauptperson durch das Fremde in Gestalt des Mannes auf der Ebene der Handlung. Andererseits demonstriert sie, wie der Text das, was auf der Handlungsebene geschieht, gleichzeitig in die Struktur überträgt, die gezielt die Aufmerksamkeit des Lesers auf die neu eingeführte Figur lenkt, und damit die Wahrnehmung des Lesers manipuliert. Der Einfall des Fremden als etwas Ungewöhnliches, Störendes wird mit bestimmten textuellen Signalen inszeniert. Dazu gehören der Satzbau – „Das ist er" –, wo die besondere Stellung des Subjekts durch die Endstellung des Personalpronomens betont wird, oder die Attributierung des Mannes, der ein unregelmäßiges Gesicht und einen herausfordernden Blick hat. Zu solchen Signalen gehören auch die Handlungen der Hauptfigur. So stößt er die Tür mit dem Fuß auf und macht sie nicht, erwartungsgemäß, mit der Hand auf. Diese ‚Unordnungssignale' oder ‚Unordnungsmarker', die in diesem Text sehr subtil eingesetzt werden, verweisen auf den Einbruch einer anderen Ordnung in die Lebenswelt der beiden weiblichen Figuren, die in den ersten Sätzen des Textauszuges beschrieben wird, und führen zur Affizierung der Hauptfigur, die sich in einem schweigenden Anstarren äußert – einem Aussetzen jeglicher Reflexion. Durch diese Unordnungssignale wie auch durch die polarisierende Figurenkonstellation und die Spannung, die der Text durch das Aneinanderreihen von kurzen Sätzen erzeugt, wird auch die Wahrnehmung des Lesers gelenkt. So erscheint Henrys Fremdheit eher als Ergebnis der Wahrnehmung, die der Text durch bestimmte Strukturmerkmale lenkt, und damit als Interpretament, und weniger als etwas, das an sich fremd wäre.

In besonderem Maße wird die Aufmerksamkeit des Lesers von Stolpersteinen oder Chaosstellen erregt, die einen Ordnungsbruch ankündigen. Da es oftmals um textliche Signale geht, sollte in einer textnahen Analyse versucht werden, diese Stellen zu semantisieren und sie in den eigenen Verstehenshorizont einzuordnen, was an folgendem Beispiel, dem Beginn der Erzählung *Lenz* (1839) von Georg Büchner, demonstriert werden soll:

Den (20. Januar) ging Lenz durch's Gebirg. Die Gipfel und hohen Bergflächen im Schnee, die Täler hinunter graues Gestein, grüne Flächen, Felsen und Tannen. Es war naßkalt, das Wasser rieselte die Felsen hinunter und sprang über den Weg. Die Äste der Tannen hingen schwer herab in die feuchte Luft. Am Himmel zogen graue Wolken, aber Alles so dicht, und dann dampfte der Nebel herauf und strich schwer und feucht durch das Gesträuch, so träg, so plump. Er ging gleichgültig weiter, es lag ihm nichts am Weg, bald auf- bald abwärts. Müdigkeit spürte er keine, nur war es ihm manchmal unangenehm, daß er nicht auf dem Kopf gehen konnte. Anfangs drängte es ihm in der Brust, wenn das Gestein so wegsprang, der graue Wald sich unter ihm schüttelte, und der Nebel die Formen bald verschlang, bald die gewaltigen Glieder halb enthüllte; es drängte in ihm, er suchte nach etwas, wie nach verlorenen Träumen, aber er fand nichts. (Büchner 1987, 69)

Die Aufmerksamkeit des Lesers wird durch die lakonische Feststellung der Hauptfigur, dass es unangenehm sei, „daß er nicht auf dem Kopf gehen konnte" erregt. Aufmerken lässt den Leser nicht nur die Feststellung als solche, die schon an sich auf das drohende Umkippen der normalen Ordnung hinweist, sondern auch ihr Heraustreten aus einem völlig normalen erzählerischen Diskurs. Es handelt sich hier zunächst um ein rückwärtsgewandtes Erzählen im Präteritum und um einen personalen Erzähler, der eine Wanderung der Hauptperson durch eine Gebirgslandschaft beschreibt. Die Abweichung besteht einerseits in dem Bruch mit den logischen Möglichkeiten (auf dem Kopf gehen), was auf das Ich-Bewusstsein des Individuums verweist, andererseits aber auch in einer kaum merklichen Verschiebung zwischen der Wahrnehmung der Hauptfigur und der Perspektivierung der dargestellten Wirklichkeit durch den Erzähler. Die Natur erscheint aus der Perspektive der Hauptfigur trüb, traurig, bedrückend, deprimierend, was den Gemütszustand der Figur widerspiegelt. Doch dieser scheint offensichtlich nichts an ihrer Umgebung zu liegen, denn Lenz ging „gleichgültig weiter, es lag ihm nichts am Weg". Es besteht also eine Diskrepanz zwischen dem, was zunächst der Fall zu sein scheint und was geschildert wird. Der Leser hat zunächst den Eindruck, die Umwelt würde von Lenz wahrgenommen, sodass die Naturschilderung als Konstruktion seiner Wahrnehmung erscheint, die durch einen bestimmten seelischen Zustand beeinflusst ist. Der Text dekonstruiert das jedoch, denn jemand, dem alles gleichgültig ist, nimmt seine Umwelt gar nicht wahr.

Desautomatisierung erfolgt hier über die Kategorien Modus und Stimme, die Distanz und Perspektivierung des Erzählens betreffen. Zunächst hat es den Anschein, das Dargestellte sei aus der Perspektive der Hauptfigur vermittelt. Der Blickwinkel, aus dem erzählt wird, ist auf die Wahrnehmung der erlebenden Figur beschränkt, wodurch die dargestellte Wirklichkeit erscheint, als wäre sie aus der Perspektive eines vom Wahnsinn Gezeichneten dargestellt. Der Text dekonstruiert jedoch diese Annahme und ergänzt diesen Blickwinkel um die Perspektive der Erzählerfigur. Im Text lassen sich also zwei Standpunkte etablieren: der Standpunkt des Wahrnehmenden und der Standpunkt des Sprechers. Diese Tatsache lässt nun folgende Vermutung zu: Durch den Standpunkt des Sprechers wird deutlich, dass die Perspektive der Hauptfigur – die Sicht eines vom Wahnsinn Gezeichneten auf die Außenwelt – eine vermutete und konstruierte ist. Damit nähert sich der Erzähler an die Wahrnehmung eines Wahnsinnigen an, dessen individuelle Perspektive und Wahrnehmung der Welt einem anderen Individuum natürlich verschlossen bleiben muss, erstens, weil Wahrnehmung subjektiv ist, und zweitens, weil der Wahnsinn als Phänomen der radikalen Fremdheit unzugänglich bleibt. Dieser Textauszug verweist einerseits also auf die Mehrdimensionalität der Welt aufgrund der unterschiedlichen Blickwinkel, andererseits aber sensibilisiert er für den Einfall des Fremden, das sich sowohl als Verfremdung auf der Ebene des literarischen Diskurses darstellt, als auch duch den Einbruch des Wahnsinns in die ‚normale' Umwelt der Hauptfigur.

Fremdheit

Bei der Frage, wie Fremdheit im Text in Erscheinung tritt, kann man sich von folgenden Punkten leiten lassen: Welche Elemente sind fremd oder unbekannt und behindern das Verstehen oder verhindern eine Annäherung an den Text? Dazu können folgende Faktoren beitragen: außertextliche Wirklichkeit, dargestellte Wirklichkeit, Elemente der Textebene.

Faktoren der außertextlichen Wirklichkeit

- Autor: Autobiographie, soziokulturelle Geprägtheit des Autors, Literaturprogramm, Überzeugungssystem
- raum-zeitlicher Kontext der Entstehungszeit: sozialgeschichtlicher, historischer, literaturgeschichtlicher Kontext
- kognitive Kontexte des Werkes
- Textmusterwissen

Hierbei handelt es sich um situatives Kontextwissen, das zum Verständnis von Texten beitragen kann. Die Beschäftigung mit situativem Kontextwissen ist besonders bei schwer zugänglichen Texten erforderlich, denn dadurch kann ein erster Textzugang gefunden werden. Das ist bei der Kafka-Rezeption häufig der Fall, dessen Texte oftmals über Sekundärtexte wie Tagebucheinträge und Briefe erschlossen werden. Daten zum Literaturprogramm des Autors können auch bei der Rezeption postmoderner Texte aufschlussreich sein, die ihr ‚spielerisches' Potenzial und ihre Tiefendimension nur in Verbindung mit der postmodernen Theoriebildung entfalten, wie Patrick Süskinds Roman *Das Parfum* (1985) oder Robert Schneiders Roman *Schlafes Bruder* (1992). Sie machen sowohl die Klärung der kognitiven Kontexte als auch Textmusterwissen erforderlich, da beide Texte das Thema Fremdheit auf den unterschiedlichen Ebenen des literarischen Diskurses variieren: Als Handlungselement, da die Protagonisten Außenseiter und in diesem Sinne fremd sind, und als Strukturelement, nämlich als Abweichung von traditionellen Textsorten, auf die sie intertextuell Bezug nehmen. Um diese Abweichungen auf der Ebene des literarischen Diskurses erkennbar zu machen, ist bei Schneiders Roman eine Auseinandersetzung mit der Textsorte Dorfgeschichte erforderlich, die die dörfliche Idylle als Gegensatz zum städtischen und industriellen Milieu schildert, wobei es sich sowohl um sentimentale und moralisierende Darstellungen des Dorflebens handeln kann, als auch um psychologisch vertiefte Schilderungen der Determiniertheit der Figuren, was auch für Schneiders Roman auf den ersten Blick charakteristisch zu sein scheint. Bereits die Motivation der Erzähler erweist sich jedoch als gänzlich unterschiedlich. Wo es den Erzählern der Dorfgeschichte um die Darstellung der ländlichen Idylle geht, was durchaus erbaulichen und moralisierenden Charakter hat, aber auch darum, den Menschen in seinem reinen Sein zu zeigen, distanziert sich der Erzähler in *Schlafes Bruder* von diesem realistischen und idealisierenden Vorhaben.

Die Aufgabe, Leben und Bräuche der Lampater und Alder in einem Buch niederzulegen, die Vermischung beider Geschlechter mit präziser Feder in hundert sich kreuzenden Strichen glücklich zu entwirren, die körperlichen Inzuchtschäden, den überdehnten Kopf, die geschwellte Unterlippe im tiefliegenden Kinn als gesundes Ursein zu verteidigen, diese Aufgabe mag sich ein Freund der Heimatgeschichte stellen, der sich um eine innige Kenntnis seiner Vorfahren bemüht. Trotzdem wäre es in allem vertane Zeit, die Geschichte der Eschberger Bauern zu beschreiben, das armselige Einerlei ihres Jahreslaufs, ihre bösen Händel, ihren absonderlich fanatischen Glauben, ihren nicht zu übertreffenden Starrsinn gegen die Neuerungen von draußen, hätte nicht zu Beginn des 19. Jahrhunderts ausgerechnet das Geschlecht der Alder ein Kind mit einer so hohen Musikalität hervorgebracht. (Schneider 1996, 12 f.)

Die Motivation dieses Erzählers ist eine Absurdität, nämlich die Tatsache, dass ein Kind aus diesem Milieu über ein überdurchschnittliches Musiktalent verfügt, das es allerdings nicht auszeichnet, sondern zu einem Außenseiter macht. Darüber hinaus werden auch die Werte der Dorfgeschichte im Roman ad absurdum geführt. Wo Vaterliebe Geborgenheit bietet, stößt Elias von Kindheit an nur auf Ablehnung. Wo Arbeit und Fleiß belohnt werden, distanzieren sie Elias noch mehr von der Gesellschaft. Wo Gut und Böse noch ein eindeutig erkennbares Gesicht haben und das Gute das Böse schließlich besiegt, scheint es in Eschberg nichts Gutes zu geben. Die göttliche Ordnung existiert nur in der Abwesenheit; Gottesfürchtigkeit und Vertrauen in eine alles beherrschende Ordnung, konstitutiv für die Dorfgeschichte, verschwindet völlig aus Schneiders Roman. Zwar ist in Eschberg die Kirche Mittelpunkt und Zufluchtsstätte, aber Gott ist kein gerechter Gott, sondern ein höhnischer, dem es gefällt, seine Kreaturen zu quälen und sich über sie lustig zu machen.

> Es ist eine Anklage wider Gott, dem es in seiner Verschwenderlaune gefallen hatte, die so wertvolle Gabe der Musik ausgerechnet über ein Eschberger Bauernkind auszugießen [...]. Die Menschen aber vollendeten in ihrer himmlischen Einfalt diesen – wir wollen es nicht anders bezeichnen – satanischen Plan. (ebd., 13)

Den göttlichen Plan, in dem alles vorbestimmt ist, ersetzt der satanische Plan: Der Mensch ist dem Bösen anvertraut und zu einem völlig sinnlosen Schicksal verurteilt. Exemplarisch dafür ist die Tatsache, daß Gott einen Musikanten schuf, "ohne daß dieser auch nur einen einzigen Takt auf Papier setzen durfte" (ebd.).

Die Fremdheit des Textes wird in diesem Fall allein durch einen Vergleich mit der literarischen Vorlage evident und beschreibbar und erscheint als Abweichung von einer literarischen Tradition, ist also ein außertextlicher Faktor und lässt sich mit Hilfe von kontextuellem Hintergrundwissen auflösen.

- Raum-zeitlicher Kontext der dargestellten Wirklichkeit: geographische Namen, Namen von Bauwerken, Orten, Straßen und Gebäuden, historische/bekannte Persönlichkeiten, historische Ereignisse/Zusammenhänge/Hintergründe, Bezüge zur Entstehungszeit des Textes und zu den unterschiedlichen Diskursen: Politik, Wissenschaft, Gender, Umwelt, Kultur, Öffentlichkeit — *Faktoren der dargestellten Wirklichkeit*
- Handlung, Figuren, Figurenkonstellation — *Elemente der Textebene*
- Thematisierung von Fremdheit auf der Handlungsebene/Fremdheit als Thema des Textes
- Textgestaltungselemente: Sprache, Narration

Beim Lesen werden die Informationen aus dem Text in die vorhandenen Wissensstrukturen eingeordnet. Das kann bei Texten aus anderen Kulturen oder bei historisch entfernten Texten problematisch sein, die möglicherweise auf explizites oder implizites kulturelles oder historisches Wissen referieren, das dem Rezipienten unbekannt ist. In diesem Fall geht es ebenfalls um kontextuelles Wissen, das jedoch, im Unterschied zum außertextlichen Kontextwissen, zum Verständnis der Textwelt erforderlich ist. Hierbei geht es nicht nur darum, die inhaltlichen Zusammenhänge verstehen und einordnen zu können, sondern auch um die Semantisierung von Elementen, denen im Text eine verweisende, nichtreferenzielle Funktion zukommt, wie das bei Ironisierungen, Parodien oder Ähnlichem der Fall sein kann. Liest man folgenden Textauszug aus Heinrich Bölls Roman *Ansichten eines Clowns* (1963), so können die Schilderungen der damaligen Hauptstadt Bonn unter einem landeskundlichen Aspekt als Beschreibung des konservativen und reaktionären Klimas der 50er und 60er Jahre in der Bundesrepublik gelesen werden, oder aber sie können, weiterführend, als Mittel der indirekten Charakterisierung und Demaskierung der Romanfiguren verstanden werden. Unabhängig davon, für welche Lesart sich der Leser/Interpret entscheidet, macht diese Textstelle kontextuelles Hintergrundwissen erforderlich, ohne das die kritische Dimension des Textes nicht erkannt werden kann.

> Es ist mir immer unverständlich gewesen, warum jedermann, der für intelligent gehalten werden möchte, sich bemüht, diesen Pflichthaß auf Bonn auszudrücken. Bonn hat immer gewisse Reize gehabt, schläfrige Reize, so wie es Frauen gibt, von denen ich mir vorstellen kann, daß ihre Schläfrigkeit Reize hat. Bonn verträgt natürlich keine Übertreibung, und man hat diese Stadt übertrieben. […] Es weiß ja auch jedes Kind, daß das Bonner Klima ein Rentnerklima ist, es bestehen da Beziehungen zwischen Luft- und Blutdruck. Was Bonn überhaupt nicht steht, ist diese defensive Gereiztheit: ich hatte zu Hause reichlich Gelegenheit, mit Ministerialbeamten, Abgeordneten, Generalen zu sprechen – meine Mutter ist eine Partytante –, und sie alle befinden sich im Zustand gereizter, manchmal fast weinerlicher Verteidigung. Sie lächeln alle so verquält ironisch über Bonn. Ich verstehe dieses Getue nicht. Wenn eine Frau, deren Reiz ihre Schläfrigkeit ist, anfinge, plötzlich wie eine Wilde Can-Can zu tanzen, so könnte man nur annehmen, daß sie gedopt wäre – aber eine ganze Stadt zu dopen, das gelingt ihnen nicht. Eine gute alte Tante kann einem beibringen, wie man Pullover strickt, Deckchen häkelt und Sherry serviert – ich würde doch nicht von ihr erwarten, daß sie mir einen zweistündigen geistreichen und verständnisvollen Vortrag über Homosexualität halten oder plötzlich in den Nutten-Jargon verfällt, den alle in Bonn so schmerzlich vermissen. (Böll 1963, 80f.)

Das Verständnis dieses Textes ist in einem hohen Maße von der Kontextualisierung des Textes in seinen historischen und gesellschaftlichen Hintergrund abhängig. Diese Methode ist allerdings nicht bei allen Texten ‚erfolgreich'. Für das Verständnis des Romans *Geschichte vom alten Kind* (1999) ist Kontextwissen unerheblich, da es auch im Text selbst keine Rolle spielt. Im Gegenteil: Durch die völlige Abwesenheit eines historischen, gesellschaftlichen oder kulturellen Hintergrundes steigert sich sowohl die Fremdheit des Textes als auch der Protagonistin, da ihre Fremdheit durch den fehlenden Kontext in einen übergreifenden, ortlosen Kontext gestellt wird, wodurch das Existenzielle ihrer Fremdheit zusätzlich hervorgehoben wird. Auch die Beschreibung des Kinderheimes lässt erkennen, dass es um eine exemplarische Schilderung des Funktionierens von Ein- und Ausgrenzung, Grenzziehung und Ordnungsgefügen geht, die nicht an bestimmte gesellschaftliche, historische oder kulturelle Kontexte gebunden sind.

> Das Kinderheim, in dem die Polizei das Mädchen abgegeben hat, ist das größte der Stadt. Es liegt im äußeren Bezirk dieser Stadt, dem Bezirk, der an den Wald grenzt […]., dort sollen die Schüler lernen, hart zu arbeiten, wie das Leben es von ihnen verlangen wird. Um all das ist ein Zaun gezogen, ein Zaun mit einem einzigen Tor, das von einem Pförtner beaufsichtigt wird, mit dem muß man sprechen, wenn man aus dem Heim hinaus oder ins Heim hinein will. (Erpenbeck 2001, 9/10)

Solche exemplarischen Beschreibungen sind für fremdsprachliche Leser einerseits leichter zu erfassen, da der fehlende Kontext das Verstehen erleichtert, andererseits wirkt gerade das Fehlen jeglichen Kontextes besonders verwirrend und befremdend, da es das Geschehen in eine fast kafkaeske Welt versetzt. Auch für Kafkas Werke ist das Fehlen von historischen, kulturellen oder anderen situativen Kontexten, die ein Einordnen des Geschehens vereinfachen würden, charakteristisch. Indem die Referenzialität der Texte eine untergeordnete Funktion hat, tritt das Exemplarische viel stärker in den Vordergrund, die Bedrohung, die von den Texten ausgeht, wird zu einer Fabel für die Tatsache, dass das Unvorhersehbare in einem jeden Moment und über jeden Einzelnen hereinbrechen kann.

Ein weiterer Punkt, der bei der Analyse von Texten unter dem Aspekt der Alterität berücksichtigt werden sollte, ist der Umgang mit Fremdheit. Insofern könnten bei der Analyse folgende Fragen gestellt werden: — Problematisiert der Text den Umgang mit Fremdheit? — Lässt sich anhand des Textes oder des Leseprozesses der Umgang mit dem Fremden thematisieren?

Umgang mit Fremdheit

Texte wie *Ansichten eines Clowns, Schlafes Bruder, Das Parfum, Geschichte vom alten Kind, Herztier, Die Portugiesin* oder *Generationen* (1983) von Grete Weil thematisieren Fremdheit auf der Ebene der Handlung als strukturelle Fremdheit: als Außenseiterschicksal oder als Fremdheit zwischen den Geschlechtern oder Generationen. Die Protagonisten sind aufgrund psychischer und/oder physischer Dispositionen von der Umgebung oder der Gesellschaft ausgeschlossen oder aber Fremdheit ist ein konstitutionelles Merkmal menschlicher Beziehungen. Texte, die Fremdheit als Handlungselement thematisieren, eigenen sich nicht nur dazu herauszuarbeiten, wie sich Fremdheit zeigt und wie strukturelle Fremdheit entsteht, indem die jeweiligen Standpunkte herausgearbeitet werden, sondern auch, wie sich der Umgang mit Fremdheit gestaltet. Hierbei kann es sich um unterschiedliche Strategien handeln: Ausschluss, Aneignung, Vernichtung des Fremden auf der einen Seite oder aber Annäherung durch die Ausprägung neuer Ordnungen, durch Interaktion und durch die Konstitution eines gemeinsamen

Umgang mit struktureller Fremdheit

Referenzrahmens. Solch ein kreativer, auf der Veränderung des Eigenen beruhender Umgang mit dem Fremden lässt sich an dem Text *Die Portugiesin* von Robert Musil nachvollziehen.

Grundlegend für den Text ist die Fremdheit zwischen Mann und Frau, die sich als Schweigen, als Argwohn, Zweifel, räumliches und seelisches Getrenntsein entfaltet. Beide Seiten, Mann und Frau, halten den anderen auf Distanz, in der sie sich einrichten. Herr von Ketten führt die Familientradition der Kriegsführung weiter, die Portugiesin versteckt sich hinter einer mysteriösen Haltung und einer fast übermenschlichen Liebe, die alles zu ertragen scheint. Einen gemeinsamen Ort gibt es nicht, der Platz zwischen ihnen bleibt leer, bis Herr von Ketten erkrankt und gezwungen ist, sein bisheriges Sein aufzugeben. Anstelle von Stärke und Macht tritt nun körperliche und seelische Mattheit und ein Gefühl der Ohnmacht angesichts seiner Krankheit und angesichts der Beziehung zu seiner Frau, die sich ihm immer weiter entzieht. Anstoß für eine Veränderung auf beiden Seiten ist das Erscheinen einer kleinen Katze, die fortan den leeren Platz zwischen den Eheleuten zu besetzen scheint.

> Die Portugiesin beugte sich zärtlich über das Geschöpfchen, das in ihrem Schoß am Rücken lag und mit den winzigen Krallen nach ihren tändelnden Fingern schlug wie ein Kind [...], und Herr von Ketten erinnerte das zerstreute Spiel an seine halb überwundene Krankheit, als wäre die, samt ihrer Todessanftheit, in das Tierkörperchen verwandelt, nun nicht mehr bloß in ihm, sondern zwischen ihnen. (Musil 1991, 164)

Die kleine Katze bildet in diesem Text einen Unordnungs- oder Fremdheitsmarker, eine Stelle, die nicht nur den Rezipienten aufmerken lässt, sondern auch die Ordnung der dargestellten Welt ins Wanken bringt. Insofern lässt sie sich als Zeichen verstehen, als Aufforderung zu einer Veränderung, zu einem Aufbrechen überkommener Ordnungsmuster, was sich im Text auch vollzieht:

> Und neben beidem gewann allmählich etwas anderes Raum: als Knabe hatte er immer die unersteigliche Felswand unter dem Schloß hinaufklettern wollen; es war ein unsinniger und selbstmörderischer Gedanke, aber er gewann dunkles Gefühl für sich wie ein Gottesurteil oder ein nahendes Wunder. (Musil 1991, 166f.)

Indem nun Herr von Ketten seine eigenen Grenzen überschreitet – er steigt die eigentlich unbezwingbare Felswand empor und kommt auf diesem Wege in das Gemach seiner Frau – macht er einen ersten Schritt auf seine Frau zu, beginnt er, die Fremdheit zwischen ihnen zu überwinden. Eine Änderung der Verhältnisse, eine Überwindung der Fremdheit tritt ein, weil er sein Denken und Fühlen erweitert, seine verinnerlichten Vorstellungen und Traditionen überwindet und auf die Herausforderung durch das Fremde, das in Gestalt der kleinen Katze auftritt, antwortet. Der Text inszeniert also eigentlich zweierlei: Einerseits die Affizierung und Motivierung des Ichs durch das Fremde und die Infragestellung des Eigenen, ausgelöst durch die Konfrontation mit dem Fremden, und andererseits die Möglichkeit einer Annäherung an das Fremde durch die Veränderung des Eigenen, denn strukturelle Fremdheit verlangt von uns, „daß wir unseren Lebensstil ändern müssen" (Waldenfels 1997, 36).

Ganz anders gestaltet sich der Umgang mit radikaler Fremdheit, die sich einem interpretativen Zugriff, einer Auflösung oder Einordnung in der Regel entzieht, was beim Rezipienten ein hohes Maß an Reflexivität voraussetzt. Die Auseinandersetzung mit radikaler Fremdheit kann über die Thematik und Motivik oder über Struktur und Sprache erfolgen. Radikale Fremdheit kann sich auf der Ebene der Handlung als Thema oder Motiv zeigen, z.B. als Thematisierung des Wahnsinns, des Todes, des Schlafes, d.h. als Inszenierung von Phänomenen, die auf die Existenz des ‚Anderen' als des Unzugänglichen und Unbegreiflichen verweisen. In diesem – relativ einfachen – Fall kann radikale Fremdheit sowohl erkannt als auch reflektiert werden. Zwar entziehen sich Phänomene wie Wahnsinn oder Tod einem gedanklichen Zugriff, sie lassen sich nicht logisch erklären, dennoch ist unsere Toleranz gegenüber dieser Phänomene relativ hoch, da wir über ein bestimmtes Repertoire verfügen, wie mit solchen Phänomenen umzugehen ist. Literarische Texte verweisen immer wieder auf die Omnipräsenz solcher Phänomene und regen zu einer intensiven Auseinandersetzung damit an, bei der der individuell und kulturell geprägte Umgang mit radikaler Fremdheit reflektiert werden kann. In diesem Zusammenhang bietet sich die Auseinandersetzung mit Texten an, die radikale Fremdheit als Grenzphänomen thematisieren. Dazu gehören z.B. Texte von Thomas Glavinic, der sich immer wieder die Frage nach den Dimensionen des Selbst stellt, wie in den Romanen *Die Arbeit der Nacht* (2006) oder *Das Leben der Wünsche* (2009), oder Texte, die sich mit dem Phänomen des Wahnsinns oder des Unheimlichen auseinandersetzen, wie die Erzählungen und Romane von E.T.A. Hoffmann. Häufig zeigt sich radikale Fremdheit lediglich als Motiv literarischer Texte, wie in der Schlussszene des Romans *Das Parfum* (1985) von Patrick Süskind, wo das Fremde als das Rauschhafte, als Ekstase, inszeniert wird, die ein Außersichgeraten, ein Aus-sich-Heraustreten meint und damit auf die Abwesenheit eines bewusst erlebten Selbst verweist.

> Und dann brach mit einem Schlag die letzte Hemmung in ihnen, der Kreis in sich zusammen. Sie stürzten sich auf den Engel, fielen über ihn her, rissen ihn zu Boden. Jeder wollte ihn berühren, jeder wollte einen Teil von ihm haben, ein Federchen, ein Flügelchen, einen Funken seines wunderbaren Feuers. Sie rissen ihm die Kleider, die Haare, die Haut vom Leibe, sie zerrupften ihn, sie schlugen ihre Krallen und Zähne in sein Fleisch, wie die Hyänen fielen sie über ihn her. (Süskind 1985, 319)

Eindringlicher noch veranschaulicht Thomas Manns Erzählung *Der Tod in Venedig* (1912) diese „rauschhafte, orgiastische Lust an der Auflösung der das vernünftige und moralische Ich von seiner Umwelt und der eigenen Natur trennenden Grenzen" (Anz 1998, 142) in einer Traumszene, die all das an die Oberfläche spült, was der um seine Autonomie ringende Gustav Aschenbach unterdrückt hat.

> Angst war der Anfang, Angst und Lust und eine entsetzte Neugier nach dem, was kommen wollte. Nacht herrschte und seine Sinne lauschten; […] Und in zerrissenem Licht, von bewaldeter Höhe, zwischen Stämmen

Umgang mit radikaler Fremdheit

und moosigen Felstrümmern wälzte es sich und stürzte wirbelnd herab: Menschen, Tiere, ein Schwarm, eine tobende Rotte, – und überschwemmte die Halde mit Leibern, Flammen, Tumult und taumelndem Rundtanz. Weiber, strauchelnd über zu lange Fellgewänder, die ihnen vom Gürtel hingen, schüttelten Schellentrommeln über ihren stöhnend zurückgeworfenen Häuptern […], hielten züngelnde Schlangen in der Mitte des Leibes erfaßt und trugen schreiend ihre Brüste in beiden Händen. […] Aber alles durchdrang und beherrschte der tiefe, lockende Flötenton. Lockte er nicht auch ihn, den widerstrebend Erlebenden, schamlos beharrlich zum Fest und Unmaß des äußersten Opfers? Groß war seine Abscheu, groß seine Furcht, redlich sein Wille, bis zuletzt das Seine zu schützen gegen den Fremden, den Feind des gefaßten und würdigen Geistes. […] Mit den Paukenschlägen dröhnte sein Herz, sein Gehirn kreiste, Wut ergriff ihn, Verblendung, betäubende Wollust, und seine Seele begehrte, sich anzuschließen dem Reigen des Gottes. Das obszöne Symbol, riesig, aus Holz, ward enthüllt und erhöht: da heulten sie zügelloser die Losung. Schaum vor den Lippen, tobten sie, reizten einander mit geilen Gebärden und buhlenden Händen, lachend und ächzend, stießen sie Stachelstäbe einander ins Fleisch und leckten das Blut von den Gliedern. Aber mit ihnen war der Träumende nun und dem fremden Gotte gehörig. Ja, sie waren er selbst, als sie reißend und mordend sich auf die Tiere hinwarfen und dampfende Fetzen verschlangen, als auf zerwühltem Moosgrund grenzenlose Vermischung begann, dem Gotte zum Opfer. Und seine Seele kostete Unzucht und Raserei des Untergangs. (Mann 1990, 88–90)

Diese, die Ekstatik des Eros thematisierende Traumszene, kann als Veranschaulichung einer Fremderfahrung und die damit einhergehende Akzeptanz des Fremden als „intergraler Teil des *Selbst*" (Kristeva 1990, 197) gelesen werden, als Auflösung der Ich-Grenzen durch das Fremde und als der damit verbundene Verlust der Autonomie. Bei Fremderfahrungen handelt es sich um affektiv getönte Widerfahrnisse, um Störungen, die den gewohnten Gang der Dinge unterbrechen, um Anomalien. Fremdes affiziert, bevor man zustimmend oder ablehnend darauf zugehen kann. Die Textstelle verweist außerdem auf die Problematik der Verflechtung von Eigenem und Fremdem, auf die Existenz einer „Ichfremdheit" (Freud zitiert nach Waldenfels 2002, 355), auf ein „Loch im Sein" (ebd., 53), wodurch das Subjekt detotalisiert und eine angenommene Homogenität in Frage gestellt wird, da eine Grenzziehung zwischen Eigenem und Fremdem nicht möglich ist. Die Reaktion auf diese Grenzerfahrung gestaltet sich in der vorliegenden Textstelle unterschiedlich: Angst und Faszination, die beide gleichermaßen von der Konfrontation mit Unbekanntem, Abgründigem, Ichfremdem hervorgerufen werden. Angst und Faszination auch deshalb, weil einer Fremderfahrung die Änderung der eigenen Ordnung folgt und damit die Gewissheit, das jede Ordnung auf „Abweichungen und Übertretungen [beruht], auf einer besonderen Art ordnender Gewalt, das heißt, sie ruht auf keinem sicheren Fundament". (Ebd., 58)

Wie dieses Beispiel zeigt, kann man sich radikaler Fremdheit mit Hilfe der vorgeschlagenen Analyseschritte reflektierend annähern, indem man die Inszenierung von Fremdheit im Text ganz einfach nachvollzieht. Der Text zeigt deutlich, wie radikale Fremdheit aufbrechen kann, wie Fremderfahrung aussehen kann und was mit Subjekten in der Fremderfahrung geschieht.

Deutlich schwieriger gestaltet sich der Umgang mit radikaler Fremdheit, wenn diese als poetisches Verfahren in Erscheinung tritt und sich allen drei Komponenten der Textanalyse konsequent entzieht, was beispielsweise bei Texten von Franz Kafka, Rainer Maria Rilke, Paul Celan oder Ingeborg Bachmann der Fall ist. Hier macht sich radikale Fremdheit als semantische Unauflösbarkeit bemerkbar. Eine semantische Realisierung, ein Verstehen ist aufgrund von sprachlichen Abweichungen nicht möglich. Dazu können eine nicht oder schwer nachvollziehbare Metaphorisierung, Wortschöpfungen und Neologismen, Verschiebungen, Verknappung, Verschlüsselung, Auslassungen/Leerstellen, Widersprüche, Logikbrüche, Mehrdeutigkeit und die Demontage traditioneller Poetikentwürfe gehören. Die Texte entziehen sich nicht nur aufgrund der schwierigen Sprachgestaltung, sondern auch aufgrund eines fehlenden oder stark verfremdeten Referenzrahmens, der die Kommunikation zwischen Text und Leser erschwert. Es bleibt dem Leser überlassen, eine Kommunikation mit dem Text herzustellen, einen Raum als neue Ordnung, als gemeinsamen Referenzrahmen oder als gemeinsamen Sinnbestand neu zu besetzen. Analog zu den vorgeschlagenen Analyseschritten geht es also zunächst um ein Erkennen und um die Artikulation der Fremdheit des Textes und des Nichtverstehens. In der Reflexion können Antworten auf das Fremdheitspotenzial des Textes gefunden werden, und zwar einerseits durch Rückführung auf Bekanntes (reduzierende Interpretation) und andererseits durch die Freistellung jener Elemente, die sich einem verstehenden Zugriff entziehen und lediglich in der Auseinandersetzung mit der Eigendynamik des Textes entfaltet werden können, was nun am Beispiel des bereits zitierten Gedichts von Paul Celan, *Eine Gauner- und Ganovenweise, gesungen zu Paris emprés pontoise von Paul Celan aus Czernowitz bei Sadagora* aus dem Gedichtzyklus *Die Niemandsrose* (1963), versucht werden soll.

> *Manchmal nur, in dunkeln Zeiten*
> *Heinrich Heine,* An Edom
>
> Damals, als es noch Galgen gab,
> da, nicht wahr, gab es
> ein Oben.
>
> Wo bleibt mein Bart, Wind, wo
> mein Judenfleck, wo
> mein Bart, den du raufst?
>
> Krumm war der Weg, den ich ging,
> krumm war er, ja,
> denn, ja,
> er war gerade.
>
> Heia.

Krumm, so wird meine Nase.
Nase.

Und wir zogen auch nach *Friaul.*
Da hätten wir, da hätten wir.

Denn es blühte der Mandelbaum.
Mandelbaum, Bandelmaum.
Mandeltraum, Trandelmaum.
Und auch der Machandelbaum.
Chandelbaum.

Heia.
Aum.

Envoi

Aber,
aber er bäumt sich, der Baum. Er,
auch er
steht gegen
die Pest.

Auf den ersten Blick scheint dieses Gedicht wie ein unlösbares Rätsel. Nähern kann man sich dem Text einerseits durch eine Reduktion der Fremdheit auf bereits Bekanntes und andererseits durch den Versuch einer Semantisierung jener Punkte, die die Aufmerksamkeit des Lesers in besonderem Maße wecken. Eine reduzierende Interpretation versucht sich dem Text zunächst über die Erarbeitung von Kontextwissen und die Auseinandersetzung mit der Celan-Forschung anzunähern, was hier nicht erfolgen soll. Es soll hier vielmehr auf die Möglichkeit einer textnahen und produktiven Auseinandersetzung mit dem Text eingegangen werden, deren Ausgangspunkt die Fremdheitssignale des Textes sind, jene Stellen, die die Aufmerksamkeit erregen. Hierzu gehören der Name des Dichters Heinrich Heine, die kursiv gedruckten Textstellen, die Variationen des Wortes Mandelbaum und die Wortverkürzungen „Heia" und „Aum". Bei dem Versuch der Semantisierung gibt es auch hier zwei Methoden: Rückführung auf Bekanntes und die produktive, assoziative Auseinandersetzung mit dem Text unter dem Aspekt der Fremdheit. Während die Rückführung eine erste Annäherung an den Text und seine Thematik erlaubt, kann die Methode der Auseinandersetzung mit den fremden Passagen ein tieferes Verständnis dieser Thematisierung von Fremdheit als Fremdheit in der Sprache entwickeln. Untersucht man ganz textnah, wie die Verschandelung des Wortes Mandelbaums vonstatten geht und welche Assoziationen und neuen Semantisierungen sie erlaubt, so erkennt man in dieser Verfremdung einen produktiven Umgang mit dem Fremden. In Bekanntes eingeordnet werden können der Name des Dichters Heinrich Heine, die Anspielungen auf die jüdische Tradition und das Wort Mandelbaum als jüdisches Symbol, das allerdings im Text durch verfremdende Variationen zu einem der zentralen Fremdheitsmarker wird. Eine reduzierende Interpretation, d.h. die Erarbeitung der durch diese Textelemente aufgerufenen historischen, kulturellen und poetologischen Diskurse, ermöglicht eine erste Annäherung an den Text. Über den intertextuellen Be-

zug zu Heine werden zentrale Aspekte des Produktions- und Rezeptions-
kontextes zitiert. Der Text stellt Bezüge zu Fragen des Antisemitismus und
der Assimilation der Juden her, die Heine nicht nur in dem hier zitierten Gedicht *An Edom!* reflektiert hat. Darüber hinaus zitiert der Text das für Heine
prägende Gefühl der Fremdheit und Entfremdung als Ergebnis von Vertreibung und Exil. Einerseits wird durch die intertextuellen Verweise ein bestimmtes kulturelles Wissen zitiert und beim Leser aktiviert, andererseits
vertiefen sich gerade durch den Verweis auf Heine die Reflexionen über die
existenzielle Entfremdung des Subjekts. Der Text greift die Vertreibung des
Dichters Celan aus der realen Heimat, der Bukowina, auf, verallgemeinert
jedoch diese individuelle Erfahrung, die durch den Verweis auf Heine ihres
konkreten historischen Kontextes enthoben wird. Dadurch wird sie zur kollektiven und gleichzeitig überzeitlichen Erfahrung der Ausgrenzung, der
Heimatlosigkeit und Ortlosigkeit des jüdischen Volkes. Darüber hinaus kol-
lektiviert das Heine-Zitat auch die Vertreibung aus der spirituellen Heimat
und die Auslöschung der jüdischen Religion und Tradition und, damit verbunden, die Vertreibung des Subjekts aus der Sprache, worauf nicht zuletzt
die Bemühungen des lyrischen Subjekts, eine neue Sprache zu finden, verweisen. Das Vertriebenwerden aus der Sprache bildet den zentralen Aspekt
in Celans Gedicht, in dem sich über den historischen Kontext hinaus die generelle Ortlosigkeit des Subjekts manifestiert. Die einzige ‚Heimat' des lyrischen Subjekts sind die literarische Tradition und die Sprache, deren Möglichkeiten und Grenzen im Text immer wieder reflektiert werden. Nicht nur
die literarische Tradition wird in einer poetologischen Reflexion durch die
Verschiebung in neue, andere Kontexte verfremdet und erneuert, d. h. auf
neue Aussagemöglichkeiten und damit auf neue Erfahrungsdimensionen
und Daseinspotenziale hin geprüft, sondern auch die Sprache erfährt durch
Individualisierung, Zerstörung und Verschiebung eine Erneuerung, wodurch
einerseits der Überschuss an Erfahrung ausgedrückt werden soll, andererseits aber auch neue kognitive Räume aufgetan werden, in denen das Fremde erfahrbar wird. Damit wird der literarische Text zum Ort des Fremden
auch in seiner radikalen Form, denn mit Hilfe von unterschiedlichen literarischen Verfahren reagiert er nicht nur auf das Fremde in der Erfahrung, sondern versucht es gleichzeitig kommunizierbar und damit erfahrbar zu machen. Radikale Fremdheit ist Celans Text als Erfahrung des Ich-Verlustes und
der Zerstümmelung und Verschiebung des Subjekts eingeschrieben. Der
Text inszeniert diese Zerstörung des Subjekts, indem er die kulturelle, religiöse und sprachliche Heimatlosigkeit des Subjekts durch die Zertrümme-
rung jener Attribute nachvollzieht, die seine ursprüngliche Heimat ausmachen: die jüdische Tradition, die Fremdbilder, die Eigenbilder, die
rumänische Tradition, die siebenbürgische und die deutsche Sprache, was
vor allem die Zerstümmelung des Wortes Mandelbaum evoziert. Die Variationen des Wortes Mandelbaum implizieren einerseits den Tod, denn der
Mandelbaum als Symbol für Leben wird zum Bandelbaum, zum Galgen, an
dem die Opfer baumeln, dann zum Machandelbaum, einer Anspielung an
das grausame Märchen vom Machandelbaum der Brüder Grimm, und
schließlich zum Chandelbaum, einem Schandbaum oder einem verschan-
delten Baum, oder aber, in Anlehnung an das französische Wort chandel
(Licht) zum hoffnungsvollen Lichtbaum (vgl. Goltschnigg 1988, 42 f.). Es

geht bei diesen Variationen jedoch nicht nur um die Versinnbildlichung von Auslöschung und Hoffnung, sondern gleichzeitig auch um das Bestreben nach einer neuen Ausdrucksweise, in der sich das Subjekt zu konstituieren versucht und in der es über die Erfahrung der existenziellen Fremdheit sprechen kann. Der Text wird somit zu einem Versuch eines neuen Sprechens über die Erfahrung von Fremdheit und Entfremdung, indem diese Erfahrung in die Sprache verschoben wird, die ihrerseits verfremdet wird. Die Verstümmelung des Wortes Mandelbaum versinnbildlicht also einerseits die Zerstörung der traditionellen Funktionen von Sprache, gleichzeitig aber auch ein neues Sagen, in dem sich das Neue, die durch die Fremderfahrung gewonnenen Einsichten, artikuliert. Darüber hinaus reflektiert die Verstümmelung des Wortes Mandelbaum die endgültige Verstümmelung des Subjekts. Die Versuche des Subjekts, durch Berufung auf die jüdische Tradition und die stereotypen Fremdbilder wie Bart, Judenfleck oder krumme Nase, einen Ort zu finden, schlagen fehl. Seine Fragmentierung kulminiert schließlich in einer völligen Verschandelung des Wortes Baum zu Aum, was wiederum die onomatopoetische Interjektion des Schmerzes, au, assoziiert. Das Wort heia, das in der Kindersprache als Synonym für ,schlafen' verwendet wird, verbindet sich mit den Variationen Mandeltraum und Trandelnaum. Mandeltraum verweist auf den Traum vom (Über)Leben, die Wortschöpfung Trandelnaum könnte, da es sich bei trandeln um die siebenbürgische Bezeichnung für trödeln handelt und damit eine Erinnerung an Celans Kindheit evoziert, als Abwesenheit einer kulturellen und sprachlichen Identität und Heimat gelesen werden. Trandelnaum als Neuschöpfung könnte aber auch den Versuch des lyrischen Ichs darstellen, sich an einem neuen Ort in einer neuen Sprache zu konstituieren.

Celans Text ist m. E. nicht nur als Reflexion auf die Zerstörung der jüdischen Tradition und der damit einhergehenden Deformationen des Subjekts zu lesen, ein Aspekt, der sich aus dem historischen Kontext ergibt, sondern lässt sich darüber hinaus und jenseits seiner historischen und kulturellen Verankerung als Reflexion auf die generelle Heimatlosigkeit des Subjekts verstehen, versteht man Heimat als einen Ort der Ganzheit, der Integration, des Aufgehobenseins und als Abwesenheit von Fremdheit. Der Text reflektiert existenzielle Fremderfahrungen wie Ortlosigkeit, Fragmentierung, Verlust, Entfremdung und inszeniert gleichzeitig eine mögliche Antwort darauf, nämlich Neukonstituierung des Ichs in der Sprache und die Suche nach einer neuen Sprache, um Erfahrungen ausdrücken zu können. Es geht aber auch um die Konstruktion eines Ortes jenseits etablierter Muster und Daseinsmöglichkeiten, um die Errichtung eines „dritten Ortes" im Sinne von alternativen Seinsmöglichkeiten.

Dekonstruktion von Homogenität
Für die Verschränkung von Eigenem und Fremdem, die die Annahme einer Homogenität von Kulturen, Gesellschaften oder Individuen unterläuft, kann Literatur in unterschiedlicher Hinsicht sensibilisieren. Erstens, indem sie durch ihren subversiven Charakter Gegebenes kritisch korrigiert, und zweitens, indem sie die Konstruiertheit von Homogenität auf der Ebene der Handlung oder der Ebene der Narration inszeniert. Das soll nun am Beispiel von Christoph Heins Roman *Horns Ende* (1985) demonstriert werden, der die Brüchigkeit einer zunächst homogen scheinenden Gemeinschaft durch ein multiperspektivisches Erzählverfahren inszeniert und die anfänglich an-

genommene Opposition von Eigenem und Fremdem dekonstruiert. Auf die Verflechtung von Eigenem und Fremdem verweisen aber auch die Erzähler- figuren, deren Identität ihrerseits Spuren des Fremden aufweisen und damit die Brüchigkeit von Subjekt- und Identitätskonstruktionen thematisieren.

Der Roman erzählt die Geschichte des Museumsdirektors Horn, eines ehemaligen Parteifunktionärs, der in die Kleinstadt Guldenberg abgescho- ben wird und dort im Jahre 1957 Selbstmord begeht. Erzählt wird der Ro- man aus der Perspektive von fünf Romanfiguren, die alle ein durch die eige- ne Wahrnehmung geprägtes Bild von Horn und dessen Selbstmord haben und auf unterschiedliche Weise dessen Vorgeschichte erzählen. Durch die multiperspektivische Erzählstruktur entsteht ein heterogenes und teilweise widersprüchliches Porträt der innertextlichen Wirklichkeit. Die Aufsplitte- rung der Erzählperspektive impliziert zweierlei: Erstens geht es um die grundsätzliche Frage der Rekonstruierbarkeit von Erinnerung, worauf weiter oben bereits eingegangen wurde, und zweitens um das Phänomen der Viel- stimmigkeit, durch das die Geschlossenheit von Weltentwürfen infrage ge- stellt wird. Vielstimmigkeit verweist nicht nur auf die Brüchigkeit der eige- nen Perspektive durch die Verflechtung mit fremden Stimmen, worauf bereits Michail Bachtin hinweist (vgl. Bachtin 1979), sondern auch auf die Heterogenität von sozialen, kulturellen, politischen oder nationalen Kons- truktionen, die sich als patriarchale Grundordnungen verstehen. Durch das Verfahren der Vielstimmigkeit oder der Multiperspektivität stehen unter- schiedliche Perspektiven gleichberechtigt nebeneinander, auch solche, die aus dem öffentlichen Diskurs aufgrund bestimmter Normabweichungen ausgeschlossen sind. Dadurch wird nicht nur die Annahme von Gesell- schaften als gewachsene Einheiten obsolet, sondern auch die Tatsache, dass eine alles regelnde und umschließende Ordnung wirklich existiert. Darüber hinaus zeigt der Text, dass auch die Ordnung jedes Einzelnen durch Fremd- heitserfahrungen brüchig werden kann. Die fünf Erzähler in Heins Roman sind Bürger der Stadt Guldenberg, die, indem sie die Geschichte Horns er- zählen, mehr von sich und der integranten Mentalität der Stadt preisgeben, als beabsichtigt. Es handelt sich um angesehene Repräsentanten des Bürger- tums (ein Arzt, der Bürgermeister, der Sohn eines Apothekers), um die Be- treiberin eines Lebensmittelgeschäfts und um eine geistig Behinderte. Jeder der Figuren haftet eine gewisse Fremdheit oder Widersprüchlichkeit an, kei- ne ist letztendlich das, was sie vorgibt zu sein. Der Text dekonstruiert so die vorgegebene Homogenität der Figuren und der Stadt als Gemeinschaft und zeigt, dass unterschiedliche Fremdheiten jede Ordnung durchziehen. Am Offensichtlichsten ist die Fremdheit des geistig behinderten Mädchens, das völlig isoliert mit ihrem Vater lebt und in Briefen an die verstorbene Mutter die Absurdität menschlicher Gemeinschaften und Verhaltensweisen kom- mentiert. Ihre homogene Lebenswelt wird jedoch durch eine Vergewalti- gung zerstört, wodurch ihr das für sie charakteristische Gefühl der Ganzheit und persönlichen Integrität abhanden kommt. Weniger offensichtlich ist die Fremdheit der anderen Figuren: Mit Thomas, dem Sohn des Apothekers, wird das Geschehen aus der unschuldigen Perspektive des Kindes geschil- dert. Doch Thomas leidet an seiner Stellung als Sohn eines angesehenen Re- präsentanten der Stadt (Apotheker) und fühlt sich nicht selten aufgrund des- sen von seinen Freunden ausgeschlossen. Er selbst erlebt das Umkippen der eigenen familiären Ordnung, als er von den verdrängten erotischen Vorlieben des Vaters erfährt, wodurch sein Vaterbild, das ihm trotz allem zur Orientierung diente, brüchig wird. Die Ladenbetreiberin Gertrude Fischlinger scheint bereits aufgrund ihrer Lebensgeschichte eine Außenseiterin der Gesellschaft zu sein, da sie von ihrem Mann verlassen wurde und als Alleinerziehende eines problematischen Jugendlichen einen Gegensatz zum herrschenden Frauen- und Mutterbild der damaligen Gesellschaft bildet. Darüber hinaus geht sie ein außereheliches Verhältnis mit Horn ein, der seinerseits als vermeintlicher Klassenfeind ein Ausgeschlossener ist. Die Ausgrenzung dieser drei Figuren aufgrund ihrer psychischen und biologischen Dispositionen ist relativ offensichtlich: Sowohl die Perspektive von Verrückten als auch die kindliche und weibliche Perspektive sind vom öffentlichen, männlichen Diskurs unterdrückt und ausgegrenzt, wodurch sie gleichzeitig zu einer subversiven Gegenpositon werden. Dagegen zeigt sich die Fremdheit des Arztes und des Bürgermeisters als Repräsentanten des öffentlichen, patriarchalen Diskurses sehr viel subtiler. Die Ordnung des Bürgermeisters, der als Zugezogener ein Fremder in der Stadt ist, wird durch seinen politischen Opportunismus zerstört. Da er genau das macht, was die politische Macht von ihm verlangt, nämlich Horn zu denunzieren, wird seine Lebensordnung zerstört: Seine Frau verlässt ihn und er endet einsam und verbittert in einem Altersheim. Und auch die nach außen perfekt erscheinende Ordnung des Arztes ist nur scheinbar homogen, denn er verdankt seine gesellschaftliche Existenz den dunklen Machenschaften seines Vaters und leidet darüber hinaus an einer unerlaubten Liebe zu einer jüngeren Frau. Heins Roman verweist also in zweierlei Hinsicht darauf, dass Homogenität stets konstruiert ist. Erstens, indem er durch die Perspektivenvielfalt unterschiedliche Stimmen laut werden lässt, und zweitens, indem er die Homogenität des Einzelnen und damit die Brüchigkeit von Ordnungen an sich inszeniert.

Schlussbemerkungen

Der Semiotiker Jurij M. Lotman definiert Kultur als semiotischen Raum, der sich uns präsentiert als „vielschichtige Überschneidung verschiedener Texte, die sich zu einer bestimmten Schicht zusammenfügen, mit komplizierten inneren Beziehungen, einem unterschiedlichen Grad an Übersetzbarkeit und Räumen der Unübersetzbarkeit. Unter dieser Schicht liegt diejenige der „Realität" – einer Realität, die durch verschiedene Sprachen organisiert ist und sich mit ihnen in einer hierarchischen wechselseitigen Bezogenheit befindet. Diese beiden Schichten gemeinsam bilden die Semiotik der Kultur. Jenseits der Kultursemiotik liegt die Realität, die sich außerhalb der Grenzen der Sprache befindet" (Lotman 2010, 34/35). Das Ich lässt sich nicht als Zentrum dieses Raumes denken, d.h. es kann diesen Raum nicht völlig beherrschen – und zwar weder im Sinne eines totalen Verstehens noch im Sinne einer Deutungshoheit gegenüber einem Anderen. Der semiotische Raum ist nach Lotman ein komplex organisierter Raum „zahlreicher wechselseitig aufeinander bezogener ‚Ichs' (ebd.), d.h. ein kommunikativer Raum, wobei Kommunikation nur dann funktioniert, wenn sich die Bereiche der Sprecher zumindest teilweise überschneiden. Nun zeichnen sich gerade interkulturelle Situationen dadurch aus, dass es aufgrund von Nicht-Überschneidungen zu Nichtverstehen bzw. zu Unverständnis kommt, was zu schwierigen Konflikten führen kann, und nach wie vor stellt sich die Frage nach einer Dialogkultur, die solche Konflikte mitdenkt. Es kann nicht darum gehen, Asymmetrien zu übergehen und Unterschiede einzuebnen. Vielmehr scheint es sinnvoll, ein Bewusstsein für einen Dialog zu schaffen, der nicht auf den sich überschneidenden Teil fixiert bleibt, sondern auf „die Übermittlung von Informationen zwischen den sich nicht überschneidenden Teilen" (ebd., 13). Was sich zunächst widersprüchlich anhört, könnte gerade als dialogische Kompetenz über die Beschäftigung mit Literatur und Kunst erlernt werden, versteht man diese als semantisch nicht eindeutigen Raum, in dem diese „paradoxe Kommunikation" (ebd.) eingeübt werden kann. Das Ziel eines solchermaßen gedachten Dialogs ist ein zweifaches: erstens ein höherer Informationsfluss, denn es kommt dabei zu einer tiefer gehenden Auseinandersetzung mit dem Anderen und nicht nur zu einem oberflächlichen Austausch von Informationen; zweitens die Etablierung eines neuen gemeinsamen Codes, an dem alle Kommunikationsteilnehmer gleichermaßen beteiligt sind, was nach Waldenfels Voraussetzung für Interkulturalität ist. Lotmans Verständnis von Kommunikation als Übersetzung „eines sich nicht überschneidenden Raumes in die Sprache des anderen" (ebd.) kann sowohl in informativer wie sozialer Hinsicht als interkulturelle Praxis der Annäherung an Fremdes verstanden werden. Vor diesem Hintergrund lässt sich der in dieser Einführung vorgestellte Ansatz zur Arbeit mit literarischen Texten als Einübung in eine Kommunikationssituation verstehen, in der sich die Kommunikationsteilnehmer dem Fremden annähern – und zwar verschiedenartig und doch gemeinsam: ausgestattet mit den jeweils eigenen Verstehensvoraussetzungen und konfrontiert mit dem eigenen Unvermögen, Fremdes ganz zu verstehen oder auszuhalten.

Literaturverzeichnis

Primärtexte

Andersch, Alfred: Efraim. München 1970.

Bärfuss, Lukas: Hundert Tage. Göttingen 2008.

Böll, Heinrich: Ansichten eines Clowns. Stuttgart 1963.

Broch, Hermann: Die Verzauberung. 4. Aufl. Frankfurt/Main 2007.

Brussig, Thomas: Am kürzeren Ende der Sonnenallee. 3. Aufl. Frankfurt/Main 2001.

Büchner, Georg: Lenz. In: Georg Büchner: Werke und Briefe. München 1987, S. 69–89.

Celan, Paul: Eine Gauner- und Ganovenweise, gesungen zu Paris emprés pontoise von Paul Celan aus Czernowitz bei Sadagora. In: Die Niemandsrose. Frankfurt/Main 1963, S. 27–28.

Döblin, Alfred: Die Ermordung einer Butterblume. In: Prosa des Expressionismus. Leipzig 2003, S. 102–115.

Erpenbeck, Jenny: Geschichte vom alten Kind. Berlin 2001.

Glavinic, Thomas: Die Arbeit der Nacht. München/Wien 2006.

Grass, Günter: Im Krebsgang. Göttingen 2002.

Hacker, Katharina: Die Habenichtse. Frankfurt/Main 2006.

Hein, Christoph: Der fremde Freund. Berlin: Aufbau 1995.

Hein, Christoph: Horns Ende. Hamburg/Zürich 1987.

Hein, Christoph: Landnahme. Frankfurt 2004.

Heym, Georg: Der Irre. In: Prosa des Expressionismus. Leipzig 2003, S. 140–155.

Mann, Thomas: Der Tod in Venedig. In: Der Tod und Venedig und andere Erzählungen, Frankfurt/Main 1990, S. 7–98.

Müller, Herta: Atemschaukel. München 2009.

Müller, Herta: Herztier. 3. Aufl. Frankfurt/Main 2007.

Musil, Robert: Die Portugiesin. In: Deutsche Erzähler des 20. Jahrhunderts. 5. Aufl. München 1991.

Özdamar, Emine Sevgi (1990): Mutterzunge. In: Dies.: Mutterzunge. Erzählungen. Berlin 1990, S. 7–12.

Palzhoff, Thorsten: Lewkin. In: Ders.: Tasmon. Göttingen 2006.

Rajcic, Dragica: Post bellum. Zürich 2000.

Schneider, Robert: Schlafes Bruder. 17. Aufl. Leipzig 1996.

Süskind, Patrick: Das Parfum. Zürich 1985.

Sekundärliteratur:

Abraham, Ulf: Lesen – Schreiben – Vorlesen/Vortragen. In: Bogdal, Kuas-Michael/Korte, Hermann (Hrsg.): Grundzüge der Literaturdidaktik. 2. Aufl. München 2003, S. 105–119.

Allrath, Gaby/Surkamp, Carola: Erzählerische Vermittlung, unzuverlässiges Erzählen, Multiperspektivität und Bewusstseinsdarstellung. In: Nünning, Vera/Nünning, Ansgar (Hrsg.): Erzähltextanalyse und Gender Studies. Stuttgart/Weimar 2004, S. 143–179.

Anz, Thomas: Literatur und Lust. München 1998.

Assmann, Aleida: Einführung in die Kulturwissenschaft. Grundbegriffe, Themen und Fragestellungen. Berlin 2006.

Assmann, Jan: Das kulturelle Gedächtnis. Schrift, Erinnerung und politische Identität in frühen Hochkulturen. 5. Aufl. München 2005.

Bachmann-Medick, Doris: Kulturanthropologische Horizonte interkultureller Literaturwissenschaft. In: Wierlacher, Alois/Bogner, Andrea (Hrsg.): Handbuch interkulturelle Germanistik. Stuttgart/Weimar 2003, S. 439–448.

Bachmann-Medick, Doris (2004a): Multikultur oder kulturelle Differenzen? Neue Konzepte von Weltliteratur und Übersetzung in postkolonialer Perspektive. In: Bachmann-Medick, Doris (Hrsg.): Kultur als Text. Die anthropologische Wende in der Literaturwissenschaft. 2. Aufl. Tübingen/Basel 2004.

Bachmann-Medick, Doris (2004b): Kultur als Text? Literatur- und Kulturwissenschaften jenseits des Textmodells. In: Nünning/Sommer (Hrsg.): Kulturwissenschaftliche Literaturwissenschaft. Tübingen 2004, S. 147–159.

Bachtin, Michail M.: Die Ästhetik des Wortes. Frankfurt/Main 1979.

Barthes, Roland: S/Z. An Essay. Translated by Richard Miller. Toronto 1974.

Becker, Sabine: Literatur- und Kulturwissenschaften. Ihre Methoden und Theorien. Reinbek bei Hamburg 2007.

Benthien, Claudia/Velten, Hans Rudolf (Hrsg.): Germanistik als Kulturwissenschaft. Reinbek bei Hamburg 2002.

Bhabha, Homi K.: Die Verortung der Kultur. 14. Aufl. Tübingen 2007.

Blioumi, Aglaia (2009a): Kulturtransferforschung. Zur interdisziplinären Öffnung aktueller Theorieansätze. In: Iljassova-Morger, O./Reinhardt-Becker, E. (Hrsg.): Literatur-Kultur-Verstehen. Neue Perspektiven in der interkulturellen Literaturwissenschaft. Duisburg 2009, S. 33–41.

Blioumi, Aglaia (2009b): Subjektkonstitution und hybride Subjektivität im Roman *Die Brücke vom Goldenen Horn* von Emine Sevgi Özdamar. In: Rácz, Gabriella/V. Szabó, László (Hrsg.): Der deutschsprachige Roman aus interkultureller Sicht. Wien 2009, S. 15–29.

Bozzi, Paola: Der fremde Blick. Würzburg 2005.

Böttiger, Helmut (2008): Afrika, der tierhafte Abgrund. Abrufbar unter: http://www.buecher.de/shop/schweiz/hundert-tage-baerfuss-lukas/produ cts_products/content/prod_id/23322988/#sz (16.5.2011)

Braun, Michael: Die Wahrheit der Geschichte(n). In: Klinger, Judith/Wolf, Gerhard (Hrsg.): Gedächtnis und kultureller Wandel. Erinnerndes Schreiben – Perspektiven und Kontroversen. Tübingen 2009, S. 97–111.

Bredella, L./Meißner, F.-J./Nünning, A./Röster, D. (Hrsg.): Wie ist Fremdverstehen lehr- und lernbar? Tübingen 2000.

Bredella, Lothar: Literarisches und interkulturelles Verstehen. Tübingen 2002.

Bredella, Lothar/Burwitz-Melzer, Eva: Rezeptionsästhetische Literaturdidaktik. Tübingen 2004.

Bredella, Lothar: Das Verstehen des Anderen. Tübingen 2010.

Brenner, Peter J.: Interkulturelle Hermeneutik. Probleme einer Theorie kulturellen Fremdverstehens. In: Zimmermann, Peter (Hrsg.): Interkulturelle Germanistik. Dialog der Kulturen auf Deutsch? Frankfurt/Bern/New York/Paris 1991, S. 35–55.

Bucheli, Roman (2008): Das Dilemma der guten Absicht. Abrufbar unter: http://www.nzz.c2h/nach richten/kultur/literatur_und_kunst/das_dilemma_ der_guten_absicht_1.708257.html (16.5.2011)

Cerri, Chiara: Das Modell der interkulturellen Lektüre am Beipiel der Zwischensprache von Gino Chiellino und Franco Biondi. In: Iljassova-Morger, O./Reinhardt-Becker, E. (Hrsg.): Literatur-Kultur-Verstehen. Neue Perspektiven in der interkulturellen Literaturwissenschaft. Duisburg 2009, S. 123–130.

Christ, Herbert/Bredella, Lothar: Didaktik des Fremdverstehens. Tübingen 1995.

Dörr, Volker C.: Third Space vs. Diaspora. Topologien transkultureller Literatur. In: Schmitz, Helmut (Hrsg.): Von der nationalen zur internationalen Literatur. Transkulturelle deutschsprachige Literatur und Kultur im Zeitalter globaler Migration. Amsterdamer Beiträge zur neueren Germanistik 69 (2009), Amsterdam/New York 2009, S. 59–76.

Esselborn, Karl (2003a): Dialog. In: Wierlacher, Alois/Bogner, Andrea (Hrsg.): Handbuch interkulturelle Germanistik. Stuttgart/Weimar 2003, S. 214–221.

Esselborn, Karl (2003b): Interkulturelle Literaturdidaktik. In: Wierlacher, Alois/Bogner, Andrea (Hrsg.): Handbuch interkulturelle Germanistik. Stuttgart/Weimar 2003, S. 480–486.

Esselborn, Karl: Interkulturelle Literaturvermittlung zwischen didaktischer Theorie und Praxis. München 2010.

Esselborn, Karl: Neue Zugänge zur inter/transkulturellen deutschsprachigen Literatur. In: Schmitz, Helmut (Hrsg.): Von der nationalen zur internationalen Literatur. Transkulturelle deutschsprachige Literatur und Kultur im Zeitalter globaler Migration. Amsterdamer Beiträge zur neueren Germanistik 69 (2009), Amsterdam/New York 2009. S. 43–58.

Fauser, Markus: Einführung in die Kulturwissenschaft. 4. Aufl. Darmstadt 2008.

Foucault, Michel: Archäologie des Wissens. Frankfurt/Main 1973.

Foucault, Michel: Die Ordnung des Diskurses. 8. Aufl. Frankfurt/Main 2003.

Freud, Sigmund: Einige Schwierigkeiten der Psychoanalyse. In: Gesammelte Werke, Bd. XII. Hrsg. von A. Freud u.a. London/Frankfurt/Main 1940, S. 11.

Freud, Sigmund: Das Unheimliche. In: Sigmund Freud: Studienausgabe. Ed. IV. Psychologische Schriften. Hrsg. von Alexander Mitscherlich u.a. Frankfurt/Main 1970, S. 241–274.

Fricke, Harald: Norm und Abweichung. Eine Philosophie der Literatur. München 1981.

Gadamer, Hans-Georg: Wahrheit und Methode. Grundzüge einer philosophischen Hermeneutik. 2. Aufl. Tübingen 1965.

Geertz, Clifford: Dichte Beschreibung. Bemerkungen zu einer deutenden Theorie von Kultur. Frankfurt/Main 1983.

Göller, Thomas: Kultureller Kontext und die Interpretation literarischer Texte. In: Göller, Thomas: Sprache, Literatur, kultureller Kontext. Würzburg 2001, S. 11–33.

Goltschnigg, Dietmar: Intertextuelle Traditionsbezüge des Zitats am Beispiel von Erich Frieds lyrischem Dialog mit Paul Celan. In: Labroisse, G./ Knapp, G.P. (Hrsg.): Literarische Tradition heute. Amsterdam 1988, S. 27–60.

Greenblatt, Stephen: Wunderbare Besitztümer. Die Erfindung des Fremden. Reisende und Entdecker. Berlin 1994.

Gutjahr, Ortrud (2002a): Alterität und Interkulturalität. Neuere deutsche Literatur. In: Benthien, Claudia/Velten, Hans Rudolf (Hrsg.): Germanistik als

Kulturwissenschaft. Reinbek bei Hamburg 2002, S. 345–369.

Gutjahr, Ortrud (2002b): Fremde als literarische Inszenierung. In: Freiburger literaturpsychologische Gespräche. Jahrbuch für Literatur und Psychoanalyse. Band 21. Würzburg 2002, S. 47–67.

Hammer, Erika: Andere T-Räume. Das Eigene und das Fremde als heterotope Räume in Henning Boëtius' Roman *Ich ist ein anderer. Das Leben des Arthur Rimbaud.* In: Rácz, G./Szabó, László V. (Hrsg.): Der deutschsprachige Roman aus interkultureller Sicht. Wien 2009, S. 91–113.

Hermann, Britta: *Cultural Studies* in Deutschland: Chancen und Probleme transnationaler Theorie-Importe für die (deutsche) Literaturwissenschaft. In: Nünning/Sommer (Hrsg.): Kulturwissenschaftliche Literaturwissenschaft. Tübingen 2004, S. 33–53.

Hofmann, Michael: Interkulturelle Literaturwissenschaft. Eine Einführung. Paderborn 2006.

Hofmann, Michael: Klimaforschung im tropischen Deutschland. Interkulturelle Reflexionen zur Identität unserer Einwanderungsgesellschaft und zu deutsch-türkischen Konstellationen. In: Iljassova-Morger, O./Reinhardt-Becker, E. (Hrsg.): Literatur-Kultur-Verstehen. Neue Perspektiven in der interkulturellen Literaturwissenschaft. Duisburg 2009, S. 43–63.

Hudson-Wiedenmann, Ursula: Kulturthematische Literaturwissenschaft. In: Wierlacher, Alois/Bogner, Andrea (Hrsg.): Handbuch interkulturelle Germanistik. Stuttgart/Weimar 2003, S. 448–456.

Hunfeld, Hans: Fremdheit als Lernimpuls. Skeptische Hermeneutik – Normalität des Fremden – Fremdsprache Literatur. Klagenfurt 2004.

Iljassova-Morger, Olga: Transkulturalität als Herausforderung für die Literaturwissenschaft und Literaturdidaktik. In: Das Wort. Germanistisches Jahrbuch Russland 2009, S. 37–57.

Iljassova-Morger, Olga: Von der interkulturellen zur transkulturellen literarischen Hermeneutik. Duisburg 2009.

Iser, Wolfgang: Die Appellstruktur der Texte. Unbestimmtheit als Wirkungsbedingung literarischer Prosa. Konstanz 1970.

Jahraus, Oliver: Literaturtheorie. Theoretische und methodische Grundlagen der Literaturwissenschaft. Tübingen/ Basel 2004.

Jakobson, Roman: Poetik. Ausgewählte Aufsätze 1921–1971. Frankfurt/Main 1979.

Jauß, Hans Robert: Ästhetische Erfahrung und literarische Hermeneutik. Frankfurt/Main 1991.

Kadipinar, Enis: »Ihre deutschen Wörter haben keine Kindheit.« Kulturelle und hybride Identität in *Das Leben ist eine Karawanserei, hat zwei Türen, aus einer kam ich rein, aus der anderen ging ich raus* von Emine Sevgi Özdamar. In: Rácz, Gabriella/ Szabó, László V. (Hrsg.): Der deutschsprachige Roman aus interkultureller Sicht. Wien 2009, S. 115–127.

Klinger, Judith/ Wolf, Gerhard: Vorwort. In: Klinger, Judith/Wolf, Gerhard (Hrsg.): Gedächtnis und kultureller Wandel. Erinnerndes Schreiben – Perspektiven und Kontroversen. Tübingen 2009, S. 1–8.

Kormann, Eva: Bruchstücke großer und kleiner Konfessionen. Vom gelegentlichen Widerspruch zwischen individuellem, familiärem und kulturellem Gedächtnis: Grass, Timm und Wilkomirski. In: Klinger, Judith/Wolf, Gerhard (Hrsg.): Gedächtnis und kultureller Wandel. Erinnerndes Schreiben – Perspektiven und Kontroversen. Tübingen 2009, S. 53–65.

Kristeva, Julia: Fremde sind wir uns selbst. Frankfurt/ Main 1990.

Krusche, Dietrich: Die Kategorie der Fremde. Eine Problemskizze. In: Krusche, D./Wierlacher, A. (Hrsg.): Hermeneutik der Fremde. München 1990, S. 13–23.

Krusche, Dietrich: Literatur und Fremde. Zur Hermeneutik kulturräumlicher Distanz. 2. Aufl. München 1993.

Krusche, Dietrich (2000a): Lese-Unterschiede. Zum interkulturellen Leser-Gespräch. In: Wierlacher, Alois (Hrsg.): Das Fremde und das Eigene. Prolegomena zu einer interkulturellen Germanistik. 2. Aufl. München 2000, S. 369–390.

Krusche, Dietrich (2000b): Vermittlungsrelevante Eigenschaften literarischer Texte. In: Wierlacher, Alois (Hrsg.): Das Fremde und das Eigene. Prolegomena zu einer interkulturellen Germanistik. 2. Aufl. München 2000, S. 413–433.

Krusche, Dietrich: Zeigen im Text. Anschauliche Orientierungen in literarischen Modellen von Welt. Würzburg 2001.

Krusche, Dietrich: Ist „Fremde" lehrbar? In: Barkowski, H./Faistauer, R. (Hrsg.): … in Sachen Deutsch als Fremdsprache. Hohengehren 2002, S. 387–396.

Krusche, Dietrich: Lese-Differenz: Der andere Leser im Text. In: Wierlacher, Alois/ Bogner, Andrea: Handbuch interkulturelle Germanistik. Stuttgart/ Weimar 2003, S. 467–474.

Kuhn, Heribert (2008): Swissness und Völkermord. Abrufbar unter: http://www.lyrikwelt.de/rezensionen/hunderttage-r.htm.

Leggewie, C./Zifonun, D.: Was heißt Interkulturalität? In: ZIG Zeitschrift für interkulturelle Germanistik. Bielefeld 2010, S. 11–31.

Leskovec, Andrea: Fremdheit und Literatur. Alternativer hermeneutischer Ansatz für eine interkulturell ausgerichtete Literaturwissenschaft. Berlin 2009.

Lotman, Jurij M.: Kultur und Explosion. Frankfurt/Main 2010.

Magenau, Jörg (2008): In der perfekt organisierten Hölle. Abrufbar unter: http://www.taz.de/1/archiv/digitaz/artikel (16.5.2011).

Mecklenburg, Norbert: Über kulturelle und poetische Alterität. Kultur- und literaturtheoretische Grundprobleme einer interkulturellen Germanistik. In: Krusche, Dietrich/Wierlacher, Alois: Hermeneutik der Fremde. 2. Aufl. München 1990, S. 80–102.

Mecklenburg, Norbert: Interkulturelle Literaturwissenschaft. In: Wierlacher, Alois/Bogner, Andrea (Hrsg.): Handbuch interkulturelle Germanistik. Stuttgart/Weimar 2003, S. 433–439.

Mecklenburg, Norbert: Das Mädchen aus der Fremde. Germanistik als interkulturelle Literaturwissenschaft. München 2008.

Meyer-Gosau, Frauke: Oh, Ankara. Ach, Kiel. In: Literaturen 9, 2008, S. 6–12.

Mühr, Stephan: Vorbereitende Überlegungen für ein empirisches Forschungsprojekt über interkulturelle Lernprozesse. In: Zeitschrift für Interkulturellen Fremdsprachenunterricht 15/2 (2010), S. 113–126. Abrufbar unter: http://zif.spz.tu-darm stadt.de/jg-15-2/beitrag/Muehr.pdf.

Müller-Funk, Wolfgang: Die Kultur und ihre Narrative. Wien/New York 2002.

Mukařovsky, Jan: Kapitel aus der Ästhetik. Frankfurt/Main 1982.

Mukařovsky, Jan: Kapitel aus der Poetik. Frankfurt/Main 1967.

Neumeyer, Harald: Literaturwissenschaft als Kulturwissenschaft (Diskursanalyse, *New Historicism*, „Poetologie des Wissens"). Oder: Wie aufgeklärt ist die Romantik? In: Nünning/Sommer (Hrsg.): Kultuwissenschaftliche Literaturwissenschaft. Tübingen 2004, S. 177–194.

Nicklas, Jens: Von der Mutter- zur Stiefmuttersprache. Abrufbar unter: http://www.edition8.ch/re zens/rajcicniklas.htm (18.12.2009).

Noll, Werner: Interkulturelle Lektüren – interkulturelle Komparatistik: Verstehen und Anerkennen, Grenzerkundigungen im Medium der Literatur. In: Kiefer, Bernd/Noll, Werner (Hrsg.): Das Gedächtnis der Schrift. Perspektiven der Komparatistik. Wiesbaden 2005, S. 141–176.

Nord, Christiane: Textanalyse und Übersetzen. 2. Aufl. Heidelberg 1991.

Nünning, Ansgar (Hrsg.): Unreliable narration. Studien zur Theorie und Praxis unglaubwürdigen Erzählens in der englischsprachigen Erzählliteratur. Trier 1998.

Nünning, Ansgar/Nünning, Vera (Hrsg.): Konzepte der Kulturwissenschaften. Stuttgart/Weimar 2003.

Oesterele, Günter: Kontroversen und Perspektiven in der Erinnerungs- und Gedächtnisforschung. In: Judith Klinger/Gerhard Wolf (Hrsg.): Gedächtnis und kultureller Wandel. Erinnerndes Schreiben – Perspektiven und Kontroversen. Tübingen 2009, S. 9–18.

Pechlivanos, Miltos (Hrsg.): Einführung in die Literaturwissenschaft. Stuttgart/Weimar 1995.

Plé, Bernhard: Empathie. In: Wierlacher, Alois/Bogner, Andrea (Hrsg.): Handbuch interkulturelle Germanistik. Stuttgart/Weimar 2003, S. 227–234.

Posner, Roland: Kultursemiotik. In: Nünning, Ansgar/Nünning, Vera (Hrsg.): Konzepte der Kulturwissenschaften. Stuttgart 2003, S. 39–72.

Rathje, Stephanie: Interkulturelle Kompetenz – Zustand und Zukunft eines umstrittenen Konzepts. In: Zeitschrift für Interkulturellen Fremdsprachenunterricht 11/3 (2006). Abrufbar unter: http://zif.spz.tu-darmstadt.de/jg-11-3/docs/Rathje.pdf.

Rauscher, Josef (2011): Die Phänomenologie des Eros bei Emmanuel Levinas. Abrufbar unter: http://www.josef-rauscher.de/levinas.htm (17.3.2011).

Ricoeur, Paul: Die lebendige Metapher. München 1986

Scheiffele, Eberhard: Affinität und Abhebung. Zum Problem der Voraussetzungen interkulturellen Verstehens. In: Wierlacher, Alois (Hrsg.): Das Fremde und das Eigene. Prolegomena zu einer interkulturellen Germanistik. 2. Aufl. München 2000, S. 29–46.

Scheiffele, Eberhard: Interkulturelle Germanistik und Literaturkomparatistik: Konvergenzen, Divergenzen. In: Wierlacher, Alois/Bogner, Andrea: Handbuch interkulturelle Germanistik. Stuttgart/Weimar 2003, S. 569–576.

Schmidt, Siegfried J.: Grundriß der empirischen Literaturwissenschaft. Frankfurt/Main 1991.

Schmidt, Siegfried J.: Der Radikale Konstruktivismus: Ein neues Paradigma im interdisziplinären Diskurs. In: Ders.: Der Diskurs des radikalen Konstruktivismus. Frankfurt/Main 1992, S. 11–88.

Schmitz-Emans, Monika: Die Heimat ist die Fremde. 2007. Abrufbar unter: www.ruhr-uni-bochum.de/rubin/geisteswissenschaften/pdf/beitrag7.pdf (18.3.2010).

Schößler, Franziska: Literaturwissenschaft als Kulturwissenschaft. Tübingen 2006.

Schutte, Jürgen: Einführung in die Literaturinterpretation. 5. Aufl. Stuttgart/Weimar 2005.

Simmel, Georg: Exkurs über den Fremden. In: Georg Simmel: Gesamtausgabe. Hrsg. von Otthein Rammstedt. Bd 11. Soziologie. Untersuchungen über die Formen der Vergesellschaftung. Frankfurt/Main 1992, S. 764–771.

Staudigl, Michael (2005a): Phänomenologie der Gewalt. Eine Problemskizze. In: Analecta Husserliana 84 (2005), S. 385–405.

Staudigl, Michael (2005b): Vorüberlegungen zu einer phänomenologischen Theorie der Gewalt. Einsatzpunkte und Perspektiven. In: Maye, Harun/Sepp, Hans Rainer (Hrsg.): Phänomenologie und Gewalt. Würzburg 2005, S. 45–63.

Steinmetz, Horst: Interpretation und fremdkulturelle Interpretation literarischer Werke. In: Thum, Bernd/Fink, G.-L. (Hrsg.): Praxis interkulturelle Germanistik. Forschung – Bildung – Politik. München 1993, S. 81–98.

Steinmetz, Horst: Interkulturelle Rezeption und Interpretation. In: Wierlacher, Alois/Bogner, Andrea (Hrsg.): Handbuch interkulturelle Germanistik. Stuttgart/Weimar 2003, S. 461–467.

Steinmetz, Horst: Literarische Wirklichkeitsperspektivierung und relative Identitäten. In: Wierlacher, Alois (Hrsg.): Das Fremde und das Eigene. München 2000, S. 65–80.

Sturm-Trigonakis, Elke: Global playing in der Literatur. Ein Versuch über die neue Weltliteratur. Würzburg 2007.

Šklovskij, Viktor: Kunst als Verfahren. In: Striedter, Jurij (Hrsg.): Russischer Formalismus. Texte zur allgemeinen Literaturtheorie und zur Theorie der Prosa. 3. Aufl. München 1981.

Šlibar, Neva: Im Freiraum Literatur. Deutsche Literatur im DaF-Unterricht. Ljubljana 1997.

Šlibar, Neva: Blinde Flecken in der Wahrnehmung des Anderen. In: Rabenstein, Helga (Hrsg.) et al.. Kulturräume. Klagenfurt 2005, S. 77–85.

Šlibar, Neva: RundUM Literatur: der literarische Text. Ljubljana 2009.

Tepe, Peter: Kognitive Hermeneutik. Würzburg 2007.

Tonn, Horst: Cultural Studies und Literaturwissenschaft. In: Schneider, Ralf (Hrsg.): Literaturwissenschaft in Theorie und Praxis. Tübingen 2004, S. 241–264.

Volkmann, Laurenz u. a. (Hrsg.): Interkulturelle Kompetenz: Konzepte und Praxis des Unterrichts. Tübingen 2002.

Waldenfels, Bernhard: Topographie des Fremden. Frankfurt/Main 1997.

Waldenfels, Bernhard: Der Stachel des Fremden. 3. Aufl. Frankfurt/Main 1998.

Waldenfels, Bernhard: Vielstimmigkeit der Rede. Frankfurt/Main 1999.

Waldenfels, Bernhard: Aporien der Gewalt. In: Dabag, Mihran/Kapust, Antje/Waldenfels, Bernhard (Hrsg.): Gewalt. Strukturen, Formen, Repräsentationen. München 2000, S. 9–24.

Waldenfels, Bernhard: Bruchlinien der Erfahrung. Frankfurt/Main 2002.

Waldenfels, Bernhard: Phänomenologie der Aufmerksamkeit. Frankfurt/Main 2004.

Waldenfels, Bernhard: Grundmotive einer Phänomenologie des Fremden. Frankfurt/Main 2006.

Waldenfels, Bernhard: Grenzen der Normalisierung. Erweiterte Aufl. Frankfurt/Main 2008.

Weidermann, Volker (2008): Ich weiß, was wir in diesem Frühling gelesen haben werden. Abrufbar unter: http://www.buecher.de/shop/schweiz/hundert-tage/baerfuss-lukas/products_products/content/prod_id/23322988/#faz (16.5.2011).

Welsch, Wolfgang: Transkulturalität – Lebensformen nach der Auflösung der Kulturen. In: Information Philosophie 2 (1992), S. 5–20.

Welsch, Wolfgang: Transkulturalität. Zwischen Globalisierung und Partikularisierung. In: Jahrbuch Deutsch als Fremdsprache 26 (2000), S. 327–351.

Wiedemann, Ursula/Wierlacher, Alois: Blickwinkel. In: Wierlacher, Alois/Bogner, Andrea (Hrsg.): Handbuch interkulturelle Germanistik. Stuttgart/Weimar 2003, S. 210–214.

Wierlacher, Alois/Eichheim, Hubert (Hrsg.): Der Pluralismus kulturdifferenter Lektüren. Zur ersten Diskussionsrunde am Beispiel von Kellers *Pankraz der Schmoller*. In: Jahrbuch Deutsch als Fremdsprache 18 (1992), S. 375–540.

Wierlacher, Alois: Ent-fremdete Fremde. Goethes *Iphigenie auf Tauris* als Drama des Völkerrechts (1983). In: Krusche, Dietrich/Wierlacher, Alois: Hermeneutik der Fremde. München 1990, S. 197–217.

Wierlacher, Alois. Kulturwissenschaftliche Xenologie. Ausgangslage, Leitbegriffe und Problemfelder. In: Wierlacher, Alois (Hrsg.): Kulturthema Fremdheit. Leitbegriffe und Problemfelder kulturwissenschaftlicher Fremdheitsforschung. München 1993, S. 19–112.

Wierlacher, Alois: Mit fremden Augen oder: Fremdheit als Ferment. Überlegungen zur Begründung einer interkulturellen Hermeneutik deutscher Literatur. In: Wierlacher, Alois (Hrsg.): Das Fremde und das Eigene. Prolegomena zu einer interkulturellen Germanistik. 2. Auflage München 2000, S. 3–28.

Wierlacher, Alois (2003a): Interkulturelle Germanistik. Zu ihrer Geschichte und Theorie. In: Wierlacher, Alois/Bogner, Andrea (Hrsg.): Handbuch interkulturelle Germanistik. Stuttgart/Weimar 2003, S. 1–45.

Wierlacher, Alois (2003b): Interkulturalität. In: Wierlacher, Alois/Bogner, Andrea (Hrsg.): Handbuch interkulturelle Germanistik. Stuttgart/Weimar 2003, S. 257–264.

Wierlacher, Alois/Albrecht, Corinna: Kulturwissenschaftliche Xenologie. In: Ansgar und Vera Nünning (Hrsg.): Konzepte der Kulturwissenschaften. Stuttgart 2003, S. 280–306.

Wierlacher, Alois/Bogner, Andrea (Hrsg.): Handbuch interkulturelle Germanistik. Stuttgart/Weimar 2003, S. 1–45.

Wintersteiner, Werner: „Hätten wir das Wort, wir bräuchten die Waffen nicht." Erziehung für eine Kultur des Friedens. Innsbruck/Wien/München 2001.

Wintersteiner, Werner (2006a): Poetik der Verschiedenheit. Literatur, Bildung, Globalisierung. Klagenfurt 2006.

Wintersteiner, Werner (2006b): Transkulturelle literarische Bildung. Die „Poetik der Verschiedenheit" in der literaturdidaktischen Praxis. Innsbruck/Wien/München 2006.

Zima, P. V.: Aufgaben und Ziele komparatistischer Forschung: kulturelle Bedingtheit und kulturelle Vielfalt. In: Wierlacher, Alois/Bogner, Andrea (Hrsg.): Handbuch interkulturelle Germanistik. Stuttgart 2003, S. 562–569.

Personenregister

Andersch, Alfred 57, 58, 69, 70

Bachmann-Medick, Doris 17, 19, 25, 38
Bachtin, Michail 62, 131
Bärfuss, Lukas 104ff.
Barthes, Roland 24
Bhabha, Homi K. 10, 17, 61
Böll, Heinrich 122, 56
Borchert, Wolfgang 55f.
Bourdieu, Pierre 27, 42
Bredella, Lothar 21
Broch, Hermann 57
Brussig, Thomas 68f.
Büchner, Georg 118
Burwitz-Melzer, Eva 21
Byram, Michael 21

Cassirer, Ernst 24
Celan, Paul 78, 82f., 91, 127f.
Chamisso, Adalbert von 59
Christ, Herbert 21

Delanoy, Werner 21
Derrida, Jacques 17
Dilthey, Wilhelm 17, 86
Döblin, Alfred 85

Eco, Umberto 24
Erpenbeck, Jenny 98f., 123

Foucault, Michel 27f., 107
Freud, Sigmund 47f., 59, 84, 126
Frisch, Max 56

Gadamer, Hans-Georg 17, 30, 86, 87, 90
Geertz, Clifford 25
Glavinic, Thomas 59, 125
Glissant, Édouard 17
Goethe, Johann Wolfgang 18, 56, 59
Grass, Günter 96

Hacker, Katharina 104, 111f.
Handke, Peter 56
Hein, Christoph 59, 72f., 117, 130f.
Heine, Heinrich 58, 59, 128f.
Hettche, Thomas 62
Heym, Georg 80f.
Hilbig, Wolfgang 62

Hoffmann, E.T.A. 59, 125
Hofmann, Michael 11, 17f., 46, 54ff., 62, 87
Hofmannsthal, Hugo von 55, 59
Holenstein, Elmar 18
Hunfeld, Hans 21

Iljassova-Morger, Olga 18f.
Iser, Wolfgang 17, 64, 87

Jauß, Hans Robert 16f., 64

Keller, Gottfried 16, 56
Kristeva, Julia 15, 72ff., 126
Krusche, Dietrich 10, 20, 66, 88
Kunert, Günter 82

Lacan, Jaques 84
Legutke, Michael K. 21
Leskovec, Andrea 18, 103
Lotman, Jurij M. 133

Mann, Thomas 55, 152f.
Mecklenburg, Norbert 9ff., 13f., 16f., 23f., 38f.,
    61, 86, 88, 90f., 103
Monikova, Libuše 62
Mora, Terézia 59, 62
Müller, Herta 60, 62, 71, 77ff., 99
Mukařovský, Jan 14, 39
Musil, Robert 70f., 91, 124

Özdamar, Emine Sevgi 62

Palzhoff, Thomas 102

Rajčić, Dragica 62f.
Rakusa, Ilma 62
Ricoeur, Paul 78, 91
Rimbaud, Arthur 84

Said, Edward 10f., 17
Schami, Rafik 62
Scheiffele, Eberhard 10, 66, 87, 91
Schleiermacher, Friedrich 17, 86
Schneider, Robert 120f.
Schnurre, Wolfdietrich 56
Simmel, Georg 57f., 99
Šklovskij, Viktor 117
Šlibar, Neva 14, 33, 64, 67

Sachregister